KB069640

강점기반 해결중심 학교 만들기

— 대안교육 내 해결중심치료의 활용 —

Solution Focused Brief Therapy in Alternative Schools

Cynthia Franklin · Calvin L. Streeter · Linda Webb · Samantha Guz 공저
최중진 · 백종환 · 정은지 공역

학지사

역자 서문

이 책은 학교 현장에서 위기 청소년에게 해결중심치료(Solution Focused Brief Therapy: SFBT)를 적용하는 실천 방법에 관한 것이다. 저자는 Cynthia Franklin, Calvin L. Streeter, Linda Webb과 Samantha Guz이며, Taylor & Francis Group의 Routledge 출판사에 의해 2018년 출간되었다. 대표 저자인 Franklin 박사는 해결중심치료의 연구 분야에서 뛰어난 업적을 남기고 있는 연구자로, 텍사스대학교의 사회복지학과 부학장을 역임하였고, 여전히 왕성한 연구와 저술 활동 중이다. Franklin 박사는 2016년 우리나라를 방문하여 해결중심치료의 연구 기반에 관한 학술대회에서 주제 발표를 하기도 했고, 위기 청소년을 위한 해결중심치료에 관한 워크숍을 주재하기도 했다. 역자도 이때 Franklin 박사를 만나 해결중심치료의 연구에 대한 대화를 나누는 영광을 가졌으며, 그의 해박한 지식과 열정에 감동했던 기억이 난다.

그럼에도 이 분에 대해 생각할 때 항상 먼저 떠오르는 것은 2001년 역자가 김인수 선생님 댁에서 기거하며 석사 공부를 할 때 들었던

이야기이다. 김인수 선생님은 가끔씩 텍사스의 곤잘로 가자 독립
고등학교(Gonzalo Garza Independence High School, 이하 가자고등
학교)에 강의를 다녀오시곤 했다. 그때 하셨던 말씀은 가자고등학
교는 텍사스주 오스틴시에 있는 한 대안학교로 이 지역의 위기 청
소년이 다니는 곳인데, 이 학교 전체에 해결중심치료를 적용해 운
영하는 실험연구가 진행되고 있다는 것이었다. 역자는 그때 선생
님의 말씀을 이해할 수 없었다. 김인수 선생님이 고등학교에서 강
의를 하신다는 것도 그렇고, 해결중심치료를 학교 전체에 적용하
기 위해 상담사와 학교사회복지사는 물론 학교의 관리자와 교사,
교육 행정가까지도 해결중심치료를 모두 배우고 실천한다는 것도
그랬다. 그때 역자에게 들었던 생각은 '왜 교장, 교감 등의 관리자
가 해결중심치료를 배우는가? 이들이 해결중심치료를 배우고 이
를 학교의 관리 운영에 적용한다는 말은 무슨 뜻인가? 교사와 학교
행정 담당자가 해결중심치료를 배우면 그것이 학교에서 어떻게 쓰
일 수 있는가?'와 같은 것이었다. 지금 생각해 보면 2001년의 역자
는 해결중심치료를 상담실에 내방하는 내담자에게만 활용될 수 있
는 협의적 의미의 치료접근으로만 이해했던 것 같다. 이때 김인수
선생님이 하신 말씀은 해결중심치료가 이제는 치료 외의 분야에서
도 많이 활용되며, 해결중심치료의 원리와 철학이 학교 현장과 같
이 다양한 사회 분야에 폭넓게 적용되고 있다는 것이었다. 이러한
흐름을 주도하는 연구자 중 한 명이 Franklin 박사이며, 선생님은
이분을 "세상을 바꾸고자 하는 야망이 있는 사람"으로 표현하셨다.
역자는 그때에도 김인수 선생님의 말씀을 제대로 이해하지 못한
것 같다. 그때 들었던 생각은 Franklin 박사를 '정치적 야망이 있는

폴리페서'쯤으로 생각했으니 말이다.

Franklin 박사는 세상을 바꾸는 작업을 학교에서 시작했다. 그의 시도는 학교 현장에서, 그것도 위기 청소년이 모이는 대안학교에서 해결중심치료의 원리와 철학을 적용하여 학교 전체가 학생 스스로 자신의 목표를 이룰 수 있도록 돕기 위해 강점에 기반을 둔 하나의 팀(strengths based team)이 될 수 있도록 하는 실험적인 연구였다. Franklin 박사와 동료들은 이 실험을 진행하며 증거에 기반을 둔 연구와 실천을 통해 학생들의 출석률과 졸업률을 크게 높일 수 있었다. 이러한 통계적 결과뿐만 아니라 학생들은 스스로 좀 더 학교에 머물고자 했고, 학교의 교직원들이 자신들에게 개인적 관심과 지지를 제공하고 있다고 생각했다. 이 학교의 대부분 학생이 정신건강의 문제나 행동적 문제로 인해 다른 학교에서 퇴학을 당하거나 적응에 실패한 경험을 가지고 있었음을 생각할 때 이러한 결과는 매우 놀라운 것이었다.

Franklin 박사와 동료들에 의해 그동안 가자고등학교에서 진행된 다섯 개의 연구가 출간되었고, 2018년에는 너무나 반갑게도 이 연구들을 아우르는 이 책이 출간되었다. 이 책의 집필진에는 Linda Webb 박사가 포함되었는데, Webb 박사는 현재 가자고등학교의 교장으로 재직 중인 현직 관리자이다. 해결중심치료를 적용하고 이의 효과성을 측정하고자 하는 연구자와 더불어 현직 관리자와 실천가가 필진으로 함께 참여하였다는 것은 저술 측면에서 매우 흥미로운 접근이라 할 수 있다. 즉, 저서에 실천 현장의 목소리를 담겠다는 의지의 표명이며, 이 책은 학교 현장에서 고군분투하는 학교 상담사와 사회복지사뿐만 아니라 관리자와 교사, 행정가가 활용할 수 있는 실용적인 정보를 풍부한 예를 통해 제공하고 있다. 저자들은 특별히 이 학교가 어떻게 만들어질 수 있었고, 그 과정에서 겪었던 시행착오는 무엇이었으며, 이를 통해 배운 것은 무엇이고, 또 다른 곳에서 이런 학교가 어떻게 만들어질 수 있는지에 대해 논하고 있다. 그렇지만 이러한 실천적 접근은 학교뿐만 아니라 다양한 실천 맥락에서 해결중심치료를 활용하고자 하는 누구에게라도 쉽게 다가갈 수 있을 것이다.

그럼에도 이 책을 번역하며 역자들에게 '이런 학교가 우리의 현실에서도 가능할까?'라는 회의적인 생각이 들었던 것도 사실이다. 그렇지만 이런 생각은 2000년 초반 가자고등학교를 설립할 당시 많은 사람이 했던 생각과 유사한 것이다. 그러나 누군가는 이러한 학교가 가능할 것이라는 비전을 제시했고, 노력과 희생을 감수했으며, 이제 그 생각은 현실이 되었다. 김인수 선생님이 항상 버릇처럼 하시던 말씀이 생각난다. "Why not?" 이제라도 이런 학교를 꿈꿔야겠다. 그래야 좀 더 가까운 미래에 이루어질 수 있을 테니!

Franklin 박사에 대해 세상을 바꿀 야망이 있는 사람이라고 했던 김인수 선생님의 말씀이 이제야 이해가 된다. Franklin 박사는 세상을 바꾸기 위해 학교 현장으로 뛰어들었고, 그의 노력은 위기 청소년이 모인 가자고등학교의 성공으로 빛을 발하고 있다. 불우한 환경에 굴하지 않고 수많은 학생이 가자고등학교를 졸업하고 있다. 이들은 자신의 강점이 성공을 위해 활용될 수 있다는 것을 학교 경험 속에서 학습했다. 문제의 예외가 지금의 어려움을 이겨 낼 수 있는 해결이 될 수 있음을 알았다. 강화된 역량으로 세상에 나간 가자고등학교의 졸업생들이 또 다른 성공의 역사를 써 나가고 있다. Franklin 박사와 동료들은 세상을 이렇게 바꾸고 있다.

현재 국내 교육계에서도 혁신학교를 비롯한 많은 실험이 진행 중이다. 그럼에도 여전히 학교 내에서 벌어지는 많은 문제가 산재하고, 학교 밖으로 향하는 학생이 늘고 있다. 이러한 시점에서 일반학교에 적응하지 못한 청소년들이 자기주도적 교육과정으로 안정된 환경에서 교육을 받을 수 있도록 국가 주도의 대안학교 제도에 대한 활발한 논의가 필요하다. 이 책의 많은 내용이 이상적으로 들릴 수도 있지만, 이는 미국에서도 쉽지 않은 시도였다. 가자고등학교의 성공이 우리에게 의미하는 바가 무엇인지, 그들의 실험과 연구에서 배울 것이 무엇인지, 우리의 학교를 해결중심적으로 운영하기 위해서 학생들이 가지고 있는 강점과 자원을 그들의 성공을 위한 해결의 구축에 어떻게 활용할 수 있는지 등 우리는 이 책을 통해 배울 것이 매우 많다.

함께 책을 읽고 공부하며 최선을 다해 지난한 번역 작업을 함께 해 준 공역자인 경기대학교 일반대학원 청소년학과 박사과정의 백종환, 정은지 선생님께 진심으로 감사의 뜻을 전한다. 무엇보다, 한정된 독자층에도 불구하고 국내의 교육 현실에 대한 책의 가치와 의미를 알아 주시고 선뜻 출판해 주신 학지사의 김진환 사장님과, 편집과 교정 등 출판 전반에 걸쳐 애써 주신 편집부 박수민 선생님께 진심으로 감사드린다.

2019년 10월
역자 대표 최중진

저자 서문

많은 위기 청소년이 다니고 있는 대안학교에서 근무하는 것을 상상해 보라. 이러한 상황에서 교사와 부모는 사회정서적 위기와 자살 시도, 극심한 스트레스를 유발하는 상호작용과 관계 형성 등의 문제로 언제 어디서든 힘든 도전에 직면할 수 있다. 대안학교는 학습 장애, 유년기의 역경, 트라우마, 행동건강 문제, 사회경제적 문제, 가족과 문화적 스트레스, 불안정한 생계 문제 등을 동시에 겪는 위기 청소년을 교육하는 중도 탈락 예방 프로그램으로서의 역할을 한다. 어떤 교육자들은 이런 학생들을 안타깝고, 동기를 잃거나, 고질적이며, 성공에 대한 기회가 제한된 것으로 보지만 우리는 이 책을 통해 정반대의 관점을 취한다. 하나는 강점과 미래중심적인 관점이고, 다른 하나는 위기 청소년이 대안교육 프로그램과 생활 속에서 학업을 성공적으로 달성할 수 있도록 하는 방법에 관한 것이다. 우리의 주요 목적은 이 책으로 위기 청소년에게 해결중심치료를 실천하는 방법과 해결중심적 접근에 내재된 변화 원칙과 실천을 따르는 대안학교 프로그램을 개발하는 방법을 교육자들에게 알리는 것이다. 이 책에는 모든 학생이 성공할 수 있도록 위기 청소년이 보이는 학력 격차를 줄이고자 하는 우리의 개인적 열망이 담겨 있다. 우리는 이 책을 통해 우리가 교육 분야와 위기 청소년 그리고 대안학교에서 수년간 연구를 통해 입증한 해결중심치료의 실천에 대해 독자와 소통하고자 한다.

우리 저자들은 위기 청소년의 성공에 대해 말할 수 있는 충분한 전문적 자격이 있다. 그렇지만 이러한 동기는 동시에 개인적인 것이기도 하다. 우선, Franklin 박사는 어떤 교사가 그녀에게 글을 정말 잘 쓴다고 했을 당시 고등학교 중퇴생이었는데, 그러한 격려는 학업에 대한 자신감과 고등학교 졸업 및 대학에 진학할 수 있는 그녀의 역량에 엄청난 영향을 주었다. Streeter 박사 또한 학자로서의 커리어를 대부분의 교육자가 예견하는 그런 방식으로 시작하지는 않았다. 평범한 고등학생이었던 그는 대학에 들어가지 않고 10년간 자동차 정비소를 운영했다. Ms. Guz는 대안학교를 졸업했는데, 학교에서의 경험을 통해 다른 학교에서 종종 간과하는 사회적 불평등과 정신건강 문제를 이해하고 이를 돕고자 사회복지사가 되었다.

Webb 박사는 어린 시절 교사와 나눈 개인적 경험으로 자신의 가치관을 확실하게 형성하고 위기 청소년을 돕는 일을 준비하게 되었다. "나는 곧 안전한 집을 떠나 유치원에 다니기 시작할 때가 되었다. 어머니는 내가 유치원에서 즐겁게 지낼 것이고, 선생님도 나를 좋아할 것이라고 확신하셨다. 그 다음날, 나는 Hancock 선생님의 교실 앞에서 문 앞에 붙어 있는 내 이름을 보았다. 며칠이 지나고 선생님은 우리에게 별 모양의 스타차트를 보여 주셨다. 학생들이 할 일은 다른 학생들 앞에서 숫자를 100까지 세거나, 색깔을 맞추거나, 나비 매듭을 잘 매서 받는 별로 그 차트를 채우는 것이었다. 나는 이미 그런 활동의 대부분을 할 수 있었기 때문에 무척 신이 났다. 우리는 매일 연습한 것을 학급 친구들에게 보여 주고 모두가 보는 앞에서 별을 받았다. 어느 날 오후, 선생님은 빨간 나무신을 가져오셔서 "오늘은 누가 신발 끈을 묶어 별을 받아 볼까?"라고 물으셨다. 나는 손을 로켓처럼 빨리 들었고 선생님이 나를 지목했을 때 기쁨에 겨워 가슴은 쿵쾅거렸다. 교실 앞으로 껑충거리며 뛰어나가서 끈 하나를 쥐어 둥그렇게 집어서 고리를 만들고 다른 끈으로 그 고리를 감았다. 그리곤 고개를 숙여 이로 신발 끈을 물어 잡아 당겼다. 그 순간 Hancock 선생님은 "너 아주 더러운 애구나! 네 엄마가 보시면 뭐라 생각하시겠니?"라며 소리를 치셨다. 난 아무 대답도 못했다. 정신적인 충격과 부끄러움에 말없이 카페트 끝으로 물러나 바닥에 털썩 주저앉아 버렸다. 너무 초라해져 쥐구멍에라도 숨고 싶은 마음에 끈을 만져 더러워진 손을 입에 넣으면 안 된다는 선생님의 장황한 이야기를 이해하기는 어려웠다. "더러운 애"라는 말만 내 마음 속에서 빙빙 돌았다. 스타차트를 보았지만 그동안 모아 두었던 황금빛 별은 더 이상 보이지 않았다. 왼쪽에서 네 번째에 "더러운 애"라고 소리치는 빈칸만이 내 눈길을 끌 뿐이었다. 학기의 마지막 주가 되자, 나는 유치원에서 낙제할 것 같았고, 모두 내가 형편없는 애라는 것을 알게 될 거라는 생각이 들었다.

집에서 나의 더러움을 털어놓을 수 있는 유일한 대상인 곰인형을 붙잡고 가슴이 찢어질 것 같이 울었다. 그러자 오빠가 방에 들

어와서 뭐가 잘못 되었는지 물었다. 나는 신발 끈을 묶을 수 없었
다며 울면서 말했다. "야, 네 신발은 이미 묶여 있잖아."라고 오빠
가 말했다. 한숨을 돌리고서 나는 '학교'와 '없어진 별'이라고만 겨
우 말했다. 그러자 오빠가 조용히 물었다. "학교에서도 엄마가 신
발 끈을 묶던 방법으로 했니?" 당연하지! 어떻게 다른 방법으로 묶
을 수 있지? 그러자 오빠는 나한테 어떤 것들은 우리 집에서만 해
야 하는 것임을 조용히 설명해 주었다. 오빠는 내가 한 일이 나쁜
건 아니지만, 다른 사람이 오해할 수도 있음을 말했다. 그날 오후
에 오빠는 손으로 신발 끈을 묶는 법을 가르쳐 주었다. 사실 나의
어머니는 양손이 없이 태어나셨고, 나는 엄마가 이를 이용해 여동
생과 내 신발의 끈을 사랑스럽게 묶어 주시는 것을 보면서 같은 방
법을 배웠던 것이다. 그 다음날, 학교에 가서 나는 'Hancock 선생
님의 방식으로' 신발 끈을 묶고 별을 받았다. 반짝이던 그 별은 여
전히 내 삶 속에서 빛나고 있고 나의 교육 철학에 방향을 제시하
고 있다. 어린아이에 대한 개인적이고 무지한 판단으로 우리 교육
자들은 부지불식간에 천사의 순결한 날개를 영원히 꺾을 수 있다.
나는 절대로 나만의 관점으로 타인을 평가하지 말아야 한다는 것
을 유치원을 졸업하며 깨달았다. 타인의 행동에 담긴 참된 의미를
알기 위해서는 상황에 대한 그들 자신의 견해를 밝힐 수 있도록 해
주어야 한다. 이렇게 하는 것은 때로는 폭풍우가 몰아치는 어두운
하늘에서 무지개를 볼 수 있게 해 주는 것과도 같다. 신발 끈을 묶
는 방법이 오직 하나밖에 없다고 생각하며 일생을 사는 것이 얼마
나 슬픈 일인가?(Webb, 2016)

이 책의 독자와 내용

이 책은 아동과 청소년에게 해결중심치료를 실천하는 방법을 배우고자 하는 모든 전문가에게 흥미롭고 유용한 정보를 제공한다. 이 책의 주된 독자는 대안학교에서 일하는 전문가들(예: 교장, 교사, 상담사, 학교 사회복지사)과 대안학교에서 교육적인 성과를 향상시키고자 하는 분들(예: 부모, 지역 교육청 담당관, 학교 이사와 운영위원)이다. 이 책은 대안학교의 위기 청소년에게 해결중심치료를 활용하는 방법을 배우고자 하는 실천가들에게도 실용적이고 유용하다. 이 책의 모든 장은 실천가들의 사례와 경험을 담고 있고, 다양한 위기 청소년의 학업 성취와 졸업을 위해 해결중심치료가 대안학교의 모든 구성원에게 어떻게 활용될 수 있는지를 보여 준다. 특히, 관리자, 교사, 상담사, 학교 사회복지사에게 텍사스주 오스틴시에 위치한 곤잘로 가자 독립고등학교(이하 가자고등학교)에서 해결중심치료를 실천하는 방법을 보여 주는 실제 사례를 제공한다. 가자고등학교는 공립 대안학교로 1998년 개교 이후 많은 위기 청소년을 졸업시켜 대학 교육과정으로 보내는 해결중심 대안학교 프로그램으로 정평이 나 있다. 이 책에 나오는 해결중심적 기법의 적용과 사례는 계속된 연구와 일상 속의 실천에 근거한 것이다.

이 책은 총 7장으로 구성되어 있다. 1장에서는 해결중심치료의 기원과 학교에서의 효과성을 다룬다. 또한 해결중심치료의 변화과정을 설명하고 질문 기법(예: 예외질문, 척도질문, 기적질문)에 대해 서술한다. 나아가 해결중심치료의 변화과정을 여덟 가지 해결중심원칙을 따르는 대안학교 프로그램으로 변형하는 방법을 보여 준다. 2장은 수많은 실천가로부터 흔히 받는 질문에 대한 답으로 가자고등학교의 설립과 운영에 대해 다룬다. 특히, 해결중심적 사고방식을 익히는 방법에 대해 설명하며, 해결중심적 교내 커뮤니티의 중요성과 어떻게 해결중심 대안학교 프로그램을 개발하고 만들 수 있는지에 관한 내용을 다양한 측면에서 다룬다. 3장에서는 관계의 중요성과 해결중심치료를 활용한 위기 청소년과의 관계 형성 방법을 구체적 예를 통해 보여 준다. 또한 교사들 간의 관계가 위기 청소년에게 얼마나 중요한지에 대해서도 다룬다. 4장은 목표 설정 및 긍정적 기대, 그리고 위기 청소년이 희망과 긍정의 정서를 갖도록 하는 방법을 다룬다. 또한 대안학교 내에서 성공의 이야기를 만드는 방법과 긍정적 학업 경험이 부모와 가족의 스트레스를 어떻게 경감시키는지에 대해 설명한다. 5장은 대안학교에서 다양한 전문가 또는 다학제적 팀 접근을 활용하여 해결중심적 학생지원팀을 결성하는 방법을 논의한다. 6장은 위기 청소년을 교육하고 졸업시키는 데 필요한 대안학교 프로그램의 주요 요소를 제시하며, 교육과정과 학습지도에 대해 설명한다. 또한 이 장은 교육과정과 학습지도에서 목표의 중요성과 해결구축의 대화를 통한 해결중심 접근의 활용 방법을 설명한다. 나아가 교사들이 수업 중에 위기 청소년에게 해결중심치료의 질문과 기법을 활용하는 사례를 제공한다. 마지막으로, 7장은 변화를 이끌어 내는 실용적인 조언을 제공함으로써 대안학교 프로그램에서 해결중심적 접근을 지속적으로 유지할 수 있는 방법을 다룬다.

차례

◈ 역자 서문　3
◈ 저자 서문　9

1장 ··· 해결중심 대안학교 만들기 ··· 19

시작하기 _ 21
학교에서 해결중심치료 활용하기 _ 23
해결중심치료의 변화과정과 치료 기법에 대한 이해 _ 27
해결중심치료의 실천을 위해 교사와 상담사가 인지해야 할 것 _ 32
대안교육에서의 '해결중심적 관점' _ 52
해결중심적 원리의 활용 사례 _ 61
요약 _ 63

2장 ··· 해결중심 대안학교 프로그램을
　　　　만들기 위한 전략 ··· 69

사례 _ 71
시작하기 _ 73

해결중심 대안학교를 시작하기 위해 필요한 태도 _ 74
해결중심 대안학교 프로그램 만들기 _ 83
해결중심 대안학교의 설립을 위한 지원 확보하기 _ 84
해결중심 대안학교에서 학생 교육을 위해 필요한 비용 _ 89
해결중심 대안학교에서 리더십의 기능 방식 _ 92
해결중심 대안학교를 위한 교직원 모집 _ 94
교직원에게 해결중심 접근을 훈련시키기 _ 96
해결중심 대안학교에 다니는 학생 _ 100
학생 오리엔테이션 _ 106
해결중심 대안학교를 유지하기 위한 전문성 개발의 사례 _ 108
요약 _ 110

3장 … 협력적인 해결중심적 관계 형성 … 113

사례 _ 115
시작하기 _ 117
관계 형성 _ 118
학생과의 관계 형성을 돕는 해결중심 기법 _ 120
비선형적 변화과정 _ 131
관계 형성에 관한 사례 _ 133
요약 _ 136

4장 … 성공을 위한 목표설정, 긍정적 기대와 정서 … 139

사례 _ 141
시작하기 _ 143
목표설정 _ 144
성공에 대한 긍정적 기대와 정서 _ 155

해결중심 대화의 활용 사례 _ 166
요약 _ 169

5장 ··· **해결중심적 학생지원팀 만들기** ··· **171**

사례 _ 173
시작하기 _ 174
해결중심 대안학교 내 협력적 팀워크 구축하기 _ 176
협력적 학생지원팀의 활동 _ 178
현재에 초점을 두며 기존의 해결 확인하기 _ 182
팀 회의 _ 185
학생을 돕기 위해 해결중심적 학생지원팀 활용하기 _ 192
학부모를 팀원으로 초대하기 _ 194
학생지원팀 활동 사례 _ 201
요약 _ 203

6장 ··· **교육과정과 학습지도** ··· **205**

사례 _ 207
시작하기 _ 209
해결중심 대안학교의 교육과정과 학습지도 _ 211
상급생의 e-포트폴리오와 '스타워크' 졸업식 _ 226
교사가 해결중심치료를 활용하는 방법 _ 230
교육과정과 학습지도 적용 사례 _ 241
요약 _ 244

7장 ··· **해결중심 대안학교의 지속 가능성과 성공의 유지** ··· 247

사례 _ 249
시작하기 _ 252
성공의 유지를 위한 조직문화 형성 _ 253
전문성 개발을 위한 훈련 _ 261
문제의 해결과 계속된 성장 _ 264
연구와 평가의 중요성 _ 268
지역 공동체의 인정 _ 275
해결중심적 교내 커뮤니티를 유지하는 방법 _ 276
요약 _ 279

찾아보기 281

1장

해결중심 대안학교 만들기

시작하기

학교에서 해결중심치료 활용하기

해결중심치료의 변화과정과 치료 기법에 대한 이해

해결중심치료의 실천을 위해 교사와 상담사가 인지해야 할 것

대안교육에서의 '해결중심적 관점'

해결중심적 원리의 활용 사례

요약

학생 스스로 자신의 운명을 통제할 수 있는 학교를 상상해 보세요. 학생의 환경과 과거가 그들의 미래를 결정해서는 안 된다고 믿는 학교를 상상해 보세요. 가족이나 이웃의 문제가 학생의 학업성취와 직업적 성공을 결정짓는 요인이 아님을 가르치는 학교를 상상해 보세요. 삶의 역경을 더 좋은 삶을 위해 이용할 수 있는 강점으로 생각하는 학교를 상상해 보세요. 학생의 희망을 고취시키고 그들이 행하는 작은 일들이 삶의 큰 변화를 이끈다고 가르치는 학교를 상상해 보세요. 학교장, 교사, 상담사, 학교 사회복지사 등 모든 교직원이 모든 학생에게 자신의 성공을 만들 수 있는 능력이 있다고 믿는 학교를 상상해 보세요. 위기에 처했거나 학업을 중도에 포기하고자 했던 학생이 계속해서 학교에 다니고 졸업을 하고, 또 성공적으로 대학과 직장으로 옮겨 가도록 돕는 학교를 상상해 보세요. 학생의 꿈과 희망이 실현되는 해결중심 학교를 상상해 보세요.

시작하기

대안교육(alternative education)은 보통의 12학년(K-12)제 외 공립 대안학교, 차터 스쿨[1](charter schools), 그리고 다른 여러 종류의 대안교육 프로그램을 포함한다. 이러한 대안교육 프로그램은 학생이 학교를 선택할 수 있도록 하는 현재의 교육정책에 기초해

---

1) 역자 주: 차터 스쿨(chater school)이란 정부의 지원은 받지만 자율적으로 운영되는 자율형 공립학교를 말한다.

볼 때 과거 어느 때보다 더 필요하다. Parowski 등(2014)은 미국의 48개 주와 워싱턴DC에 대안교육 프로그램이 존재하며, 이러한 프로그램의 대부분은 중학교와 고등학교 수준의 학생들에게 서비스를 제공하고 있음을 보고했다. 선행연구들은 대안학교 학생들이 어린 시절 더 많은 어려움과 트라우마를 겪고, 정신건강과 관련된 증상과 행동문제를 경험할 가능성이 높음을 밝혔다. 또한, 많은 대안학교 학생은 일반학교에 다니는 학생에 비해 소수 인종일 가능성이 높고, 낮은 경제력에 의한 차별, 소외, 억압 등을 경험한다(Escobar-Chaves, Tortolero, Markham, Kelder, & Kapadia, 2002; Grunbaum et al., 2000). 대안학교 학생들의 가장 흔한 문제는 행동문제, 낮은 학업적 성취 그리고 결석 등이다(Foley & Pang, 2006). 사회경제적 스트레스, 가족 문제, 약물남용, 임신, 육아, 불안정한 주거 또한 이들이 겪는 흔한 문제다(Bornsheuer, Polonyi, Andrews, Fore, & Onwuegbuzie, 2011; Breslau, Miller, Chung, & Schweitzer, 2011; Lehr, Tan, & Ysseldyke, 2009).

이 책을 쓰는 목적은 학교의 교사, 상담사, 사회복지사, 관리자 등을 포함한 모든 교직원이 위기 청소년을 졸업시키고, 또 대학에 진학하고 직업을 찾을 수 있는 준비를 돕기 위해 해결중심치료(Solution Focused Brief Therapy: SFBT)의 치료적 변화 기법이 어떻게 활용될 수 있고, 또 이를 통해 어떻게 해결중심 대안학교를 만들 수 있는지를 보여 주는 것이다. 이를 위해 이 책에서는 대안교육 내에서 어떻게 해결중심치료를 이행할 수 있는지에 대한 우리의 연구와 실천적 경험을 활용할 것이다. 선행연구는 해결중심치료가 아동·청소년뿐만 아니라 청년, 임상실천, 소년사법 그리고 아동복지 등의 영역에서 효과적인 개입임을 보여 준다(Bond, Woods, Humphrey, Symes, & Green, 2013; Franklin, Kim & Tripodi, 2009; Franklin, Trepper, Gingerich, & McCollum, 2012; Jordan et al., 2013). 우리의 실천적 경험은 미국 텍사스주 오스틴에 위치한 곤잘로 가자 독립고등학교(Gonzalo Garza Independence High School, 이하 가자고등학교)라는 대안학교에서 해결중심치료를 실제로 활용한 사례에서 도출된 것이다. 흔히 가자고등학교로 불리는 이 학교는 2001년부터 해결중심치료를 학교의 운영 전반에 활용하기 시작했다. 학교의 모든 교직원이 위기 학생의 졸업을 돕기 위해 해결중심치료를 활용하기 때문에 우리는 이를 '해결중심 대안학교'로 부르기로 한다.

이 장의 앞 부분에서는 해결중심치료가 어떻게 시작되었는지, 그리고 학교에서 해결중심치료를 어떻게 활용하는지에 대해 설명한다. 해결중심치료의 변화과정과 여러 기법을 설명하고 이를 실천적 사례를 통해 보여 준다. 또한 해결중심치료의 원리를 적용한 변화기법이 학교의 모든 구성원에 의해 어떻게 학교라는 실천 맥락에 적용될 수 있는지를 다룬다. 마지막으로, 학교의 모든 교직원이 이러한 원리를 실천할 때 위기 청소년이 무사히 졸업을 할 수 있도록 도울 수 있는 하나의 조직과 문화가 만들어질 수 있음을 설명한다.

학교에서 해결중심치료 활용하기

해결중심치료는 사회복지사였던 스티브 드 쉐이저(Steve de

Shazer)와 김인수(Insoo Kim Berg)가 이끄는 다학제적 정신건강 전문가들에 의해 1980년대 초 위스콘신주 밀워키에 위치한 단기가족치료센터(Brief Family Therapy Center)에서 개발되었다(de Shazer, 1985; de Shazer et al., 1986). 다학제적 팀접근은 해결중심치료의 개발과 실천에 중심 역할을 했다. 아동, 청소년, 가족 등과의 치료에 임하던 치료자는 일방경의 도움으로 다른 치료자들뿐만 아니라 연구자들과도 상호작용적인 소통을 할 수 있었다. 센터를 찾은 많은 가족 내담자는 개인적 트라우마, 노숙, 아동학대, 정신건강과 약물남용 등과 같은 다양한 문제뿐만 아니라 사회복지 서비스와 사법제도까지도 빈번히 개입되는 심각한 문제를 동반했다. 계속된 치료적 과정과 일련의 실험 속에서 밀워키 치료팀은 내담자와 함께 그들의 강점, 자원, 과거의 성공, 목표와 미래의 희망 등에 대한 대화를 나누는 것이 과거의 문제만 다루거나 문제를 해결하기 위한 개별적 전략을 개발하는 것보다 더 효과적이라는 사실을 발견하였다. 이에 내담자의 문제를 해결하기 위해 그들의 강점에 기반하는 미래지향적 접근은 해결중심치료의 치료적 변화과정의 핵심이 되었다. 시간을 거듭하며 치료자와 연구자는 해결중심치료의 치료적 기법을 향상시키고자 연구를 진행했다. 이제 해결중심치료는 아동과 청소년에게 효과적인 증거기반의 접근이 되었다(Franklin et al., 2012).

1990년 초반부터 상담사와 학교 사회복지사가 해결중심치료를 학교 현장에서 활용하기 시작했으며, 그들의 실천을 통해 이론적·임상적인 연구들이 출간되었다(예: Berg & Shilts, 2005; Kelly, Kim, & Franklin, 2008; Kral, 1995; LaFountain & Garner, 1996; Metcalf, 2008; Murphy, 1996; Murphy & Duncan, 2007; Sklare, 1997; Webb,

1999). 선행연구는 해결중심치료가 정서적이며 행동적인 문제, 예를 들면 불안, 우울, 약물남용 등과 더불어 품행장애, 학업 문제, 학교중퇴의 예방 등에도 효과적임을 보고했다(Bond et al., 2013; Franlkin, Biever, Moore, Clemons, & Scamardo, 2001; Franklin, Moore, & Hopson, 2008; Frlanklin, streeter, Kim, & Tripodi, 2007; Kim & Franklin, 2009; Newsome, 2004). 해결중심치료는 그동안 공적 서비스를 충분히 지원받지 못한 학교와 경제적으로 빈곤한 학생, 소수인종 학생들에게도 효과성을 보였다(Kelly & Bluestone-Miller, 2009; Newsome, 2004). 기타 선행연구들도 해결중심치료가 매우 다양한 인구집단에 효과적으로 활용될 수 있음을 보여 주었다(Fong & Urban, 2013; Hsu & Wang, 2011; Kim, 2013).

지난 30여 년 간의 연구결과 해결중심치료는 학교사회복지와 상담심리 분야 등에서 광범위하게 인정받는 접근이 되었고, 미국, 캐나다, 유럽, 대한민국, 호주, 남아프리카공화국, 중국과 대만 등 다양한 나라에서 적용되고 있다(예: Daki & Savage, 2010; Fitch, Marshall, & McCarthy, 2012; Kelly et al., 2008). 해결중심치료는 특히 학교에서 실천하기에 적절한 개입으로 교실에서 교사에 의해, 또 상담사와 학교 사회복지사뿐만 아니라 여타 정신건강 전문가와 관리자 또는 행정가 등에 의해서도 활용될 수 있다(Franklin & Guz, 2017; Metcalf, 2010). 해결중심치료는 학교 내 다양한 집단뿐만 아니라 학년 수준에 관계없이 효과적으로 적용될 수 있다. 결론적으로 이러한 선행연구들은 해결중심치료가 다양한 내담자 단위, 즉 개인, 집단, 가족 그리고 기관 수준에서도 적절하게 활용될 수 있는 접근임을 보여 준다.

교사의 해결중심치료 습득의 중요성

교사와 학생 간의 관계는 모든 학교의 정신건강 개입뿐만 아니라 궁극적으로 학교의 성공에 중요한 요소다(Paulus et al., 2016). 선행연구는 많은 경우 교사가 교실에서 마주하는 학생의 도전적인 행동에 대해 언급하고 있는데(Barnes et al., 2014), 이는 역설적으로 대안교육 내 위기 청소년의 성공을 위해 교사의 역할이 더욱 중요함을 보여 주는 것이다. 해결중심치료의 강점은 상담을 전공한 상담사나 사회복지사와 같은 인적 자원뿐만 아니라 교사를 비롯한 모든 교직원이 배우고 실천할 수 있다는 점이다. 누구도 교사가 치료자의 역할을 해 주길 기대하지는 않는다. 그렇지만 대안학교에서 근무하는 누구라도 위기 청소년과 해결구축의 대화를 나눌 수 있는 방법과 해결중심치료의 기본적인 변화 과정과 기법에 대해서는 배울 수 있다. 교사가 교실에서 학생의 정신건강 증진을 위한 개입을 제공하는 것이 효과적임을 보고하는 선행연구가 있지만, 그러한 개입은 매우 구조화되어 있고, 또한 교과과정 내에서 사회기술 훈련 등의 이름으로 이미 제공되고 있는 경우가 많다(Franklin et al., 2017). 이러한 구조화된 교과과정이 유용할 수 있지만, 해결중심치료는 교사에게 해결중심적 변화과정과 기법 등을 이용해 학생들과 대화를 나눌 수 있도록 경청의 방법과 더불어 적절한 질문을 활용하는 방법 등을 포함하는 매우 유연한 접근을 제공한다. 해결중심적 대화는 특정한 형식에 의존하지 않는 대신 문제가 일어났을 때 학교의 어디에서라도 자연스럽게 활용될 수 있다. 갑자스러운 위기 상황에서도 교사가 해결중심적 실천을 활용하여 상황에 대처할 수 있는 방법을 교육받을 수 있다. 해결중심적 개입은 다른 상담 개입뿐만 아니라 일상적인 수업과정에서도 함께 활용될 수 있을 정도로 충분히 구조화되어 있다. 이러한 개입은 학생의 강점을 발견하고, 학교에서뿐만 아니라 일상 생활과 관련되거나 졸업 후의 목표설정 등과 관련된 내용을 포함한다.

해결중심치료의 변화과정과 치료 기법에 대한 이해

해결중심치료는 사회 및 심리과학 분야 내에서 확고한 과학적 연구기반을 두고 있으며, 의사소통과 인지과학 등으로부터 입증된 증거기반의 실천방법을 활용한다. 이 책은 실천적인 목적을 가지고 있기 때문에 해결중심치료의 이론적 기초를 자세히 다루지는 않는다. 다만, 좀 더 관심이 있는 독자는 해결중심치료에 대한 이론적 기초와 논의에 대해 다음의 연구를 참고할 수 있을 것이다 (예: Bavelas, 2012; De Jong, Bavelas, & Korman, 2013; Franklin, Guz, & Bolton, 출간 중; Kim et al., 2015; Lipchik, 2002). 그럼에도, 해결중심치료의 기본 가정을 이해하는 것은 위기 청소년에게 그것이 어떻게 활용될 수 있는지를 이해하기 위해 중요하다.

해결중심치료의 이론적 가정

해결중심치료는 학생 개인의 변화를 관계적이며 맥락적인 측면에서 본다. 또한 학생의 어떤 한 부분이 아닌 전체를 바라보며, 그들이 속한 모든 체계(예: 가족, 이웃, 학교, 직장 등)에 관심을 가진다. 해결중심치료에서는 문제를 상호작용적인 것으로 보며, 문제는 사람들 사이의 사회적 관계의 맥락에서 정의된다. 따라서 문제의 해결도 그러한 관계 내에서 일어날 수 있는 것으로 본다. 학생이 학교에서 경험하는 문제는 학생에게 이미 효과가 있었던 이전의 해결에 대해 함께 대화를 나누고, 문제에 대한 정의에 동의하고 해결을 위해 노력할 때 해결될 수 있다. 이러한 가정은 해결중심치료의 토대가 되며, 단기가족체계적치료, 사회구성주의와 의사소통에 기반한 치료, 그리고 그 밖에 생태체계이론 등에 기초한다. 해결중심치료는 단 하나의 해결만이 모두에게 또는 모든 문제에 적절한 것으로 믿지 않는다. 사실, 같은 해결이 다른 문제에 효과가 있을 수도 있지만, 또 의도치 않은 결과를 가져올 수도 있다. 동시에, 독특한 해결책이 원하는 결과를 가져오기도 한다. 이러한 이유로 학교의 모든 교직원은 학생의 자원을 개별화하고 개인화하며, 또 목표를 설정하고, 학업문제에 대한 해결책을 개발할 수 있도록 학생과 그들이 포함되는 체계에 치료적 접근의 초점을 둔다.

해결중심치료는 내담자의 강점과 자원에 초점을 두며, 이들에게 임상적으로 부여된 부정적 명칭 또는 꼬리표는 그들을 있는 그대로 보여 준다고 믿지 않는다. 이러한 가정은 학생의 행동을 병리화하지 않고, 하나의 선택을 절대화하여 다른 선택의 여지를 제공하지 않거나, 또는 문제에서 빠져나올 수 있는 방법을 직접적으로 제공하는 종류의 대화를 피할 수 있게 한다. **학생의 선택권**이 무시되는 이러한 대화는 학생의 진전을 위한 선택이나 가능성을 인정하지 않는다. 해결중심적 관점에서 학생의 행동을 병리화하지 않는다는 것은 학생의 행동에 '활동항진증'이라든지 '문제아'와 같은 부정적 꼬리표를 붙여 그 사람을 절대화시키는 용어나 언어를 사용하지 않는 것을 의미한다. 해결중심적 대화는 학생에게 부여된 부정적 꼬리표에 초점을 두는 대신, 비록 그들이 어떤 한계를 가지고 있다 할지라도 그들의 삶을 발전시킬 수 있도록 행동할 수 있는 선택을 돕는 방향에서 진행될 것이다. 학생의 행동에 부정적 꼬리표를 붙이지 않고, 그들에 대해 부정적으로 표현하지 않거나, 그들 앞에서 그렇게 행동하지 않음으로써 교직원들은 학생에게 자신이 그 자체로 가치 있는 존재라는 것을 알릴 수 있다. 반면 학생의 선택이 제한되는 대화는 '절대' '항상' '할 수 없어'와 같은 단어를 포함한다. 이러한 대화의 예로, "그 학생은 절대 자기 자리에 앉지 않아." 또는 "그 아이는 정리를 못해."와 같은 말들이 될 수 있다. 이러한 대화는 해결보다 문제에 초점을 두며, 학생의 행동을 충분하고 정확하게 표현하지 못한다. 예를 들면, "그 학생은 미술시간에 10분 동안 앉아 있었어."가 "그 학생은 절대 자기 자리에 앉지 않아."보다 더 정확한 표현이다. 학생이 '절대' 정리를 못하는 것처럼 보일지라도, 비록 오후 수업에 과제를 가져오는 것에 어려움이 있다 할지라도, 오전 첫 시간 동안에는 괜찮았다는 사실을 표현하는 것이 중요하다. 학생의 강점에 초점을 맞추고, 부정적 꼬리표를 없애고자 하는 것은 사회구성주의와 강점관점에 기반한 다른 상담 접근과 연결될 수 있는 부분이기도 하다.

해결중심치료는 의사소통에 관한 과학적 연구로서 협력적 언어에 관한 이론을 활용한다. 이는 사람 사이의 대화는 협상될 수 있고, 공동으로 구축되는 것이어서 치료적 과정에서 이뤄지는 대화를 **의미의 공동구성**으로 이해하는 과학적 연구에 기반하는 것이다. 해결중심치료는 의도적인 선택적 대화를 통해 의미의 전환을 꾀하며 그 방향은 미래의 행동에 대한 긍정적 해석과 해결을 향하는 것이다. 이러한 과정은 내담자가 자신과 주변 사람들에 대해 뭔가 다른 것을 볼 수 있도록 도우며, 그들이 할 수 있는 일에 대해 지금까지와는 다른 이야기를 구축할 수 있도록 하고, 또 과거에 효과가 있었던 것을 더 할 수 있도록 하거나, 뭔가 완전히 새로운 것을 시도할 수 있도록 돕는다. 이러한 접근은 철학적으로는 비트겐슈타인(Wittgenstein)의 언어게임(language game)과 같은 언어에 관한 후기구조주의적 견해를 따르는 것으로, 이는 대화를 나누는 동안 사람들 사이에서 인식적 전환이 일어나도록 하는 언어와 의미의 활용에 대한 논의다. 예를 들면, 비트겐슈타인은 언어의 의미가 대화 속에서 일어나는 사회적 교환과정에서 생성되는 규칙을 통해 형성되며, 사회적 교환과정에서 정의된 언어는 대화에 참여한 사람들의 사회적 맥락 밖에서는 이해되기 어렵다고 믿었다. 이러한 관점은 의사소통의 상호작용에 대한 복잡한 패턴을 보여 준다. 그렇지만 좀 더 쉽게 접근하고 또 해결중심적 학교라는 맥락에서 보자면, 모든 교직원은 그들이 무엇을 말하는지에 대해 신중해야 하며, 그들이 학생에게 사용하는 용어에 관심을 기울여야 함을 의미한다. 이것의 함의는 언어라는 것은 중립적이지 않으며, 교사, 상담사, 사회복지사 등이 묻는 질문은 결과적으로 어떻게 문제가 만들어지고 해결되는가를 결정한다는 것이다(Franklin et al., 2017).

공동구성의 과정은 사람들 사이에서 대화가 이루어질 때 끊임없이 일어나는 것이며, 또 사람들이 자신과 타인에 대해 그리고 그들의 상황에 대해 어떻게 이해하는지에 영향을 주는 상호적 영향의 한 형태이다. 단어의 의미는 협상적인 대화과정 안에서 참여자 사이에서 결정되며, 이것은 대화에서 논의되고 있는 것에 대한 사람들의 인식을 변화시킬 수 있는 하나의 방법으로 '대화의 기초 (grounding the conversation)'로 불리기도 한다. 어쩌면 독자는 이 과정을 군중심리(mob mentality)와 같은 극단적인 사회적 상호작용과 연결해서 생각해 보았을 수도 있다. 그러나 어떠한 대화에서라도 사람은 의미와 행동의 측면에서 서로에게 영향을 미친다. 이는 대화의 과정에서 사람들은 서로 교묘히 가르치려 들기도 하고, 또 서로의 인식에 영향을 미치도록 행동하기도 함을 의미한다. 따라서, 공동구성의 과정은 해결중심치료를 이용해 사람들의 변화를 어떻게 도울 수 있는지에 대한 이해에 필수적이다. 이러한 상담접근에서는 위기 청소년이 자신의 삶을 향상시킬 수 있는 해결을 발견할 수 있도록 돕기 위해 언어를 의도적으로 활용한다. 해결중심치료는 변화를 일으키기 위한 수단으로 공동구성의 과정과 언어를 사용한다. 이것이 의미하는 것은 변화는 대화의 과정에서 계속해서 일어나는 것으로, 상담사, 사회복지사, 교사 그리고 여타 정신건강 전문가들이 내담자가 희망과 유능감을 갖고, 해결을 향해 진전할 수 있도록 돕기 위해 대화를 의도적으로 활용한다는 것이다 (de Shazer, 1994). 해결중심치료자는 내담자가 그들의 인식을 바꾸고 해결을 향해 행동을 변화시킬 수 있도록 돕기 위해 특히 경청(listen), 선택(select), 구축(build)으로 불리는 언어적 과정에 기초한 상담기법을 활용한다. 이러한 기법을 사용함으로써 치료자는 내담자의 말을 주의 깊게 경청하고, 그들이 선호하는 미래(preferred future)에 대해 말할 수 있도록 언어를 선택적으로 활용한다. 이러한 접근을 사용함으로써 치료자는 위기 청소년이 자신의 언어로 그들이 선호하는 미래는 어떤 모습인지 정의하고 그런 일이 어떻게 일어나게 할 수 있을지 논의하도록 그들의 언어에 기초해 해결의 구축을 돕는다(De Jong & Berg, 2013). 경청하고, 선택하며, 구축하는 과정에서 위기 청소년은 새로운 의미의 공동구성을 위한 시작점으로서 자신에 대한 이해를 자신의 언어로 표현하는데, 이는 공동구성을 위한 중요한 단계이다. 내담자의 말을 경청하고, 의도적으로 단어를 선택하며, 해결의 구축을 돕는 과정에 대해서는 다음에서 좀 더 다루기로 하겠다.

해결중심치료의 실천을 위해 교사와 상담사가 인지해야 할 것

다양한 교직원이 일하는 교육현장에서 해결중심치료가 활용될 때 이를 '해결구축의 대화'로 부르기도 한다. 이러한 명칭은 상담사와 사회복지사, 여타 정신건강 전문가들이 관여하는 치료의 의미를 희석하기 위한 의도를 가진다. 앞에서 언급했듯이, 해결중심치료의 변화과정은 사람들 사이의 보통의 대화에서 일어나는데, 해결중심치료자가 해결구축의 대화를 어떻게 의도적으로 조직화할 수 있는지에 대한 깊은 이해가 이 과정에서 중요하다. 대안 교육현장에서 해결구축의 대화를 나누기 위해서는 사회복지와 상담영역에서 훈련을 받는 전문가들뿐만 아니라 학교의 모든 교직원이 해결중심치료의 변화과정을 따르는 해결구축의 대화를 수행할 수 있어야 한다. 보통 학교는 교사에게 치료자의 특징인 임상적 전문성을 기대하지는 않는다. 그렇지만 학교에서 근무하는 누구라도 해결구축의 대화를 나누는 데 필요한 기본 요소를 익힐 수 있으며, 그들의 능력 내에서 최선을 다해 치료적 기법을 적용할 수 있다. 예를 들면, 교사나 교장과 같은 관리자도 이러한 기법을 상담사나 사회복지사와 같은 정신건강 전문가의 도움을 받아 학습할 수 있다. 다음에서는 해결중심치료의 변화과정에 대한 주요 요소에 대해 논의한다.

협력관계

학교의 모든 교직원은 위기 청소년과 협력적이고 역량강화적인 관계를 맺기 위해 해결중심치료를 활용할 수 있어야 한다. 관계는 모든 치료적 변화에 중요하다. Froerer와 Connie(2016)는 해결중심치료에서 내담자가 치료적 동맹과 관계를 어떻게 이끄는지에 대해 논의하였다. 이것이 의미하는 것은 사회복지사, 상담사, 교사는 학생의 이끎(lead)을 따르며, 그들이 해결을 향해 나갈 수 있도록 협력하기 위해 적극적이고 의도적이며 선택적으로 경청한다. 이러한 과정은 느린 춤(slow dance)을 추는 것과 비슷한 것으로, 한동안 파트너를 따르다 나중엔 그를 이끄는 것과도 같은 것이다. 이러한 과정은 '한 발 뒤에서 이끌기(leading from one step behind)'로 불리기도 한다. 해결중심치료를 사용할 때 교직원은 학생의 감정과 관점을 이해하고 존중하는 것에 초점을 두며, 학생이 변하기를 원하는 것(목표)을 주의깊게 경청한다. 교직원은 또한 학생이 가지고 있는 강점과 자원 그리고 유능성에 대해 적극적이고 의도적으로 경청하거나, 그들의 과거 경험에 기초해 능력이 있거나 새롭게 배우고자 하는 행동 또는 미래의 변화에 대해서도 호기심을 가지고 알고 싶어 할 수 있다. 이때 대화라는 것은 언어적이며 동시에 비언어적이라는 것을 기억하는 것이 중요하다. 침묵과 제스처가 오히려 더 큰 소리를 내는 경우도 있기 때문이다.

앞서 언급한 경청, 선택, 구축의 기법은 해결구축의 대화를 나눔에 있어서 매우 중요하다. 그러한 기법을 활용함으로써 교직원은 학생이 말하는 것을 요약하고 문제에 대한 예외와 희망, 유능감, 목표와 해결책을 이끌어 낼 수 있도록 질문을 할 수 있다. 이러한 기법은 협동적 관계를 증진하고 해결을 구축할 수 있는 상호작용적인 접근을 제공한다. 예를 들면, 수학 과목에서 실패한 문제에 대해 말하는 학생의 이야기를 의도적으로 경청한 후 학생의 강점을 포함하는 단어나 이야기의 한 부분을 신중하게 선택하여 교사는 다음과 같이 말할 수 있다.

> "나는 네가 비록 '수학 과목에 실패했어도' '계속해서 수업에 참여한 것'에 대해 말하는 것을 들었어." 이후 교사는 자신이 경청한 내용 위에 다음과 같이 구축할 수 있다. "내가 너에 대해 주목한 것은 네가 아무리 좌절해도 계속 도전한다는 거야. 통과할 방법이 없어 보여도 너는 계속해서 수학 수업에 참여했구나. 그런 인내력을 어떻게 배웠니?"

마지막 질문은 대화가 학생의 유능성에 대한 것으로 바뀔 수 있도록 하는 시작으로서의 역할을 수행하는데, 이를 통해 그들은 해결에 다가갈 수 있다. 〈글상자 1-1〉은 해결구축의 대화에 대한 다른 예를 보여 준다. 이 이야기는 위기 청소년과 어머니를 상담했던 사회복지사 잭 노위키(Jack Nowicki)의 사례에서 발췌한 것이다. 이 가족의 상황은 해결중심치료가 개발될 당시 치료자들이 다뤘던 사례들과 비슷한 부분이 있다. 이러한 가족의 상황은 아마도 대안교육의 상황에서 많이 만날 수 있는 전형적인 모습이라 할 수 있다. 이 사례에는 15세의 여자 청소년이 등장하는데, 그녀는 청소년감호소에서 출소하자마자 어머니에 의해 가족상담소에 거의 끌려오다시피 했다. 이 이야기에서 어머니는 딸과 몸싸움을 했고, 경찰이 출동했다는 이야기를 했다. 그 결과 소녀는 감호소에서 하룻밤을 보냈고, 어머니는 아동학대로 아동보호서비스(Child Protective Services)에 신고되었다. 이후 감호소는 소녀를 위기개입상담소에서 상담을 받는 조건으로 어머니에게 다시 돌려보냈다. 다음의 위기상담에서 사회복지사는 해결의 기초가 될 수 있는 문제에 대한 예외를 적극적으로 경청하고 이를 선택적으로 활용하였다. 다음의 대화에서 사회복지사가 언어와 질문을 어떻게 선택적으로 활용해 대화가 목표와 변화 그리고 해결로 전환되도록 활용하는지 주목할 필요가 있다. 이 과정에서 대화가 어떻게 긍정적인 정서와 문제에 대한 다른 관점, 그리고 해결을 향해 나갈 수 있도록 공동으로 구축되는지 살펴볼 수 있다.

글상자 1-1

해결구축의 대화: 딸, 어머니 그리고 할머니

어머니: 저 쪼그만 게 학교가 끝나고 제게 얼마나 건방지게 굴던지요. 제가
방으로 가라고 했더니 제 말을 무시하고 밖으로 나가 버리더라고
요. 그래서 쫓아가 팔을 붙잡았는데 소리를 지르고 여기서는 입에
도 담지 못할 욕을 하는 거예요. 그리고 저를 때리려 했어요. 그래
서 제가 좀 때려 줬어요.

사회복지사: 그쯤되면 두 분 사이에 싸움이 시작된 거네요. (딸에게 몸을 돌
려 물어봄.) 어머니가 말씀하신 게 네가 기억하는 것과 비슷하니?

딸: (주저하며 바닥을 쳐다보고) 네, 그렇다고 하죠.

사회복지사: 아, 그럼 두 분 모두 동의하시는군요. 좋습니다. 그런 다음엔 무
슨 일이 일어났나요?

딸: (어머니를 쳐다보았고, 어머니는 계속해 보라는 듯 고개를 끄덕임)
음… 전 그냥 도망을 쳤고 엄마가 저를 향해 소리를 질렀어요. 그리
고 경찰을 불렀죠. (바닥을 다시 쳐다봄)

어머니: 네가 도망가기 전에 나를 차서 거의 넘어뜨린 건 빼고 말하는구나.
(사회복지사에게) 그래서 제가 경찰을 불렀어요. 그리고 쟤의 버르
장머리를 고쳐 주려고 하자 도망을 쳤다고 말했죠. 경찰이 마침 주
변에 차를 세워놓고 있어서 바로 붙잡았고, 제가 그들에게 쟤를 데
려가 달라고 했어요. 쟤가 집에선 더 이상 살 수 없다고 말했죠!

사회복지사: 좋아요. 그러면 이런 위기가 전에도 있었나요? (둘 다 그런 적
이 없다고 함) 좋아요. 그러면 오늘 여기서 무엇이 이루어지길 바라
시나요? (딸은 계속해서 바닥을 쳐다보고, 어머니가 말함)

어머니: 전 쟤가 집을 나가길 원해요. 저를 그렇게 취급하면서 함께 살 순 없
어요. 뭐라고 할 때마다 매번 절 열 받게 만들고, 제 면전에서 욕을

하고, 눈을 굴리고, 자기가 원하는 것만 해요. 전 더 이상 참을 수가 없어요!

사회복지사: 흠. 어머니가 부탁을 하실 때 따님이 그렇게 행동하지 않았던 적이 있었나요? 아니면, 어머니를 그렇게 힘들게 하지 않았던 것처럼 보였던 때가 한 번이라도 있었나요?

어머니: (재빨리) 아니요, 선생님. 전 좋은 엄마가 되려고 노력했고, 쟤한테 잘하려고 했지만, 이게 제가 돌려받은 결과예요. 쟤가 어렸을 때는 이 정도로 나쁘지는 않았지만, 지금은 커서 자기가 모든 걸 다 안다고 건방을 떨어요! (바닥만 보는 딸을 쳐다봄)

사회복지사: 그러면, 어렸을 때를 제외하고 좀 더 나았던 때가 전혀 없었다는 거네요…. (딸이 살짝 위를 보며 사회복지사에게 조용히 말함)

딸: 할머니 집에서는 욕 안 해요.

사회복지사: (호기심을 보이며) 할머니 댁에서는 욕을 하지 않는다고? 그래? (어머니에게) 아셨어요? 할머니 댁에서 따님이 더 좋게 행동하는 것을 보신 적이 있으세요?

어머니: 네. 어머니 집에서 욕하는 것은 못 봤어요. 흠, 그러게요. 거기서는 좀 낫게 행동하는 것 같아요. 쟤는 거기서 주로 조카애들과 밖에서 놀거나 TV를 보죠.

사회복지: 와! 그러면 어머니는 따님이 할머니 댁에서 어떻게 그렇게 잘 행동하도록 하셨어요? 따님이 어떻게 그렇게 했죠? 따님한테 할머니를 존경하는 것에 대해 어떻게 가르치셨어요?

어머니: 제가 한 건 별로 없는 것 같아요. 쟤가 그런 거죠. 거기선 더 잘 행동해야 한다는 걸 잘 알아요.

사회복지사: 글쎄요, 어떻게 그걸 가르치셨어요? 전 어머니가 어떤 긍정적인 영향을 준 것이 틀림없다고 생각하는데요….

어머니: 글쎄요, 저도 거기선 행동이 좀 낫죠. 엄마 앞에서는 아이한테 화를 내지 않아요! (둘 다 웃음)

경청하고, 선택하며, 구축하는 기법을 활용하는 해결구축의 대화는 학생이 이해받고 존중되고 있다고 느낄 수 있는 유용한 관계를 만든다(Froerer & Connie, 2016). 2장에서는 교사와 사회복지사, 상담사, 관리자 등이 어떻게 위기 청소년과 협조적이고 역량강화적인 관계를 구축할 수 있는지에 대해 논의한다.

문제 대신 해결에 초점 두기

해결은 미래지향적인 사회적 행동으로, 사회적 관계에서 다른 사람과 무엇을 어떻게 할지에 대한 단계를 정의하는 것이다. 해결중심적 전략은 이미 존재하는 해결을 찾아낼 수 있는 학생 자신의 삶에 대한 전문성을 존중한다. 즉, 학생 자신이 자신의 삶의 전문가인 것이다. 이것은 학생이 현재 또는 미래에 타인과 지금까지와는 다른 관계를 만들 수 있고, 또 학생이 성취하기를 원하는 결과를 시각화할 수 있는 능력을 필요로 한다. 문제에 대해 다르게 말하거나 그것을 없애는 방법에 대해 브레인스토밍하는 데 시간을 소진하는 대신 교직원들은 학생과 함께 해결이 어떤 모습일지에 대해 표현하고, 그것을 이루기 위한 단계와 세부 목표, 그리고 학생의 삶에서 이미 일어나고 있는 작은 해결에 초점을 둔다. 기존의 교육자들은 해결구축이라는 것이 학교에서 이미 활용하고 있는 문제해결 접근과 같은 것은 아닌지 의문을 가질 수 있다. 문제해결 접근이 매우 효과적인 접근이지만, 해결구축은 문제해결과는 다른 것이며, 이 두 접근은 변화를 이끄는 치료적 과정뿐만 아니라 결과에서도 차이를 보인다(Jordan, Froerer, & Bavelas, 2013; Richmond, Jordan, Bischof, & Sauer, 2014). 우리는 해결구축의 과정이 문제를 해결할 수도 있지만, 이것은 철학적으로 또 절차적으로 문제해결과 매우 다르다는 점을 강조하고 싶다. 이를 위해 학교의 교직원이 학생과의 대화에서 문제보다는 해결에 초점을 두는 것에 대한 중요성을 이해하는 것이 필요하다. 위기 청소년을 돕고자 할 때 해결구축의 대화를 활용하는 것은 문제해결의 대화와는 다른 장점을 가진다.

해결구축이 문제해결보다 좋은 이유

대안교육에서 위기 청소년을 돕고자 할 때 문제의 해결보다 해결의 구축이 더 효과적일 수 있는 다섯 가지의 이유가 있다.

첫째, 문제해결 접근을 활용할 때 성인은 학생이 무엇을 해야 하는지 교육하고 알려 주는 전문가로서 행동하게 되지만, 해결구축의 대화는 학생이 자신의 해결을 구축하도록 하며, 자신의 교육과 그 결과에 대해 책임을 지는 전문가가 된다. 사람들에게 무엇을 하라고 지시하는 것은 긍정적이고 장기간 지속되는 행동의 변화를 가져오지 못한다. "다이어트를 해라."라는 말을 듣거나 "좀 더 나은 식습관을 갖도록 해라."와 같은 설득을 받아 본 사람이라면 이러한 어려움을 이해할 수 있을 것이다. 위기에 처한 많은 학생은 권위적인 인물과의 관계를 어려워 한다. 또 이들은 많은 경우 신뢰관계를 맺는 것에 어려움을 초래할 수 있는 애착문제와 관계문제를 보인다. 해결구축의 방법으로 문제에 접근하는 것은 위기 청소년을 권위적인 방법으로 교육하고 자신의 문제에 대한 답을 찾도록 지시하는 전문가의 자세를 취하지 않음으로써 그들이 보일 수 있는 애착과 관계 문제를 피할 수 있게 한다. 학생이 성인의 지시를 받아들이고 자신의 관계 능력을 향상시키는 것은 중요한 일이지만, 애착과 관련된 문제의 해결은 평생이 걸릴 수도 있으며, 이는 교실에서 간단하게 해결될 수 있는 문제도 아니다. 문제해결 접근에서 취하는 전문가적 접근 대신 해결중심치료에서는 협력적 접근을 취하는데, 대안교육의 현장에서 이는 교직원이 협력적인 신뢰관계를 맺을 수 있는 방법을 학생에게 보여 줌으로써 유용하게 활용될 수 있다. 대안교육을 받고 있는 많은 학생은 부모가 부재한 상태이거나, 과도한 스트레스를 받고 있거나, 또는 정신건강의 문제를 가지고 있는 경우가 있기 때문에 다른 사람보다 자신에게 과도하게 의지하거나 다른 사람을 보살피는 일에만 익숙할 수도 있다. 그 반대의 양상도 관찰할 수 있는데, 즉 부모 등의 과보호로 인해 학생이 과도하게 의존적이거나, 자신의 행동에 책임을 지는 것에 익숙하지 않을 수도 있다. 예를 들면, 요즘 학교에 있는 많은 사람이 '헬리콥터 부모'라는 단어와 이것의 의미를 잘 알 것이다.

　이러한 이유로 교직원에게는 학생들의 독특한 상호작용 방식에 맞는 협력적인 관계를 만들 수 있는 능력이 중요하다. 예를 들면, 많은 학생이 성인을 신뢰하지 않을 수 있는데, 이는 지시를 따르지 않거나 가까운 관계의 형성을 어렵게 한다. 이러한 상호작용 방식이 성인에게는 반항적이고 직면적이며, 또는 수동적 공격으로 보일 수 있다. 다른 예를 들면, 어린 시절 나쁜 경험이나 차별로 인해 학생이 거절에 대해 예민할 수 있고 성인을 신뢰하지 않을 수도 있다. 이로 인해 성인이 문제해결 방법으로 그들에게 지시를 내릴 때 학생은 그것에 저항하거나 노력 자체를 거부할 수도 있다. 해결중심치료를 활용할 때 학생의 독특한 관계 방식과 학습관, 독립심과 다른 사람에 대한 세심함 등이 강점으로 작용할 수 있다. 반면, 학생에게 있을 수 있는 사회에 대한 부정적 경험이 무엇을 의미하는지에 대해서도 주목할 필요가 있다. 학교의 교사와 상담사 등은 학생에 대한 존중과 확신을 가지고 의사소통을 하며, 학생의 독특한 경험과 강점을 이용해야 한다. 이에 대해 학생도 성인에게 같은 정도의 존중을 표현할 수 있도록 부탁받는다. 문제를 끄집어 내는 대신 해결을 구축함에 있어 학생들의 강점과 경험을 활용하기 위해 그들의 경험이 근거에 기반하고 사실임을 인정하는 것이 중요하다. 더 나아가 해결중심치료를 활용하는 교사와 상담사 등은 학생이 스스로 선택한 해결의 결과와 이에 대한 솔직한 피드백을 통해 학생 스스로 책임을 질 수 있도록 해야 한다. 이러한 상호작용은 이들 사이에 신뢰를 촉진할 수 있다.

둘째, 위기 청소년은 문제를 과장할 수도 있다. 이는 이들을 무력감과 절망감으로 이끌 수 있기 때문에 문제해결보다 해결구축이 더 효과적일 수 있다. 어떤 학생은 모든 것이 얼마나 끔찍한지 확대하는 경향이 있어 자신의 문제를 더 크게 부풀려 말할 수도 있다. 그래서 문제를 논의할 때 자신뿐만 아니라 다른 사람까지도 절망감을 느끼게 한다. 어떤 학생은 문제에 대한 부정적인 주목을 좋아하도록 학습되었을 수도 있다. 이는 해결에 대한 장애물로서의 역할을 한다. 해결중심치료는 학생의 강점과 앞으로 나아갈 수 있는 작은 단계에 초점을 둠으로써 문제에 대한 과장을 줄일 수 있다.

셋째, 문제대화(problem talk)는 학생들에게 부정적 정서를 일으켜 상상과 창의적인 해결에 방해가 된다. 반면, 해결대화(solution talk)는 해결에 대한 가능성을 열 수 있다. 어떤 학생은 자신이 분노하거나 불안한 감정에 고착된 것처럼 보이도록 문제의 패턴을 반복한다. 문제에 대해서 이야기할 때 사람들의 부정적 정서는 커질 수 있다. 어떤 치료자는 정서적 카타르시스가 유용한 것이라고 말하지만, 해결중심치료는 긍정적 정서와 학생이 문제에서 벗어나는 방법을 시각화할 수 있도록 하고, 해결을 향한 새로운 행동을 취할 수 있도록 문제에 대한 인식의 전환에 초점을 둔다. "분석은 무기력하다(analysis is paralyses)."라는 말이 있다. 해결중심치료에서는 강점과 해결에 대한 이야기를 나누기 위해 문제에 대한 계속된 분석을 제한한다. 그렇다고 이것이 문제에 대해 자세히 논의하지 않는 것을 의미하는 것은 아니다. 대신, 해결을 구축하기 위해서 학생이 새로운 감정과 행동을 향해 나갈 수 있도록 불평과 문제대화에 고착된 상태에서 벗어날 필요가 있음을 의미한다.

넷째, 문제를 계속해서 언급하는 것은 때로 걱정, 우려, 경직된 사고, 두려움, 잘못된 문제해결 등과 연결된다. 잘못된 문제해결의 흔한 형태는 회피, 문제의 최소화나 부정, 또는 문제에 대한 애착의 유지나 방어 등을 포함한다. 후자의 경우 문제를 부정하거나 또는 문제의 원인에 대해 타인을 비난하는 것으로 표현되기도 한다.

예를 들면, 이것은 엄마의 잘못, 선생님의 잘못 또는 아기 아빠의 잘못 등으로 표현될 수 있다. 직접적인 문제해결의 시도는 때로 이러한 행동패턴을 증가시켜 학생이 오히려 이러한 부정적 패턴에 더 고착될 수 있게 한다. 문제에 대한 오래된 습관적 접근을 깨기는 쉽지 않다. 오래된 형태의 사고와 행동에 대한 해결구축의 접근은 앞으로 일어나야 할 해결에 필요한 새로운 행동패턴을 검토하는 것에서 시작된다. 이것은 학생이 새로운 사고와 행동을 하며, 문제적 상호작용에 대해 스스로 발견한 새로운 해결을 실천할 수 있게 한다.

다섯째, 어떤 문제는 쉽게 해결될 수 없기 때문에 해결구축이 문제해결보다 더 효과적일 수 있다. 학생들이 직면하는 많은 문제 중, 예를 들면 임신, 만성적 건강 문제 또는 성격적 결함 같은 것은 쉽게 해결될 수 있는 것이 아닌데, 해결구축의 대화에서 이러한 문제는 계속적인 이슈로 정의될 수 있다. 해결중심치료는 이러한 문제가 삶의 한 부분이기 때문에 자신과 환경을 받아들일 수 있도록 정상화를 시도하기도 한다. 해결구축 접근은 학생의 대처능력도 고려한다. 어떤 학생들은 어릴 때 경험한 문제로 인해 압도된 감정을 느낄 수 있다. 때문에 문제해결 접근은 그들에게 무력감과 과거에서 빠져나올 수 없는 느낌 등을 남길 수 있다. 해결중심치료는 학생이 자신이 처한 위치에서 벗어나 미래에 초점을 둘 수 있도록 도움으로써 미래를 지향하며 앞으로 나아갈 수 있도록 돕는다. 그렇지만 문제가 아닌 해결에 초점을 두는 것이 문제해결방법에 대해 철저한 교육을 받은 교육자들에게 쉽지 않을 수 있다. 해결구축의 접근을 유지하기 위해서는 실천가의 마음챙김(mindfulness)과 계속된 훈련이 필요하다. 2장과 7장에서는 해결구축에 대한 훈련 방법과 이를 유지할 수 있는 방법에 대해 좀 더 자세히 다룬다.

학생의 목표에 초점 두기

해결구축의 대화는 학생 스스로 목표를 찾아내고 자신의 목표를 이룰 수 있다는 희망과 기대를 촉진한다. 해결중심적 관점으로 교사와 상담사 등은 측정 가능하고, 주목할 만하며, 학생의 행동에서 작은 변화를 만들 수 있는 목표를 찾는다. 목표는 스스로 결정해야 하며, 이를 수행하는 것은 쉽지 않은 것이어서 개인적인 책임과 헌신이 따른다. 작은 변화는 학생의 노력이 인정받을 수 있도록 한다. 예를 들면, 학생의 변화를 적은 메모를 학생에게 전해 주거나 부모에게 보낼 수 있으며, 학생이 성취한 것을 다른 교직원들과 나눌 수도 있다. 언제나 학생이 있는 바로 그곳에서 출발하고, 학생의 목표에 대한 질문으로 해결구축의 대화를 시작하는 것이 중요하다. 학생에게 할 수 있는 질문의 예는 다음과 같다. "네가 가장 바라는 희망은 무엇이니?" "특별히 뭐가 달라지길 원하니?" 교사와 상담사 등은 자신의 해결중심적 대화에 학생이 문제중심적 반응을 보일 것을 예상하고 이에 대한 준비를 해야 한다. 이러한 과정을 통해 대화는 학생의 목표를 이해하는 방향으로 나아갈 것이다. 이러한 과정에 교직원의 인내심이 요구되며, 이들은 학생이 문제 대신 자신의 목표에 대해 이야기할 수 있도록 친절히 안내해야 한다. 예를 들면, 교사는 다음과 같이 말할 수 있다. "문제가 해결된다면 무엇을 다르게 할지 다시 한 번 말해 줄 수 있겠니?" 일단 목표가

정해지면 학생이 원하는 변화로서 목표를 중심으로 한 대화가 순환적으로 이루어질 수 있다.

공동구성의 과정과 해결중심 질문의 활용

지금까지 논의한 것처럼, 공동구성의 과정은 해결중심치료의 핵심이며, 이는 화자(speaker)와 청자(listener)가 의미를 협상하기 위해 함께 작업하는 협력적 대화를 포함한다. 이러한 협력적 노력은 의미와 사회적 상호작용을 전환시키는 정보를 제공하는 역할을 수행한다(Bavelas et al., 2013). 해결중심치료의 매뉴얼에 따르면, 학생은 그들이 원하는 미래에 대한 비전을 공동으로 구성할 수 있는 질문을 받으며, 이러한 비전을 그들의 삶의 한 부분으로 만들 수 있도록 돕기 위해 상담사는 이전의 성공 경험, 강점 그리고 자원 등을 활용한다(Franklin et al., 2017). 해결중심치료의 핵심적인 변화 기법은 공동구성의 과정을 촉진하는 의도적인 질문을 활용하는 것이다. 선행연구의 결과는 기적질문, 척도질문, 관계질문과 같은 질문기법이 변화를 촉진하는 중요한 수단으로 어떻게 작용하는지에 대해 보여 준다(예: Beyebach, 2014). 〈글상자 1-2〉는 해결중심치료에서 활용되는 질문의 예를 보여 준다. 해결구축의 대화를 나누기 위해서는 교사와 상담사가 해결중심적 질문에 숙달할 필요가 있다. 다른 형태의 질문을 어떻게 활용하는지에 대해서는 다른 장에서 더 자세히 다루기로 하겠다.

글상자 1-2

해결중심 질문의 활용

예외질문　교사와 상담사는 문제가 일어나지 않을 때, 효과적인 대처 그리고 문제가 없었던 맥락을 발견하고 다음과 같이 질문할 수 있다.

> 이것이 아주 나쁜 문제이기는 하지만 내 경험으로 사람들의 삶이 항상 같은 모습으로 계속 머물지는 않거든. 교장선생님의 방으로 불려 가게 된 그런 문제가 일어나지 않았을 때나 적어도, 좀 더 나은 때가 분명히 있었을 것 같은데. 그런 때에 대해서 얘기해 줄래? 뭐가 다르니? 그때는 어떻게 그렇게 할 수 있었어?

교직원은 가능한 한 많이 문제패턴에 대한 예외 정보를 모으며 계속해서 내담자에게 "또 다른 것은? 다른 때는?"과 같은 질문을 할 수 있다. 일단 학생이 예외를 발견할 수 있게 되면 신속하게 "그것에 대해 더 말해 줄래?"와 같이 물으며, 학생이 예외에 대해 자세히 표현할 수 있도록 돕는다. 교사와 상담사는 학생에게 자신이 학생의 예외에 매우 관심이 있다는 것을 전달하기 위해 긍정적인 정서, 목소리의 톤, 그리고 학생의 이야기에 집중하는 모습 등을 보여 준다. 끄덕임, 미소, 상체를 앞으로 기울이기, 놀란 모습 보이기 등의 비언어적 제스처도 활용될 수 있다. 교직원은 또 "그랬구나." "놀랍다." 또는 "와!"와 같은 강화적 언어 표현을 활용할 수도 있다. 이러한 행동은 학생이 말을 계속 할 수 있도록 도우며, 또 예외에 관한 이야기를 더 자세히 표현할 수 있도록 한다.

척도질문　척도질문은 문제를 사정하고 해결로 향하는 진전을 측정한다. 교장실로 불려 온 학생에게 교장은 다음과 같이 질문할 수 있다.

1에서 10 사이의 척도에서 1은 교실에서 매번 잠을 자며 문제를 일으키는 것을 말하고, 10은 잠을 자는 대신 네가 할 일을 하고 선생님이 네게 뭔가 좋은 말을 해 줄 수 있는 것을 의미해. 지금 너는 척도 위 어디쯤 있다고 말할까?

아동과 청소년에게 척도의 양쪽 기준점으로 웃고 있거나 슬픈 얼굴 같은 그림을 쓸 수도 있는데, 다음의 그림은 가자고등학교에서 근무하는 팽(Mr. Fang) 교사가 자신의 교실에서 사용하는 척도질문이다. 수학 교사인 그는 학생들이 처한 상황과 동기를 사정하는 것을 좋아한다. 그에게 척도질문은 그러한 것을 빠르게 할 수 있는 효과적인 방법이다. 학생들은 종이 위 척도에 간단하게 표시만 하면 된다.

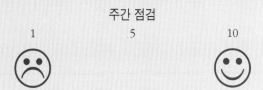

주간 점검

1   5   10

팽 교사는 이러한 척도를 이용해 학생의 동기를 점검하고 또 그가 학생을 위해 할 수 있는 일이 무엇인지에 대한 정보도 얻는다. 예를 들어, 계속해서 웃는 얼굴에 체크했던 한 학생이 갑자기 5점에 체크를 한다면 그 학생과 이야기를 나눌 필요가 있음을 의미한다.

팽 교사의 척도질문은 그의 수업 경험이 늘어날수록 함께 발전해 왔다. 처음에 그는 1~10의 수가 적힌 종이를 월요일에 학생들에게 나눠 주곤 했다. 경험이 축적되면서 그는 척도를 더 단순화하기로 하였고, 좀 더 적은 숫자가 적힌 종이를 나눠 줬다. 그는 이후 화가 난 얼굴과 웃는 얼굴이 그려진 척도가 자신이 얻고 싶은 정보를 알아낼 수 있는 좀 더 분명한 방법이라는 것을 알게 되었다. 더불어 월요일에 학생들에게 동기에 대해 묻는 것이 금요일에 묻는 것보다 도움이 되지 않는다는 것도 알아냈다. 예를 들면,

월요일에 얻게 되는 정보는 그 주에 학생들이 앞으로 5일 동안 해야 할 것에 대한 목표를 시작하기도 전에 그것에 대해 어떻게 느끼는지에 대해 알아 보게 되는 것과도 같다. 금요일에 질문을 하는 것의 장점은 학생들이 그 주에 배운 내용에 대해 어떻게 생각하는지를 알게 된다는 것이었다. 이러한 정보는 그가 앞으로 학생들이 목표를 세우는 것에 어떻게 도움이 될 수 있을지에 대한 이해를 돕는다.

해결중심치료에서 척도질문을 사용하는 다른 예는 다음과 같다. ① 문제의 해결과 관련해서 학생이 현재 어떤 위치에 있는지 질문하기, ② 문제에 대한 예외를 발견하기 위해서 척도와 관련한 경험에 대해 질문하기로, 예를 들면 "3점으로 어떻게 갈 수 있었니?" 또는 "지금 뭘 하길래 1점이 아니지?", 그리고 ③ '기적'을 구축하거나 해결을 위한 행동을 발견하기 위해 척도를 활용하기 등이다. 예를 들면, 교직원은 척도를 활용해 내담자의 현재 상황에 대해 물을 수 있다(1은 낮은 것을 의미하고 10은 높은 것을 의미한다). 그런 후 학생에게 어떻게 해서 1에서 3으로 갈 수 있었는지 묻는다. 또는 학생에게 4에서 어떻게 5로 갈 수 있었는지에 대해 물을 수도 있는데, 예를 들면 "어떻게 그런 일이 일어나도록 했지? 어떤 새로운 행동을 할 수 있었니?" 또는 "이번엔 어떤 점이 달랐길래 그런 변화를 만들 수 있었지?"와 같은 질문을 할 수 있다. 학생의 대처행동을 칭찬하는 하나의 방법으로 척도를 이용해 문제가 어떻게 더 나빠지지 않을 수 있었는지에 대해 놀라움을 표현할 수도 있다. 또한 변하기 어려운 문제의 속성에 대해 내담자의 인식을 변화시킬 수 있는 언어로서 척도를 활용할 수도 있다.

대처와 동기 질문　　　이것은 척도질문의 한 종류로 교직원이 문제를 해결하고자 하는 학생의 동기나 문제에 얼마나 잘 대처하고 있는지를 사정할 수 있도록 도우며, 다음과 같이 질문할 수 있다.

> 1에서 10 사이의 척도에서 10은 이 문제를 해결하기 위해서 네가 무엇이든 하겠다는 것을 의미하고, 1은 그것이 해결되든 말든 별로 신경 쓰

지 않는 것을 말할 때, 너는 지금 어디쯤에 있다고 할 수 있을까?

또는 사회복지사는 다음과 같이 물을 수도 있다.

> 1에서 10 사이의 척도에서 1은 다 포기하고 학교에서 잘해 보고자 하는 마음을 접는 것을 말하고, 10은 계속해서 노력할 준비가 되어 있음을 의미할 때, 지금 너는 어디에 있다고 할 수 있을까?

대처와 동기에 관한 질문 후 사회복지사는 다음과 같은 사항에 대해 알 수 있어야 한다.

a. 혹시 정의된 문제가 학생에게 너무 과도한 것인지에 대해 알 수 있어야 한다. 만일 문제가 너무 과도한 것이라면, 문제는 조금 더 작은 단계로 나뉘도록 재정의되어야 한다.

b. 학생이 문제를 해결하는 데 도움이 될 수 있는 자기효능감과 희망을 얼마나 가지고 있는지에 대해서 알 수 있어야 한다. 만일 학생이 문제가 해결될 수 있는 것이 아니라고 믿는다면 이러한 믿음에 도전할 수 있는 조치가 취해져야 한다. 이럴 때 예외질문은 역량강화적인 접근이 될 수 있다.

c. 문제에 대한 학생의 노력 정도를 알 수 있어야 한다. 만일 학생이 문제의 해결에 대한 노력에 관심이 없다면, 문제는 학생이 어느 정도의 노력을 할 수 있을지에 대해 재정의되어야 한다.

d. 정의된 문제의 해결이 학생에게 최우선일 정도로 학생에게 정말로 관심이 있는 것인지에 대해서 알 수 있어야 한다.

기적질문   예를 들어, 교사는 다음과 같이 질문할 수 있다.

밤 사이에 기적이 일어나 네 문제가 없어졌다고 생각해 보자. 그렇지만 너는 자고 있었기 때문에 그런 일이 있었을 줄 모르지. 다음 날 잠에서 깼을 때 첫 번째로 뭘 보면 뭔가 달라졌다는 것을 알 수 있을까?

그런 다음 교사는 학생이 상황이 어떻게 다른지 상상할 수 있도록 돕는다. 구체적이고 행동적이며 명확한 해결을 구축할 수 있도록 돕기 위해 아주 자세한 정보가 필요하다. 기적질문은 교직원이 학생으로 하여금 문제가 없을 때 삶이 어떻게 다른 모습일지에 대해 사정할 수 있도록 돕기도 한다. 이 질문을 통해 학생과 함께 해결책이 될 수 있는 구체적인 행동, 사고, 감정 등을 공동으로 구축할 수 있다. 결과적으로, 기적질문을 통해 교직원은 학생이 목표를 발견하고 가장 중요한 변화가 무엇인지에 대해 사정할 수 있다.

관계성질문　　관계성질문은 학생들에게 다른 사람의 관점에서 자신의 문제와 해결에 대해 생각해 볼 수 있도록 질문하는 것이다. "기적이 일어났을 때 너의 선생님은 무엇을 달리하실까?" "네가 대신 그렇게 했을 때 너의 어머니는 무엇을 하실까?" "네가 과제를 제출했을 때 선생님은 뭐라고 하실까?" 이러한 질문은 학생이 타인과의 관계에서 자신을 조망해 볼 수 있도록 돕는다. 예를 들면, 사회복지사는 자신에게 문제가 없다고 말하는 저항적인 학생에게 만일 선생님께 여쭤 보면 뭐라고 하실지에 대해 질문할 수 있다. 해결을 구축함에 있어서 관계성질문은 다음과 같은 면에서 중요하다.

a. 관계성질문은 다른 사람의 관점으로부터 문제를 생각할 수 있도록 하여 학생에게 사회적 관점을 취할 수 있도록 돕는다.
b. 관계성질문은 학생에게 변화의 필요성과 행동의 결과를 고려해 보라고 직접적으로 지시하지 않고도 다른 사람이 그들에게 무엇을 원하는지 생각해 볼 수 있도록 하며, 결과적으로 이는 좀 더 협조적인 자세를 이끈다.

계속된 코칭과 응원, 그리고 학생의 강점과 유능성에 구축하기

해결구축의 대화는 곧 학생의 역량강화, 강점, 자원이라고도 할 수 있다. 또한 어떻게 자신감을 배양하고, 성공을 향해 나아가도록 할 수 있는지, 학업과 삶에서 성취를 이룰 수 있도록 할지에 관한 것이기도 하다. 해결구축의 대화는 문제대화 속에서 해결을 찾아내는 것을 의미한다. 교사는 학생이 이룬 작은 성취와 변화를 경청하고 칭찬을 통해 알려 준다. 칭찬은 매우 유용한 것이지만, 단지 행동에 대해 좋게 말해 주거나 학생이 잘하는 무엇인가를 언급하는 것과는 다른 것이다. 해결중심치료에서 칭찬은 학생이 자신의 긍정적인 특성을 알아내고 인정하도록 돕는 것인데, 그러한 특성의 예로는 목표를 설정할 수 있는 능력, 자신의 노력과 동기에 대한 인정, 도움을 요청할 수 있는 힘 등이 포함된다. 해결중심치료에서 칭찬이 의도한 대로 작동하기 위해서 학생은 자신에 대한 칭찬이 사실임을 인정할 수 있어야 한다. 교사와 상담사 등은 학생의 강점에 대해 칭찬한 것을 학생이 곰곰이 생각해 보길 원한다. 또 자신에 대한 칭찬을 스스로뿐만 아니라 다른 사람에게도 말할 수 있기를 바란다. 4장과 6장에서는 위기 청소년의 유능감을 높일 수 있도록 해결구축의 대화를 어떻게 활용할 수 있지에 대한 예를 제공할 것이다.

동기가 없는 것이 아닌 다른 상황이 존재하는 것

해결구축의 대화에서 동기는 상황적이며, 학생이 있는 바로 그 곳에서 시작하고, 아주 작은 단계를 거쳐 앞으로 나아가는 것이라 는 것을 이해할 필요가 있다. 해결중심치료를 실천하는 교사와 상 담사는 각 학생이 무엇인가를 원하며, 적절한 상황에서라면 원하 는 결과를 이루고자 하는 동기를 가질 수 있다고 믿는다. 때로 교 직원은 학생의 동기가 상황적인 것임을 잊기 쉽다. 학생에 대해 "졸업하기에 너무 많은 문제가 있어요." "희망이 없는 케이스여서 시간 낭비예요." 또는 "변화를 위한 준비가 안 되어 있어요."와 같 이 말할 때 이에 대해 알 수 있다. 때때로 우리는 어떤 학생이 원하 는 만큼 동기화되지 않았음을 느끼기도 하지만, 해결중심치료는 우리에게 무엇이 학생의 동기를 일으키는지에 대해 생각하도록 다 시 묻는다. 우리가 학생이 있는 곳에서 시작할 때, 즉, 학생의 동기 에 민감할 때, 동기가 없다는 것은 존재하지 않고, 다만 다른 상황 이 있을 뿐임을 알 수 있다.

대안교육에서의 '해결중심적 관점'

학생이 해결중심적 대안학교에 입학할 때 졸업을 위해서 성적표 와 앞으로 할 일에 대한 목록만 가져오는 것은 아니다. 그들은 지 식과 가치, 관심, 도전, 목표도 함께 가져온다. 해결중심적 대안학 교는 그들이 대학에 들어갈 준비를 할 수 있거나 직업을 구할 수 있도록만 돕는 것이 아니라, 그 무엇이 될지라도 그들이 미래의 삶을 준비할 수 있도록 도와야 한다. 관건은 해결중심적 변화과정과 실천을 어떻게 학교의 프로그램 속에 녹여 내는가이다. 그곳에서 바로 해결중심적 실험이 시작된다. 다음의 여덟 가지 원칙은 해결중심 대안학교를 만들기 위해 관리자, 교사, 상담사, 사회복지사 등이 받아들여야 하는 것이다.

- 학생과의 개별적 관계를 통한 관계 형성이 우선시되어야 한다.
- 교직원은 학생의 결점에 초점을 두기보다 그들의 강점과 자원을 강조한다.
- 교직원은 학생의 선택과 개인적 책임을 강조한다.
- 학생은 성취에 대한 헌신과 노력을 보여 줘야 한다.
- 교직원은 학생의 평가를 신뢰하고 그들의 생각을 존중해야 한다.
- 교직원은 학생의 과거 어려움 대신 현재와 미래의 성공에 초점을 두어야 한다.
- 교직원은 성공을 향한 학생의 작은 성취를 축하해 줘야 한다.
- 교직원은 학생의 목표설정과 즉각적인 변화에 초점을 두어야 한다.

이러한 여덟 가지의 원칙은 해결중심 대안학교의 프로그램과 교육과정, 그리고 교육을 안내하는 철학적 기반이다. 이러한 원칙들은 각기 따로 운용되기보다 함께, 그리고 학교의 모든 구성원에게 적용될 때 가장 효과적이다. 이것이 의미하는 것은 교사와 상담사 등의 행동이 단지 이러한 원칙에 대한 정신적 동의가 아닌, 이를 학교의 모든 교직원 간 그리고 학생과의 상호작용에 활용하고자 하는 진심에서 우러난 헌신이다.

해결중심치료의 원칙을 실천하는 것은 단순하게 들릴 수 있지만, 이에 대한 헌신을 요한다. 이러한 원칙을 완벽하게 실천할 수는 없어도, 계속된 노력에는 보상이 따른다. 예를 들어, 학생의 강점과 관계를 살펴보자. 학생의 강점에 기반하여 실천하고자 하는 생각에 쉽게 동의할 수 있고, 또 대부분의 교직원도 진심에서 우러나 그렇게 하자고 할 것이다. 그렇지만 관건은 학교에서 다양한 학생과 함께하며 강점관점을 어떻게 수행할 수 있는가이다. 어떤 학생에 대해 능력 없고, 교정도 어렵고, 또 가르칠 수도 없을 정도라고 판단하는 것은 어쩌면 자연스러운 일일 수도 있다. 교사는 학생과 개별적인 관계를 맺는 것의 중요성에 대해서도 잘 안다. 그렇지만 학생이 많은 문제와 정신건강에 관한 진단명과 함께 나타날 때 강점을 통한 관계 맺기를 행동으로 옮기는 것은 매우 어려운 일이다.

강박장애 진단을 받고 가자고등학교로 전학 온 조나단(Johnathan)의 사례를 예로 들어 보자. 조나단은 많은 시간을 자신만의 습관적 행동을 하며 중얼거렸다. 전에 있던 학교에서 조나단은 교사든 학생이든 누구와도 말을 하지 않았다. 그는 열여섯 살이었고, 키가 180cm가 넘었다. 교사가 말을 할 때 그는 바닥을 쳐다보는 경향이 있었다. 그는 생각에 잠긴 듯하며 걱정스러운 표정을 보였고, 이는 때로 그가 분노에 차 있다는 오해를 불러일으키기도 했다. 그는 자주 빈 공간을 응시했다. 만일 누군가 자신을 봐 달라고 요청하면 그는 더 뒤로 물러날 것이다. 눈을 마주치지 않고 또 그가 보이는 행동패턴 때문에 몇몇 교사는 그가 무슨 일을 저지를지도 모른다며 두려워하기도 했다. 그 결과 이전 학교에서 그는 대부분 혼자 앉아 있거나 교실 뒤에서 혼자 시간을 보냈다. 가자고등학교로 전학 왔을 때 그는 혼자 멀찌감치 떨어져 컴퓨터로 과제를 하거나 혼자 있는 것을 더 선호했다.

조나단의 경우 그의 강점보다는 결점을 생각하고, 가망이 없거나 미숙함을 느끼기 쉽다. 이 학생과 관계를 형성하는 것이 가능할까 하는 생각을 할 수도 있다. 교직원의 이러한 절망감은 서로에게뿐만 아니라 학생에게도 전달될 수 있다. 따라서 이러한 학생의 강점과 자원에 초점을 두고 관계를 맺는 것에는 관계된 모든 사람의 정서와 해결중심치료에 대한 훈련을 요한다.

강점과 관계 형성에 초점을 두는 원칙에 따라 가자고등학교의 교사들은 조나단과 관계를 맺고 그가 학교에 좀 더 관여할 수 있도록 하는 데 무엇이 도움이 될 수 있을지 자문했다. 그들은 조나단을 관찰하기 시작했으며, 그와 다른 상호작용을 하려고 애썼고, 무엇인가 효과가 있는 것을 찾으려고 노력했다. 처음에는 어느 것도 효과가 없는 것처럼 보였다. 그러다 교사 중 한 명이 조나단이 컴퓨터 게임을 하며 좋아하고 웃는 것에 주목했고, 그럴 때 조나단과 눈을 마주치기도 했다. 그 교사는 컴퓨터 외에도 조나단이 필름에도 관심이 있다는 것을 발견하였다. 학교에는 영화 제작에 초점을 두는 의사소통 관련 수업이 있었고, 조나단은 교사가 카메라 작동법에 대해 설명할 때 관심을 보였다. 몇 주 후 조나단은 학교 행사에서 카메라를 담당하기 시작했고, 얼마 후 교사는 물론 학생들과도 더 많은 관계를 형성할 수 있게 되었다. 조나단의 진단명은 변하지 않았다. 그렇지만 조나단의 강점과 학교의 자원을 이용하고 그와 관계를 맺기 위해 인내를 가지고 노력한 교사들의 행동이 그가 좀 더 외향적으로 변하고 학교생활에 좀 더 참여할 수 있도록 했다.

이번에는 해결중심적 원칙이 대안학교의 학생에게 어떻게 활용될 수 있는지 개인적 선택, 학생의 목표, 책임과 노력이라는 관점에서 살펴보도록 하겠다. 조(Joe)는 17세의 히스패닉계 학생으로 어깨까지 내려오는 머리와 왼팔에 커다란 뱀 문양의 문신을 하고 있었다. 조는 가자고등학교에 올 때 이미 많은 행동문제를 보였다. 그는 계속해서 문제행동을 일으켰고, 학교를 빼먹고 친구들과 대마초를 피웠다. 조는 계속된 결석으로 이전 학교를 중퇴하게 되었고, 그가 교육을 받고 학교를 졸업할 수 있기를 바랐던 아버지와 끊임없이 충돌했다. 조는 가자고등학교로 옮겨 오면서 처음에는 새롭게 다시 시작해 보겠다고 약속했다. 그렇지만 머지않아 학교에 다시 결석하기 시작했고 그 정도는 점점 더 심해졌다. 그때 사회복지사와 교장은 조를 만나 그가 원하는 것(목표)이 무엇이고, 그의 선택은 무엇인지에 대해 논의했다. 해결중심의 원칙에 기초한 대화를 나누는 동안 사회복지사와 교장은 조 자신이 스스로의 행동에 책임이 있다는 것과 변화를 만드는 것은 어려운 일이라는 것을 강조했다. 다음은 그들이 나눈 대화의 예이다.

교장: 조, 상담사선생님이 왜 우리가 만나는지 네게 말한 것으로 안다. 출석문제가 이곳에서 너의 진전을 막고 있구나. 네가 어려

운 선택을 해야 할 것으로 보이는데?

조: 전 아버지와 사이가 좋지 않아요. 그렇지만 아버지와 계속 싸우고 싶진 않아요. 제 가족은 문제가 많고, 가족은 저를 비난해요. 제가 이 학교에서 또 퇴학당하면 문제는 더 심각해질거예요.

교장: 아버지와 가족 외에 네가 학교에 남아야 하는 다른 이유는 무엇이니?

조: 저는 학교를 졸업하고 건축가가 되고 싶어요. 아버지가 건축회사에서 근무하시는데 저도 건축을 하고 싶어요.

사회복지사: 졸업이 네게 중요하구나. 그렇다면, 그게 네가 하고 싶은 것이니?

조: 네, 전 졸업을 하고 싶어요.

사회복지사: 그래, 그러면 그것이 너를 위한 아버지의 목표만은 아니구나. 그게 네가 원하는 것이니?

조: 네, 아버지가 저에 대한 참견을 좀 그만두게 하고 싶지만, 저도 졸업은 하고 싶어요.

사회복지사: 그러면, 내가 이해한 것을 좀 정리해 볼게. 넌 졸업을 하고 싶다고 했지. 그래서 학교에 결석하는 것이 너의 졸업을 방해하는 거구나.

조: 그렇겠죠.

교장: 우리 학교에 처음 올 때 졸업할 수 있는 기회를 다시 얻게 되어서 기쁘다고 했었지. 그렇지 않니?

조: 네.

교장: 그러면, 학교에 나오지 않는 너의 결정을 내가 이해할 수 있도록 도와다오.

조: 네, 저도 제가 중퇴를 했기 때문에 여기에 오는 것이 또 다른 기회라고 생각은 해요. 그렇지만 공부가 너무 어렵고, 어떤 날에는 친구들과 다른 일도 하고 싶어요. 그건 마치 제게 휴식이 필요한 것과도 같아요. 저는 자동차 수리를 좋아해요. 어쨌든, 저는 다른 날에 다시 와서 제 일을 해요. 제가 이 학교에 온 이유는 저만의 속도로 공부를 할 수 있다고 들었기 때문이에요.

교장: 아, 그렇구나. 어떤 날에는 학교에 오기보다는 친구들과 시간을 보내고 싶구나. 물론 그렇지. 학교에 나오는 것은 매우 힘든 일이야. 그게 네가 하고 싶은 일을 방해하기도 하지. 조, 네가 이 학교에 남건 그만두건 그것은 네게 달렸어. 왜냐하면 너의 출석률이 네가 그것을 결정해야 할 지점에 이르렀거든. 어려운 일이지만 노력을 해 보고 싶니? 아니면 친구들과 다른 일을 하는 것이 네게 더 중요하니?

조: 네, 전 학교에 남고 싶어요.

교장: 정말 그래? 그것에 대해 좀 더 생각을 해 보자.

많은 교육자는 조의 상황에서 그와 직면을 시도하며 달리 접근했을 수도 있다. 그들은 조에게 더 잘하라고 말하거나, 그를 퇴학시키거나, 아버지를 불러들일 수도 있었을 것이다. 그들은 조가 다시 본 궤도에 돌아올 수 있도록 보호관찰이나 모니터링과 같은 수단을 활용했을 수도 있다. 대신, 이 사례에서 교장과 사회복지사는 조에게 자신의 결정에 대해 책임을 지도록 했다. 그들은 조가 말하는 목표와 선택지를 만들고 그가 직면해야 하는 결과와 그것에 대한 책임을 중심으로 대화를 나눴다. 그들은 그의 행동이 어떻게 그의 목표를 방해하고 있는지에 대해서도 말했다. 이러한 만남을 끝내고 조는 처음에는 좀 나아졌으나, 이내 다시 힘들어 했다. 결국 조는 학교에 며칠 동안 나타나지 않았다. 그 시점에서 한 교사는 조에게 전화를 걸어 계속 나오지 않는다면 그가 학교를 그만두는 것으로 알겠다는 말을 전했다. 조는 그 어느 쪽으로도 반응하지 않았고, 학교로 바로 돌아오지도 않았다. 그는 한 달 후 돌아왔는데, 그때 그의 태도는 변해 있었다. 조는 교장과 사회복지사에게 사과를 했고, 자신이 다시 등록할 수 있도록 정중하게 부탁했다. 그는 이 일로 인해 많은 것을 배웠다고 말했다. 잠시 동안의 논의와 출석에 대한 동의를 받고 나서 조는 학교로 다시 돌아올 수 있었고 그의 출석률은 좋아졌으며, 원하던 대로 졸업을 할 수 있었다. 가자고등학교에 대한 연구를 진행하며 필자가 실시한 인터뷰에서 조는 자신이 학교로 돌아올 수 있어서 얼마나 행운으로 느꼈는지에 대해, 그리고 학교를 떠난 것이 얼마나 나쁜 선택이었는지에 대해 말했다. 그는 다시 노력하기로 결심했고, 다시 기회를 갖고 대학에 진학해서 건축가가 되는 자신의 목표를 추구할 수 있어서 얼마나 행복한지 모른다고 말했다.

교육자들이 따라야 하는 또 다른 세 가지 해결중심적 원칙은 학생의 평가를 신뢰하고, 과거보다는 미래에 초점을 두며, 앞으로 나아가는 작은 성취를 축하하는 것이다. 학생의 평가를 신뢰하는 것이 학생이 말하는 모든 말을 믿으라는 것을 의미하는 것은 아니다. 그것은 너무 순진한 말일 수 있다. 대신 학생의 의견이 해결의 구축에 고려된다는 뜻이다. 미래에 초점을 둔다는 것 또한 교육자들이 학생이 과거에 직면했거나 현재 다루고 있는 문제에 관심을 갖지 말라는 것은 아니다. 각 학생에 대해 잘 아는 것(예: 문제패턴, 진단, 생애사 등을 포함)은 그들에게 매우 중요하다. 그러나 계속해서 문제를 탐색하는 것은 교사와 학생이 해결을 구축하는 최선의 방법은 아니다. 한 학생이 가자고등학교의 교사들이 실천하는 해결중심의 원칙이 자신에게 어떻게 큰 변화를 만들었으며, 학업적인 면에서 어떻게 발전할 수 있었는지에 대해 다음과 같이 말했다.

> 제가 소년보호소에 구금된 적이 있었습니다. 그때 선생님들이 저를 찾아오셨습니다. 제가 학업을 계속 할 수 있도록 도와주셨죠. 한 선생님은 과제를 주시려고 보호소 안까지 들어오시기도 했죠. 학생을 위해 어떤 학교가 그런 일을 하겠어요? 대부분의 학교는 그냥 "아직 정신을 못차린 게 틀림없구나. 너는 우리가 원하는 학생이 아냐."라고 말할 거예요. 그렇지만 이곳의 선생님들은 "우린 아직 네게 좋은 면이 있음을 본단다. 비록 나쁜 일을 했지만 우리 모두 한 번쯤 다 그렇잖아."라고 말씀하셨죠. 제가 다시 학교에 돌아갔을 때 모든 선생님이 저를 안아 주셨어요.

이 예에서 교직원은 학생의 학업적 진전과 현재의 상황에 대한 그의 개인적 책임에 초점을 두었다. 그들은 문제에도 불구하고 학생의 평가를 신뢰했고, 학생은 학교를 졸업하는 것에 관심이 있었다. 학생이 구금되어 있는 동안에 과제를 한 것은 작은 성취로서 존중되었다. 교사들은 학생의 과거와 현재의 법적 문제보다는 미래의 성공에 초점을 두었다. 이것은 학생에게 큰 인상을 남겼고, 그로 하여금 교사들의 이러한 반응이 매우 다른 것임을 깨닫게 했다. 이 사례에서 학생은 법적인 결과에 계속해서 책임을 저야 했지만, 결국 학교로 돌아올 수 있었고 다시 자신의 목표를 향해 앞으로 나아갈 수 있었다.

해결중심적 원리의 활용 사례

다음은 가자고등학교의 학 교사가 다른 교사와 대화를 나눌 때 어떻게 해결중심적 원칙이 활용되는지를 보여 주는 일상적인 사례이다.

수학교사: 어제 존(John)과 만나 목표에 대한 얘길 나눴어요. 내년 봄에 졸업하기를 원하던데요. 그렇지만 그러기 위해서는 과제를 제때 제출해야만 할 거예요.

영어교사: 존이 선생님의 반에서 과제 제출에 어려움이 있다는 것을 몰랐네요. 이번 학기 오전 반인 제 수업에서 존은 항상 과제를 잘 해왔거든요.

수학교사: 그거 흥미로운데요. 그러면 존은 오전 반에서는 준비가 잘 되어 있는데 오후 반에서는 어려워하는 거네요. 오전 반을 준비하려고 존이 뭘 하는지 궁금하네요.

영어교사: 맞아요, 존이 우리 학교에 오고 나서 많이 나아진 것 같아요. 이제 적어도 오전 반에는 준비가 되어 있잖아요. 그에게 맞는 해결을 발견한 것처럼 보이는데요. 오늘 이러한 변화에 대해 적어서 존에게 전해 줘야겠어요.

수학교사: 좋은 생각이네요. 저도 존을 다시 만나 보고 그 해결에 대해 얘기를 나눠야겠어요.

이 예에서 두 교사는 수업에 대한 준비에 어려움을 겪는 학생에 대한 얘기를 나눴다. 학생의 문제에 초점을 두며 불평을 하기보다 교사들은 해결지향적이었다. 학생에 대해 수업에 대한 준비를 해 오지 못하는 주의력 결핍을 가진 학생으로 보기보다는, 오후 수업에서 힘든 점이 있지만 오전 수업에서는 잘하고 있다는 점을 알아차렸다. 교사들은 학생에 대한 얘기를 나누며 강점에 기반할 수 있었다.

주요 요점

- 해결중심치료는 지난 30여 년 동안 연구되어 왔고, 학교에서 위기에 처한 아동과 청소년에게 효과적인 개입임이 밝혀졌다. 이러한 학생들과 성공적으로 작업하기 위해 학교의 모든 교직원은 해결중심치료에 대한 훈련을 받을 수 있다.
- 해결중심치료는 강점지향적이고 미래중심적이며, 문제패턴보다는 목표와 미래의 해결을 강조한다. 해결중심치료에서 질문은 중심적인 변화 기법이다.
- 해결중심치료는 의사소통에 관한 과학적 지식기반으로부터 협력적 언어 이론을 활용한다. 이 이론에서 대화는 참여자에 의해 그 의미가 협상되고 공동으로 구축되는 것으로 정의된다. 이러한 공동구성의 과정은 해결중심치료의 변화과정에서 핵심적 역할을 한다.
- 해결중심치료는 교직원이 학생과 협력적이고 역량강화적인 관계를 맺을 수 있도록 돕는다.
- 변화를 위한 해결구축 접근은 문제해결 접근과는 다른 것이다. 위기 청소년과 작업을 할 때 문제해결보다 해결구축적 접근을 활용하는 것에는 몇 가지 장점이 있다.
- 대안학교의 교직원이 해결중심치료의 변화 원칙과 기법을 실천할 때 위기 청소년을 돕기 위해 그들은 하나의 팀이 되어 학교의 문화를 만들어 나갈 수 있다.

요약

해결중심치료는 1980년대에 밀워키의 단기가족치료센터에서 정신건강 관련 분야의 다학제적 팀에 의해 개발되었으며, 학교에서는 1990년대부터 적용되기 시작했다. 이 접근은 위기 청소년과 성공적으로 작업하기 위해서 학교의 모든 교직원이 하나의 팀으로서 훈련받을 수 있다고 보며, 이런 점이 대안교육에서 특별히 더 실용적인 부분이다. 이 장에 기술한 해결중심치료의 변화과정과 기법은 학교의 교직원이 활용하기 위해 학습할 필요가 있는 다양한 질문 형태를 포함한다. 특히 이 장은 해결중심치료에 녹아 있는 변화 기법이 대안학교의 모든 교직원에 의해서 해결중심적 원리를 따르며 활용될 수 있는지에 대해 설명하였다. 학교의 모든 교직원이 해결중심치료를 활용할 때 그들은 위기 청소년을 돕는 하나의 팀과 학교의 문화를 만들 수 있다. 이 장은 대안교육에서 해결중심치료의 활용에 대한 시작으로서의 의미를 가지며, 여기에서 소개된 많은 내용은 이어지는 장에서 더 자세히 다뤄질 것이다.

참고문헌

Barnes, T., Smith, S., & Miller, M. (2014). School-based cognitive-behavioral interventions in the treatment of aggression in the United States: A meta-analysis. *Aggression and Violent Babavior, 19*(4), 311-.321.

Bavelas, J. B. (2012). Connecting the lab to the therapy room: Microanalysis, co-construction, and solution-focused brief therapy. In C. Franklin, T. Trepper, W. Gingerich, & E. McCollum (Eds.), *Solution-focused brief therapy: A handbook of evidence-based practice* (pp. 144-.162). New York, NY: Oxford University Press.

Bavelas, J., De Jong, P., Franklin, C., Froerer, A., Gingerick, W., & Kim, J. (2013). *Solution-focused therapy treatment manual for working with individuals* (2nd ed.). Santa Fe, NM: Solution Focused Brief Therapy Association.

Berg, I. K., & Shilts, L. (2005). *Classroom solutions: WOWW approach.* Milwaukee, WI: Brief Family Therapy Center.

Beyebach, M. (2014). Change factors in solution-focused brief therapy: A review of the Salamanca studies. *Journal of Systemic Therapies, 33*(1), 62-.77. doi:10.1521/jsyt.2014.33.1.62

Bond, C., Woods, K., Humphrey, N., Symes, W., & Green, L. (2013). The effectiveness of solution focused brief therapy with children and families: A systematic and critical evaluation of the literature from 1990-.2010. *Journal of Child Psychology and Psychiatry, 54,* 707-.723. doi:10.1111/jcpp.12058

Bornsheuer, J. N., Polonyi, M. A., Andrews, M., Fore, B., & Onwuegbuzie, A. J. (2011). The relationship between ninth-grade retention and on-time graduation in a southeast Texas high school. *Journal of At-Risk Issues, 16*(2), 9-.16. doi:20111092657

Breslau, J., Miller, E., Joanie Chung, W. J., & Schweitzer, J. B. (2011). Childhood and adolescent onset psychiatric disorders, substance use, and failure to graduate high school on time. *Journal of Psychiatric Research, 45*(3), 295-.301. doi:10.1016/j.jpsychires.2010.06.014

Daki, J., & Savage, R. S. (2010). Solution-focused brief therapy: Impacts on academic and emotional difficulties. *The Journal of Educational Research, 103*(5), 309-.326. doi:10.1080/00220670903383127

De Jong, P., & Berg, I. K. (2013). *Interviewing for solutions* (4th ed.). Pacific

Grove, CA: Brooks.

De Jong, P. D., Bavelas, J. B., & Korman, H. (2013). An introduction to using microanalysis to observe co-construction in Psychotherapy. *Journal of Systemic Therapies, 32*(3), 17-.30.

de Shazer, S. (1985). *Keys to solutions in brief therapy.* New York, NY: W. W. Norton.

de Shazer, S. (1994). *Words were originally magic.* New York, NY: W. W. Norton.

de Shazer, S., Berg, I., Lipchik, E., Nunnally, E., Molnar, A., Gingerich, W., & Weiner-Davis, M. (1986). Brief therapy: Focused solution development. *Family Process, 25*(2), 207-.221. doi:10.1111/j.1545-5300.1986.00207.x

Escobar-Chaves, S. L., Tortolero, S. R., Markham, C., Kelder, S. H., & Kapadia, A. (2002). Violent behavior among urban youth attending alternative schools. *Journal of School Health, 72*(9), 357-.362. doi:10.1111/j.1746-1561.2002.tb03559.x

Fitch, T., Marshall, J., & McCarthy, W. (2012). The effect of solution-focused groups on self-regulated learning. *Journal of College Student Development, 53*(4), 586-.595. doi:10.1353/csd.2012.0049

Foley, R. M., & Pang, L. S. (2006). Alternative education programs: Program and student characteristics. *The High School Journal, 89*(3), 10-.21. doi:10.1353/hsj.2006.0003

Franklin, C., & Guz, S. (2017). Tier 1 approach: Schools adopting SFBT model. In J. S. Kim, M. S. Kelly, & C. Franklin (Eds.), *Solution-focused brief therapy in schools: A 360-degree view of research and practice principles* (2nd ed.). New York, NY: Oxford University Press.

Franklin, C., Biever, J., Moore, K., Clemons, D., & Scamardo, M. (2001). The effectiveness of solution-focused therapy with children in a school setting. *Research on Social Work Practice, 11*(4), 411-.434. doi:10.1177/104973150101100401

Franklin, C., Bolton, K., & Guz, S. (in press). Solution-focused brief family therapy. In B. Fiese (Ed.), *APA handbook of contemporary family psychology.* Washington, DC: American Psychological Association Press.

Franklin, C., Kim, J. S., Beretvas, T. S., Zhang, A., Guz, S., Park, S., ... Maynard, B. R. (2017). The effectiveness of psychosocial interventions delivered by teachers in schools: A systematic review and meta-analysis. *Clinical Child and Family Psychology Review, 20*(3), 333. doi:10.1007/ s10567-017-0235-4

Franklin, C., Kim, J. S., & Tripodi, S. J. (2009). A meta-analysis of published school social work intervention studies: 1980-007. *Research on Social Work Practice, 19*(6), 667-77. doi:10.1177/1049731508330224

Franklin, C., Moore, K., & Hopson, L. (2008). Effectiveness of solution-focused brief therapy in a school setting. *Children & Schools, 30*, 15-6. doi:10.1093/cs/30.1.15

Franklin, C., Streeter, C. L., Kim, J. S., & Tripodi, S. J. (2007). The effectiveness of a solution-focused, public alternative school for dropout prevention and retrieval. *Children & Schools, 29*(3), 133-44. doi: 10.1093/cs/29.3.133

Franklin, C., Trepper, T., Gingerich, W. J., & McCollum, E. (2012). *Solution-focused brief therapy: A handbook of evidence-based practice.* New York, NY: Oxford University Press.

Froerer, A. S., & Connie, E. E. (2016). Solution-building, the foundation of solution focused brief therapy: A qualitative Delphi study. *Journal of Family Psychotherapy, 27*(1), 20-4. doi:10.1080/08975353.2016.1136545

Fong, R., & Urban, B. (2013). Solution-focused approach with Asian immigrant clients. *Solution-Focused Brief Therapy: A Multicultural Approach*, 122-32. doi:10.4135/9781483352930.n8

Grunbaum, J. A., Lowry, R., Kann, L., & Pateman, B. (2000). Prevalence of health risk behaviors among Asian American/Pacific Islander high school students. *Journal of Adolescent Health, 27*(5), 322-30. doi:10.1016/ S1054-139X(00)00093-8

Hsu, W. S., & Wang, C. D. (2011). Integrating Asian clients' filial piety beliefs into solution-focused brief therapy. *International Journal for the Advancement of Counselling, 33*(4), 322-34. doi:10.1007/s10447-011-

9133-5

Jordan, C., Lehmann, P., Bolton, K. W., Huynh, L., Chigbu, K., Schoech, R., ... Bezner, D. (2013). Youthful offender diversion project: YODA. *Best Practices in Mental Health, 9*(1), 20-0. doi:87572266

Jordan, S. S., Froerer, A. S., & Bavelas, J. B. (2013). Microanalysis of positive and negative content in solution-focused brief therapy and cognitive behavioral therapy expert sessions. *Journal of Systemic Therapies, 32*(3), 46-9.

Kelly, M. S., & Bluestone-Miller, R. (2009). Working on What Works (WOWW): Coaching teachers to do more of what's working. *Children & Schools, 31*(1), 35. doi: 1532-8759/09

Kelly, M. S., Kim, J. S., & Franklin, C. (2008). *Solution-focused brief therapy in schools: A 360-degree view of the research and practice principles.* New York, NY: Oxford University Press.

Kim, J. S. (Ed.). (2013). *Solution-focused brief therapy: A multicultural approach.* Thousand Oaks, CA: Sage Publications.

Kim, J. S., & Franklin, C. (2009). Solution-focused brief therapy in schools: A review of the literature. *Children and Youth Services Review, 31*(4), 464-70. doi:10.1016/j.childyouth.2008.10.002

Kim, J. S., Franklin, C., Zhang, Y., Liu, X., Qu, Y., & Chen, H. (2015). Solution-focused brief therapy in China: A meta-analysis. *Journal of Ethnic & Cultural Diversity in Social Work, 24*(3), 187-01. doi:10.1111/jmft.12193

Kral, R. (1995). *Solutions for schools.* Milwaukee, WI: Brief Family Therapy Center Press. LaFountain, R. M., & Garner, N. E. (1996). Solution-focused counseling groups: The results are in. *Journal for Specialists in Group Work, 21*(2), 128-43. doi:10.1080/01933929608412241

Lehr, C. A., Tan, C. S., & Ysseldyke, J. (2009). Alternative schools: A synthesis of state-level policy and research. *Remedial and Special Education, 30*(1), 19-2. doi:10.1177/0741932508315645

Lipchik, K. (2002). *Beyond technique in solution-focused therapy: Working with emotions and the therapeutic relationship.* New York, NY: Guilford

Press.

Metcalf, L. (2008). *A field guide to counseling toward solutions.* San Francisco, CA: Jossey-Bass.

Metcalf, L. (2010). *Solution-focused RTI: A positive and personal approach.* San Francisco, CA: John Wiley and Sons.

Murphy, J. J. (1996). Solution-focused brief therapy in the school. In S. D. Miller, M. A. Hubble, & B. S. Duncan (Eds.), *Handbook of solution-focused brief therapy*(pp. 184-04). San Francisco, CA: Jossey-Bass.

Murphy, J. J., & Duncan, B. S. (2007). *Brief interventions for school problems* (2nd ed.). New York, NY: Guilford Publications.

Newsome, S. (2004). Solution-focused brief therapy (SFBT) group work with at-risk junior high school students: Enhancing the bottom-line. *Research on Social Work Practice, 14*(5), 336-43. doi:10.1177/1049731503262134

Paulus, F. W., Ohmann, S., & Popow, C. (2016). Practitioner review: School-based interventions in child mental health. *Journal of Child Psychology and Psychiatry, 57*(12), 1337-359.

Richmond, C. J., Jordan, S. S., Bischof, G. H., & Sauer, E. M. (2014). Effects of solution-focused versus problem-focused intake questions on pre-treatment change. *Journal of Systemic Therapies, 33*(1), 33-7.

Sklare, G. B. (1997). *Brief counseling that works: A solution-focused approach for school counselors.* Thousand Oaks, CA: Sage Publications.

Webb, W. H. (1999). *Solutioning: Solution-focused interventions for counselors.* Philadelphia, PA: Accelerated Press.

2장

해결중심 대안학교 프로그램을 만들기 위한 전략

사례

시작하기

해결중심 대안학교를 시작하기 위해 필요한 태도

해결중심 대안학교 프로그램 만들기

해결중심 대안학교의 설립을 위한 지원 확보하기

해결중심 대안학교에서 학생 교육을 위해 필요한 비용

해결중심 대안학교에서 리더십의 기능 방식

해결중심 대안학교를 위한 교직원 모집

교직원에게 해결중심 접근을 훈련시키기

해결중심 대안학교에 다니는 학생

학생 오리엔테이션

해결중심 대안학교를 유지하기 위한 전문성 개발의 사례

요약

사례

지메나(Ximena)[1]와 그녀의 형제자매들은 1월 초 고모와 고모부
의 집으로 이사를 왔다. 지난 몇 달간 그녀의 아버지는 당뇨 합병
증으로 신체의 일부를 절단했으며, 더는 보호자의 역할을 할 수 없
게 되었다. 결국 그는 병원에 입원하고 호스피스 서비스를 받기 시
작했다. 지메나는 아버지와 동생들을 돌보기 위해 고등학교 2학년
때 학교를 중퇴해야 했다. 이러한 슬픔과 상실감, 또 이사로 인한
변화가 지메나를 힘들게 했다.

친척 집으로 이사를 온 후, 지메나의 고모는 그녀를 가자고등학
교로 보냈다. 그녀는 고등학교 2학년을 통째로 빠지고 대부분의
시간을 아버지를 위해서 썼기 때문에 일반학교의 교육과정은 지메
나의 필요를 충족시킬 수 없었다. 가자고등학교를 다니기 시작한
이후, 지메나의 교사들은 그녀가 매우 똑똑한 학생임을 알았다. 그
러나 그녀는 과제를 시작하고 끝내는 것에 많은 어려움을 겪었다.
이는 이상한 일이었다. 비슷한 어려움을 겪는 학생들의 경우, 대부
분 학업에 관한 지식이 부족하기 때문에 이런 일이 생긴다. 하지만
지메나의 경우는 달랐다. 수업을 시작한 지 한 달 후, 한 교사는 지
메나의 눈이 붉게 부어 있는 것을 보았다. 그녀가 울었다는 것이

---

1) 이 장에서 제시된 예시는 대안학교에 다니는 학생들과 진행한 연구 인터뷰, 그리고
이 학생들을 가르친 교사들의 경험에서 발췌한 것이다. 인터뷰를 진행한 학생의 개인
정보를 보호하기 위해 이름을 비롯한 몇 가지 정보는 수정되었다. 몇몇 인터뷰는 오
스틴 소재 텍사스대학교의 호그 정신건강재단(Hogg Foundation for Mental Health)
의 도움을 받아 진행되었음을 밝힌다.

명백해 보였다. 지메나는 평소 자신의 감정을 잘 드러내는 학생이 아니었기 때문에, 이는 매우 놀라운 일이었다. 지메나의 교사는 학생들이 학교에서 학업을 계속할 수 있도록 도움을 제공하는 전국적 조직인 학교공동체(Communities In School: CIS)로 즉시 지메나를 의뢰했다. 교사는 지메나에게 학교에서 수업을 듣고 점심 시간에 학교공동체(CIS)를 방문하거나 바로 갈 수 있는 선택권을 주었다. 현재 진행 중인 과제를 비롯한 학습은 나중에라도 다시 할 수 있다는 것을 알려 주었고, 이는 그녀를 안심시켰다. 지메나는 학교공동체(CIS)로 바로 가길 원했고, 그곳에서 사회복지사를 만났다. 면담을 통해 그녀가 우울증을 앓고 있다는 사실이 드러났다. 지메나는 집중력 저하, 절망, 중요하게 여기던 것에 대한 흥미 상실, 불면증, 심한 신체 통증, 자살 충동 같은 증상을 겪고 있었다.

짧은 상담 이후 사회복지사와 지메나는 고모에게 연락해 그녀가 겪고 있는 증상을 알리는 한편, 그녀가 학교에서 정기적인 상담을 받을 수 있도록 조치를 취해 달라고 말했다. 그 후 정기적인 상담을 받은 지메나의 증상은 몰라보게 호전되었다. 그녀는 수업에 흥미를 느끼기 시작했고, 친구도 사귀었다. 계속 악화되는 아버지의 상태를 받아들이는 것이 아직까지 힘겨운 일이었지만, 그녀는 트라우마와 슬픔을 이겨 내는 방법을 배웠다.

지메나는 3학년으로 진학하면서도 가자고등학교에서 계속 상담을 받고 싶다는 의사를 표시하며 이렇게 말했다.

전에 저는 정신건강이라는 것에 대해 전혀 알지 못했어요. 제 가족 중 누구도 상담이 무엇인지 몰랐고, 제가 나을 수 있다는 사실조차 알지 못했어요. 저도 제게 무언가 문제가 있다는 사실은 알고는 있었지만, 어떻게 해야 할지 몰랐어요. 제가 계속 상담을 받고 싶은 이유는 아직도 저를 힘들게 하는 문제가 있고, 그것으로부터 제 자신을 돌보고 싶기 때문이에요.

가자고등학교에서 제공하는 학업과 정신건강서비스가 없었다면, 지메나는 자신의 안정을 위한 상담을 받을 수 없었을 것이고, 고등학교를 졸업하지도 못했을 것이다.

시작하기

현재 교육 정책의 초점이 학생의 학교 선택권에 있는 만큼, 이 시점에서 대안교육 프로그램에 대해 논의하는 것은 매우 시의적절한 것이다. Franklin, Hopson과 Dupper(2013)는 시간이 흐름에 따라 발전해 온 두 가지 상반되는 대안교육 모델에 대해 설명했다. 한 모델은 훈육과 교정에 중점을 두며 문제 학생을 고치겠다는 목적으로 운영된다. 다른 모델은 학업과 창의력에 초점을 맞추고, 학생을 가르치는 더욱 효율적인 방식을 찾아 시도한다. 해결중심 대안학교는 두 번째 모델에 더 가깝다고 볼 수 있는데, 이는 해결중심적 대안학교가 학업 면에서는 엄격하지만 동시에 학생을 배려하고 지지하는 프로그램을 갖추고 있기 때문이다. 또한 이 프로그램은 모든 학생의 성공을 도울 수 있도록 정신건강서비스도 제공한다. 해결중심 대안학교의 교육과정은 소년원과 비슷하게 운영되는 훈육에 중점을 두는 프로그램보다는 대학 입시를 준비하는 프로그램과 더 유사하다고 볼 수 있다. 이 장에서는 가자고등학교에 대한 공통적인 질문을 살펴봄으로써 해결중심 대안학교 프로그램을 창출하는 방법에 대해 알아볼 것이다. 해결중심 대안학교 프로그램을 만드는 데에 해결중심적 태도가 왜 중요한지에 대해서도 알아볼 것이다. 학교가 위치한 지역사회를 발전시키는 방법이나 지역사회의 지지를 얻는 법, 리더십 팀을 만들고 적절한 교사를 채용하는 것과 같은 현실적인 문제에 대한 해결책도 제시한다. 학교의 관리자, 교사, 학생, 부모, 지역사회 파트너, 정신건강 전문가 등 많은 인물과 이들 사이의 관계는 성공적인 해결중심 대안학교를 만드는 데 매우 중요하다. 따라서 이 장에서는 이러한 관계가 시스템 속에서 어떤 식으로 작용하여 위기 청소년이 흥미를 느끼고, 학교가 학업적인 면에서 성공할 수 있는 환경을 제공하는지 예를 들어 설명한다.

또한 이 장은 해결중심 대안학교 내에서 위기 청소년의 유형을 구분하고, 이들에 맞는 접근을 제공할 수 있는 방법에 대해서도 설명한다. 마지막으로, 모든 교직원에게 해결중심치료를 훈련시킬 수 있는 방법에 대해서 설명하고, 학교가 성공하기 위해서 계속적인 전문성의 제고가 왜 중요한지에 대해서 논의한다.

해결중심 대안학교를 시작하기 위해 필요한 태도

해결중심 대안학교를 시작하기 위해 설립자는 교육의 실천 방향을 강점과 학생 중심으로 전환하고자 하는 마음과 태도가 필요하다. 이러한 태도는 다음의 관점에서 시작된다. 즉, 관리자와 교직원은 학생의 삶에서 일어나는 일들이 비록 힘들지라도 교육에 대한 그들의 태도가 더 나아질 수 있을 것이라고 믿어야 한다. 관리자와 교직원이 위기 청소년에게 존중과 믿음을 보이고, 이들에게 최상의 교육을 제공하겠다는 의지가 해결중심 대안학교의 설립에 필요하다. 1장에서 소개한 여덟 가지의 원칙은 교육자가 해결중심 대안학교 프로그램을 만들고자 할 때 다시 한번 돌아볼 수 있는 대단히 중요한 지침이다. 여기 제시된 원칙을 다시 한 번 살펴보자.

- 학생과의 개별적 관계를 통한 관계 형성이 우선시되어야 한다.
- 교직원은 학생의 결점에 초점을 두기보다 그들의 강점과 자원을 강조한다.
- 교직원은 학생의 선택과 개인적 책임을 강조한다.
- 학생은 성취에 대한 헌신과 노력을 보여 주어야 한다.
- 교직원은 학생의 평가를 신뢰하고 그들의 생각을 존중해야 한다.
- 교직원은 학생의 과거 어려움 대신 현재와 미래의 성공에 초점을 두어야 한다.
- 교직원은 성공을 향한 학생의 작은 성취를 축하해 주어야 한다.
- 교직원은 학생의 목표설정과 즉각적으로 일어나는 진전에 초점을 두어야 한다.

우리는 대안학교에 관계된 모든 사람이 해결중심치료를 배우고 활용할 수 있도록 하는 데 필요한 것이 무엇인지 설명하기 위해 '해결중심적 태도'라는 용어를 사용하고자 한다. 해결중심적 태도는 사례를 통해 가장 잘 이해될 수 있다. 이에 다음에서는 해결중심적 태도를 활용하는 교직원의 예시를 살펴본다.

조이 사무엘스(Joy Samuels)는 아담한 갈색 머리의 중년 히스패닉계 여성이다. 그녀는 짙은 색의 눈동자에 얇은 테의 안경을 끼고, 길고 화려한 셔츠에 검은색 바지를 주로 받쳐 입는다. 27년 전, 사무엘스 교사는 반짝이는 눈과 학생들의 세상을 바꾸겠다는 포부를 품고 교사로서 첫발을 내디뎠다. 많은 교육자의 경우 이러한 꿈은 불필요한 요식 행위와 정치, 그리고 학교에 만연해 있는 동기 부족 현상에 의해 처참하게 짓밟힌다. 그러나 사무엘스 교사는 가자고등학교의 교직원으로서 해결중심의 변화 원칙을 학습하였기 때문에 자신의 꿈을 지킬 수 있었다.

몇 년 전, 사무엘스 교사는 사회적인 상황에서 심각한 불안 증세를 보이는 한 학생을 맡았다. 이 학생에 대한 해결중심적인 접근은 두 사람이 모두 성장할 수 있는 기회가 되었다. 해결중심치료에 대한 훈련 경험을 되살려 사무엘스 교사는 힘들어하는 에이프릴(April)이라는 학생에게 그녀의 장점과 능력을 상기시켜 주는 대처질문을 했다. 학생에게 목적을 가지고 질문을 던지는 것은 해결중심치료의 변화 전략 중 매우 중요한 부분으로, 이러한 대처질문은 에이프릴이 자신의 불안 증세와 학업적 성취에 대해서 다르게 생각할 수 있도록 하는 해결구축의 대화를 나눌 수 있는 기반이 되었다. 사무엘스 교사는 "어떻게 그렇게 할 수 있었니? 이렇게 불안한 증세를 가지고도 학교에서 지금까지 어떻게 생활을 유지할 수 있었니?"라고 물었다. 그녀는 에이프릴이 자신의 불안 증세를 극복하는 방법을 이미 스스로 찾았다는 것을 알아차릴 수 있기를 바랐다. 자신의 증세를 극복한 방법을 큰 소리로 말하며 에이프릴이 스스로 불안 증세를 성공적으로 관리해 왔다는 것을 깨닫기 바란 것이다. 해결중심적 변화 원칙에 따라 사무엘스 교사는 이런 방식의 대화가 에이프릴로 하여금 자신의 강점에 초점을 두고 희망을 갖도록 하여 결과적으로 스스로 해결책을 찾고 활용하도록 할 것이라고 믿었다.

그러나 대화를 시작한 지 10분이 지나도록 에이프릴은 여전히 자신이 불안 증세를 극복하기 위해 어떻게 했는지에 대해 설명하고 있었다. 사무엘스 교사는 이 기억을 되살리며, 속으로 '시간을 너무 많이 잡아 먹었어. 이제 수업을 시작할 시간인데.'라고 생각하며 걱정스러워했던 경험을 말했다. 그 순간이 초조했지만 그녀는 이를 다시 생각하기로 했다. '우리의 수업? 에이프릴에게는 이게 진짜 수업인데 무슨 소리야?'

사무엘스 교사와 에이프릴이 했던 것처럼 해결중심적 태도를 활용한다면 교육자가 학생과 해결구축의 기반이 될 수 있는 대화를 마련할 공간을 만들 수 있다. 학교의 관리자는 반성적 사고를 통한 성장을 장려하는 환경을 만들어야 하고, 이러한 방식으로 이뤄지는 대화가 학교 내 모든 소통에 포함될 것임을 기대해야 한다. 해결중심 접근은 식당의 메뉴처럼 교육자가 선택적으로 고를 수 있는 것이 아니다. 이는 완전한 상태로 적용되어야 최상의 효과를 낼 수 있는 접근 방식이다. 따라서 해결중심적 태도는 개인을 넘어 학생 지원 체계의 모든 단계, 즉 관리자, 교사, 행정가, 식당 직원 등 모든 교직원이 지녀야 할 태도로 볼 수 있다. 해결중심 대안학교의 모든 부분은 학생을 중심으로 한 하나의 안전하고 일관된 체계여야 한다. 교직원들은 사람들 사이의 관계나 사회적 문제를 다루는 동시에, 여러 과목을 가르치며 해결중심적 원칙을 적용하는 방법에 대해서도 알아야 한다. 이는 이 학교의 교육 과정이 학생 자신의 진도에 맞춰 자기주도적 학습이 이뤄지도록 설계되었기 때문이다. 이렇게 학교 전체가 한 팀으로 움직이는 접근은 위기 청소년을 교육하고, 이들이 졸업할 수 있도록 하는 데 반드시 필요하다. 가자고등학교와 같은 학교에서 학생들은 자살에 대한 생각을 하거나 시도한 적이 있으며, 대부분 극심한 상실의 경험을 가지고 있다. 또한 이 중 몇몇은 약물 중독으로 인해 재활센터에 입원했었거나 거주할 곳이 없을 수도 있다. 이러한 환경은 교내 커뮤니티가 무너질 수 있는 요인이 되기도 하는데, 해결중심적 태도는 이런 상황에서 교직원 모두가 최초의 개입자로서 기능할 수 있도록 준비시키는 역할을 한다. 해결중심 대안학교에서는 학교 자체가 최초의 개입이 된다. 경찰이나 아동보호서비스, 또는 정학 통지 대신 교내 커뮤니티가 학생의 필요나 위기에 대한 첫 번째 개입으로서 반응하는 것이다.

이러한 태도를 유지하기 위해서 모든 교직원은 해결중심치료에 대한 훈련을 받아야 하며, 사무엘스 교사가 에이프릴에게 했던 것처럼 해결구축의 대화를 나눌 수 있는 방법에 숙달해야 한다. 또한 학교의 어느 곳에서나 서로에 대한 존중과 믿음을 볼 수 있어야 한다. 평소 수줍어하고 불안 증세를 느끼던 에이프릴이 사무엘스 교사에게 많은 이야기를 할 수 있었던 것은 사무엘스 교사가 학생에게 자신을 표현하고, 이에 대한 위험을 감수할 수 있는 안전한 공간을 제공했기 때문이다. 대안학교의 많은 학생은 부정적인 아동기를 보냈고, 이러한 경험은 다른 사람과의 신뢰관계 구축에 부정적인 영향을 미친다. 이것이 해결중심 대안학교가 교내 커뮤니티 내에서의 믿음과 존중을 강조하는 이유이다.

한 예로, 헤더(Heather)는 연구를 위해 진행된 한 인터뷰에서 다른 사람을 믿지 않는 두 가지 이유에 대해 설명했다. 그녀는 아버지로부터 버림받았고, 또 여러 번 강간을 당한 경험도 있었다. 다음의 내용은 헤더와 진행한 인터뷰의 일부다.

면접자: 성장과정에서 가장 힘들었던 경험은 무엇이었나요?

학생: 두 가지가 있는데 서로 연관되어 있어요. 하나는 아빠가 떠난 거예요. 아마 그게 제일 힘들었던 것 같아요. 아빠가 떠나고, 그것에 대해 슬펐지만, 그 후에도 상황이 좋아지진 않았어요. 이제 나한테는 아빠가 없어요. 하지만 그 후 매일 이렇게 생각해야 되는 거예요. '아빠가 왜 떠난 거지? 내가 뭘 잘못한 거지?' 혹은 방학인데도 아빠와 얘기를 나눌 수가 없어요. 제가 아빠의 '사랑스러운 딸'이었는데도 말이죠. 그게 더 힘든 부분이에요. 아빠 때문에 남자들과 관계를 만드는 것이 힘들었어요. 아빠가 떠난 후, 저는 남자가 저를 사랑하게 할 수 있는 방법은 그와 성관계를 하거나 그가 원하는 대로 해 주는 것이라고 생각했거든요. 그리고 두 번이나 강간을 당한 것도 정말 힘들었어요. '남자들은 왜 나를 이렇게 끔찍하게 대하는 거

지? 난 잘못이 없는데.' 아빠가 떠나면 정말 힘들다는 거 아시 잖아요.

면접자: 강간을 당했을 때가 몇 살이었나요?

학생: 8학년 때였으니까 열세 살이요. 두 번째는 치료센터에서 도망 쳤을 때, 그러니까 열여섯 살이었네요.

면접자: 그런 일을 당한 후 누구에게 도움을 요청했나요?

학생: 저를 처음 강간한 건 제일 친한 친구였어요. 그래서 학교의 사 람들과 경찰에게 얘기했죠. 하지만 엄마는 이게 제 잘못인 것 처럼 말했어요. 저를 그런 상황에 놓이게 한 건 저 스스로이기 때문에 신고하지 말라고 했어요. 두 번째는 신고는 했지만 아 무도 저희를 믿어 주지 않았어요. 저랑 제 친구 둘 다 강간을 당했거든요. 저희는 강간한 남자의 이름도 몰랐고 또 소리를 지르거나 도망가려 하지도 못했어요. 그래서 사람들에게 장전 된 총이 있는 상황에서는 소리를 지를 수 없다는 것을 설명하 려 했어요. 저항도 할 수 없다는 걸요. 싫다고 말할 순 있지만 총을 든 남자와 싸울 수는 없잖아요…. 아빠도 없고, 강간도 당하고, 그리고 아무도, 특히 남자들은 더 믿을 수 없다는 것 이 정말 힘들어요. 이게 제가 매일 겪는 어려움이에요.

해결중심 대안학교의 관리자는 해결중심적 태도의 기초를 닦고 서로를 존중하는 자세를 보임(교사의 염려나 고민을 들어주려는 태도 등)과 동시에 교사들과 협력하여 헤더와 같은 학생들을 지지하여 신뢰를 회복할 수 있도록 노력해야 한다. 모든 교직원은 교내 커뮤 니티의 일원으로 대우받아야 하며, 학교의 문화는 개개인이 전문 적으로 성장할 수 있는 공간을 제공함으로써 서로를 지지하는 것이어야 한다. 모든 교직원에게 높은 수준의 존중을 기대하는 것은 학교 내의 신뢰와 의욕을 향상시키는 데 반드시 필요한 일이다. 대부분의 사람은 자기 자신에게 많은 기대를 하지만 이러한 기대를 적정 수준으로 유지하여 교직원 모두가 성공을 위해 노력하도록 하는 것은 관리자의 몫이다. 회의를 제 시간에 시작하거나, 교사가 복장을 단정히 하고 시간 약속을 지키도록 하는 것처럼 단순해 보이는 일도 사람들이 자신에 대한 기대를 낮추거나 현실에 안주하지 않도록 하는 역할을 한다.

교직원 사이에 불화가 생긴다면 서로 반하는 목적으로 업무를 진행하며 이로 인해 서로의 일을 망치는 결과를 낳을 수도 있다. 앞서 언급한 접근은 이러한 불화를 해결하는 데 도움을 준다. 교직원 사이의 협력은 학생 때문에 분열이 일어날 가능성이 줄어듦을 의미한다. 이는 학교에서 더 차분하고 안전한 분위기가 형성될 수 있도록 한다. 또한 모든 교직원이 매일 존중받고 자신의 편이 존재한다고 느끼게 되면, 그들은 새로운 것에 도전하고 더 높은 수준에 도달하기 위해 노력하게 된다. 관리자는 교사에게 커피나 물을 권하는 등 매우 단순한 상호작용이나, 항상 그들의 가족(배우자, 자녀, 반려동물, 파트너 또는 친구)에 우선순위를 두도록 격려하며 교직원에 대한 존중을 표현할 수 있다. 예를 들어, 교직원이 반려동물이나 자녀가 아파 휴가를 원한다면 이들이 최상의 컨디션으로 업무에 임하기 위해서 자신을 돌봐야 함을 이해하고, 이에 대한 판단으로부터 자유로워져야 한다. 교직원 간의 경계를 존중함으로써 관리자와 교직원 간의 존중을 얻을 수 있고, 교직원은 자신이 인정받고 지지받는 환경 속에서 업무에 임할 수 있다.

학교의 관리자가 할 수 있는 해결구축의 질문은 다음과 같다. "어떤 계기로 교사가 되기로 하셨나요?" "교육자가 되려고 했던 이유를 기억하실 수 있도록 제가 도울 수 있는 일은 무엇일까요?" "성공적인 교육을 위한 요소는 뭐라고 생각하시나요?" 혹은 "선생님의 모든 학생이 성공할 수 있도록 제가 어떻게 도울 수 있을까요?" 이와 같은 질문은 서로를 존중하고 해결중심의 사고로 운영되는 교내 커뮤니티를 형성하는 데 기여한다. 관리자가 교직원에게 이러한 질문을 함으로써 교직원은 자신의 강점을 다시 한번 자각하고, 학생의 발전을 위해 전념하겠다는 의지를 다질 수 있으며, 마음속에 해결중심적 접근을 각인할 수 있게 된다. 가자고등학교의 한 교사는 다음과 같이 말했다.

> 해결중심적 사고는 한 번 들어서 끝나는 그런 종류의 접근이 아닙니다. 예전의 대화 방식과 상호작용 방식으로 돌아가지 않기 위해서는 자기 자신을 끊임없이 일깨우는 것이 필요합니다. 저는 교장 선생님을 비롯한 모든 사람이 서로가 해결중심적일 수 있도록 도움을 주는 것에 감사드립니다. 저는 해결중심적인 대화를 한다는 것이 삶의 방식이자 철학임을 깨달았습니다. 해결중심 접근을 접한 후 가족과의 관계 방식도 달라졌습니다.

대안학교에서 일하기로 결정한 대부분의 교직원은 학생들을 도우려는 의지와 자세를 가지고 있고, 이는 교직원이 학생들을 돕고 교육하는 데 전념할 수 있게 할 뿐 아니라 해결중심치료를 배우는 것에도 도움을 준다. 예를 들어, 사무엘스 교사의 개인적인 철학과 학생에 대해 배우고자 하는 그녀의 태도는 에이프릴과 공감대를 형성할 수 있도록 도왔다. 그리고 그녀가 가진 해결중심치료에 대한 지식과 해결중심의 대화를 유지하겠다는 의지는 대처질문에 대한 에이프릴의 답변을 경청하도록 했다. 전문가 훈련과정과 교직원 회의 등에서 관리자들이 보이는 협력적 리더십은 교직원이 해결중심적 태도를 유지하는 데 도움을 주고, 교내 커뮤니티로 하여금 반영적으로 사고하고 탐구하며 서로를 더욱 존중하고 신뢰할 수 있는 공동체로 거듭날 수 있도록 한다. 사전에 면밀하게 계획된 교내 커뮤니티 행사는 교직원과 학생들의 열정과 창의력을 자극하여 학교를 더욱 활기찬 곳으로 만들 수 있다. 예를 들어, 가자고등학교는 교내 커뮤니티를 더욱 확고히 하고자 지역사회와 함께할 수 있는 행사를 열어 학교의 모든 지지자를 초대한다. 이 중 인기가 많은 행사는 학교에서 학생들에게 관용에 대한 교육을 촉진하고자 만들어진 전국 조직인 티칭 톨러런스(Teaching Tolerance Organization: TTO)가 주관하는 '믹싱데이(Mix It Up Day)'이다. 이 행사는 학생들이 서로 간의 '사회적 경계를 인지하고, 이에 도전하고, 넘어서도록' 하여 학생 사이에 형성된 전형적인 파벌이 서로 '섞일 수 있도록' 돕는다. 이러한 공동체 행사는 가자고등학교의 구성원들이 서로를 지지하고 배려하고 신뢰할 수 있는 공동체로 단단하게 유지되도록 한다.

해결중심 대안학교 프로그램 만들기

교육자들이 해결중심적 태도를 포용할 준비가 되었다면, 이제는 해결중심 대안학교를 설립하는 것의 현실적인 측면을 고려할 차례이다. 많은 지역 교육청이 대안학교와 마그넷 스쿨[2]을 위한 예산을 확보하고 있다. 차터스쿨과 사립학교도 대안학교에 입학하는 학생과 비슷한 상황에 처한 학생들을 졸업시킬 수 있는 방식으로 학교가 운영되기를 원할 수도 있다. 다른 장에서와 마찬가지로 본 장에서도 해결중심 대안학교인 가자고등학교의 경험을 예시로 사용할 것이다. 여기서 논하는 주제는 중퇴 예방을 위한 해결중심 대안학교를 설립하고자 하는 교육자들이 자주 묻는 질문에 근거하여 선택된 것이다. 각 지역 공동체가 학교를 설립하는 데에는 고유의 계획이 필요하다. 여기에서 제시하는 예시가 이에 도움이 될 것으로 믿는다.

해결중심 대안학교의 설립을 위한 지원 확보하기

실천적인 측면에서 말하자면 대안학교는 지역 공동체 내의 다른 학교를 돕기 위해 존재한다. 여러 가지 이유에서 일반학교를 성공적으로 마칠 수 없는 학생들을 위한 공간을 제공하기 때문이다. 여기서 말하는 이유에는 가족, 행동문제, 또 교육자가 다룰 준비가 되어 있지 않다고 느끼는 사회적 문제 등이 모두 포함된다. 1장에서 대안학교 학생들의 가장 흔한 문제는 행동문제, 학업 부진, 무

---

2) 역자 주: 마그넷 스쿨(magnet school)이란 훌륭한 설비와 광범위한 교육과정을 특징으로 하며 인종 구별 없이, 또 기존의 통학 구역에 구애되지 않고 통학할 수 있는 대규모 학교를 말한다.

단결석임을 다루었다. 가자고등학교의 졸업생인 레이첼(Rachel)의 경우를 살펴보기로 하겠다. 한 인터뷰에서 레이첼은 자신의 비극적인 삶에 대해 다음과 같이 말했다.

면접자: 부모님은 어디에 계신가요?

학생: 부모님은 제가 열한 살 때 돌아가셨어요. 전 지금 언니와 살고 있어요.

면접자: 언니와는 나이 차이가 큰가요?

학생: 언니는 스물여섯 살이에요…. 사실 아빠가 엄마를 죽이고 자살하셨어요.

면접자: 오, 저런. 학생도 그 자리에 있었나요?

학생: 저는 길 건너에 있었어요. 그 모든 일은 집에서 일어났고, 오빠가 거기 있었어요. 하지만 저도 무슨 일이 일어났는지는 다 들었어요.

면접자: 정말 충격적이었겠군요. 그 일이 일어난 곳이 이 지역이었나요?

학생: 이 도시의 남쪽 지역이었어요. 7년 전에요. 제가 학교를 막 마쳤을 때였죠. 5학년을 마쳤을 때 그 일이 일어났어요.

면접자: 부모님이 열한 살 때 돌아가셨다고 했지요? 그러면 그 후 언니가 부모 역할을 한 것인가요?

학생: 네.

면접자: 성장하며 가장 힘들었던 것은 무엇이었나요?

학생: 곁에 부모님이 안 계시다는 거요. 언니와 오빠가 있었지만 그래도 외로웠어요. 사람들은 제가 학교를 졸업하지 못할 거라고 말했어요. 특히 임신을 했을 때요. 제가 임신한 사실을 알

았을 때 모든 사람이 "이제 끝났네. 더 이상 학교에 다니지 못할 거야."라고 말했어요. 하지만 저는 학업을 계속했죠. 이 사람들이 틀렸다는 것을 증명한 거예요. 사실 저도 제가 학교를 졸업하지 못할 거라고 생각했어요. 하지만 부모님을 위해 그렇게 하고 싶었죠. 제가 졸업하는 모습을 직접 보실 수는 없더라도요.

지역 공동체 내 다른 학교의 관리자들도 해결중심 대안학교가 레이첼과 같이 회복력이 강하지만 처한 상황 때문에 학업에 장애가 생긴 학생들을 반드시 졸업시킬 수 있다고 믿어야 한다. 해결중심 대안학교는 고등학교로서 타당하고 독립적인 위치를 확보할 필요가 있는데, 이는 대안학교가 지역 내 타 학교들을 위한 교육적 지지 프로그램을 제공하기 때문이다.

다른 예로, 열여섯 살의 흑인 학생인 마이클(Michael)을 살펴보자. 그는 일반 고등학교에서 10학년을 다시 다녀야 했으며, 대수학 수업에 방해가 되는 학생이었다. 그는 다른 학생들을 자주 방해했고, 그의 교사는 마이클에게 위협을 느낀다고 말했다. 교사는 모든 학생이 수업 내용을 이해하고 따라가는 것에 신경을 쓰기보다 마이클을 훈육하는 데 더 많은 시간을 할애해야 했다. 마이클은 교장실에서 많은 시간을 보냈으며, 정학을 받았고, 수업에 무단으로 결석했으며, 학교를 중퇴할 위기에 처해 있었다. 마이클의 학업 성취가 부진했기 때문에 그의 어머니와 교사, 행정 관리자 등 모두가 힘든 상황을 겪었다.

마이클은 학교의 중퇴 예방 상담사에 의해 가자고등학교로 의뢰되었다. 마이클이 적은 학생 규모의 수업과 자율적인 학습 커리큘럼에 익숙해지자 교사들은 그가 전 학교에서 잦았던 결석의 이유가 집에서 겪은 트라우마였다는 것과, 이 때문에 대수법의 기초를 배우지 못했다는 것을 알게 되었다. 가자고등학교에서 마이클은 이를 부끄럽다고 생각하거나 자신이 멍청하다고 생각하여 수업을 소란하게 만드는 식으로 표현하는 대신 자신의 속도로 대수법의 기초를 배울 수 있었으며, 더 작은 집중반에서 대수학 I을 성공적으로 마칠 수 있었다. 마이클의 전학으로 예전 학교의 교사는 자신의 반 학생들에게 더 많이 신경 쓸 수 있었고, 중퇴 예방 상담사는 더 적은 학생을 담당하게 되었으며, 학교장이 관심을 두는 졸업률도 더 올랐을 것이다.

해결중심 대안학교는 지역 내 다른 학교의 학생들을 입학시키고, 학생들의 행동문제를 개선하며, 그들이 속했던 예전 학교의 출석률과 졸업률을 높임으로써 큰 의미에서 지역 내 교내 커뮤니티에 도움을 제공한다. 대안학교의 설립을 위한 지역사회의 지지를 구할 때 이 사실을 명심해야 한다. 지역 교육청도 해결중심 대안학교의 혜택을 누릴 수 있기 때문이다. 해결중심 대안학교는 위기 청소년에게 학업 성취의 공백을 줄일 수 있도록 엄격한 교육을 제공함으로써 학업 성취의 격차를 좁힐 수 있도록 돕는다. 많은 교육자, 정신건강 전문가 그리고 학교 개혁가가 이러한 사실에 동의하고 있으며, 이들은 학교와 지역사회 리더들에게 해결중심 대안학교의 필요성을 어떻게 어필할 수 있는지에 대해 알고 싶어 한다. 이 새로운 개념을 어떻게 알릴 수 있는지 궁금해하는 것이다. 해결중심 대안학교의 마케팅 핵심은 학생들에게 지역사회 리더와 부모님이 원하는 교육적 해결을 제공한다는 것이다. 따라서 해결중심 대안학교를 설계하고 알리는 것의 첫 단계는 특정 학생 집단의 긴급한 교육적 필요를 충족시키는 것이다. 이미 존재하는 대안학교를 개조하는 경우에도 이것이 적용될 수 있는데, 이는 훈육을 목적으로 엄격한 학업적 교육과정을 제공하지 않는 학교가 아닌 만족스러운 교육 기준을 제공하는 훌륭한 학교로의 전환을 돕는다.

위기 청소년을 위한 지지자 찾기

대안학교 같은 특별 프로그램이 운영되려면 지도부에 몇몇 특출한 리더가 필요하기 마련이다. 1997년 가자고등학교의 설립자이자 초대 교장이었던 빅토리아 볼드윈(Victoria Baldwin)은 사무실과 예산도 없이 5개월 안에 대안학교를 설립하고 교직원을 고용해야 했다. 이 임무를 완수하기란 불가능해 보였다. 그러나 지역의 교육감독관은 그녀가 설립하고자 하는 학교의 큰 지지자였다. 왜냐하면 오스틴 시의 중퇴율이 빠르게 증가함에 따라 중퇴를 방지하기 위한 대안학교의 필요성도 함께 높아졌기 때문이다. 이 경우 감독관이 학교의 리더였지만, 더 크게 볼 때, 교육구 단위 행정 관리자 차원의 지지를 확보하는 것이 프로그램 계획의 첫 단계가 될 수 있다. 높은 직책의 행정 관리자와의 관계는 반드시 필요한 예산과 자원을 확보하는 데 도움이 된다. 위기 청소년을 위한 대안교육에 있어서 이러한 리더가 누구인지 찾아내는 것은 학교의 설립에 중요한 시작점이다.

이러한 리더들에게 해결중심 대안학교의 개념에 대해 설명할 때

적당한 시기를 선택하는 것이 매우 중요하다. 누군가 해결책을 필요로 할 때, 예를 들어 상부에서 새로운 명령이 내려오거나, 학교가 목적을 달성하지 못해 제재를 받을 위기에 처했을 때, 학교의 관리자들은 좀 더 관대해지기도 하는데 이 때 새로운 기회가 열릴 수 있다. 지역의 교육행정 관리자들이 이러한 개념을 이해하게 되면 이들이 설립을 위한 예산, 학교의 이사회를 구성하고 지역공동체가 염려하는 부분을 해결해 줄 수 있다. 이로써 학교의 설립자와 리더들은 서로 협력하여 해결중심 대안학교라는 비전을 학교의 이사회에 알리고 학교의 미션을 정책에 반영시킬 수 있다.

해결중심 대안학교에서 학생 교육을 위해 필요한 비용

해결중심 대안학교의 비용은 행정 관리자들이 가장 중요하게 생각하는 측면 중 하나이다. 현실적인 측면에서 보면, 대안학교에서 학생을 교육하는 데 드는 비용이 규모가 큰 공립학교에서 학생을 교육하는 데 드는 비용보다 더 많이 드는 것이 사실이다. 하지만 이보다 더 중요한 문제는 이 비용을 들여서 학생을 교육하는 것이 그만큼의 가치가 있는가 하는 것이다. 가자고등학교는 학생 수가 적은 반을 운영하며, 더 많은 상담과 정신건강을 위한 자원을 학생에게 제공하기 위해 일반 고등학교보다 1/3 정도 더 많은 예산을 필요로 한다. 하지만 우리는 위기 청소년을 졸업시키고, 고등교육을 받도록 하는 것이 이 비용을 상쇄할 수 있다고 믿는다. 학교의 성공적인 통계가 이를 여실히 보여 준다. 가자고등학교에서 매년 80%의 학생이 교육을 수료하며, 이 중 80% 이상의 학생이 대학에 진학한다. 이 학생들의 시험 점수는 항상 텍사스주의 평균 점수를 크게 웃돈다. 예를 들어, 2017년 가자고등학교 졸업생들의 평균 SAT 점수는 읽기 549점, 수학 522점이었다. 이에 비해 텍사스주의 평균 읽기 점수는 466점, 수학 478점이었다.

해결중심 대안학교를 설립할 부지를 정하는 것도 큰 과제 중 하나이다. 적당한 부지를 찾는 것과 학교에 필요한 장비를 구비하는 것에는 많은 비용이 든다. 그럼에도 학교의 물리적 위치를 선택하는 것은 중요한 결정이다. 학교의 위치가 학습 환경의 생태를 결정짓기 때문에 선정 부지 주변에는 적절한 자원이 존재해야 한다. 대안학교는 대부분 낡은 주택을 개조해서 만들어지고, 따라서 창의적이고 혁신적인 교육 프로그램이 진행될 수 있는 환경이 갖춰져 있지 않은 경우가 많다. 학생들의 교육적 필요를 충분히 만족시키는 시설은 해결중심 대안학교 학생과 교직원의 안전을 보장하는 분위기 형성에 반드시 필요한 요소이다. 또한 학교의 캠퍼스는 위험에 노출된 학생들이 다시 한 번 교육의 기회를 갖게 되는 공간으로 학생들에게 최신의 설비와 기술을 갖춘 매력적인 공간을 제공하는 것은 매우 중요하다. 물리적인 공간은 학생들에게 자신들이 존중받고 있으며, 좋은 질의 교육을 받을 권리와 가치가 있다는 메시지를 전달하기 때문이다.

다시 가자고등학교의 예로 돌아가 보자. 설립 당시 가자고등학교는 1930년대에 지어진 초등학교 건물을 그대로 사용했다. 그렇지만 최신 기술과 장비를 갖추고, 페인트칠을 새로 함으로써 이 건물은 학생과 교직원 모두에게 동기를 부여하는 매력적인 공간으로 재탄생할 수 있었다. 학생 중심의 교육과 최신 기술을 중시하겠다는 교육 철학이 시작부터 물리적인 공간과 학교의 분위기를 좌우한 것이다. 오늘날 가자고등학교의 벽은 학생들에게 초점을 맞춰 리모델링된 건물과 잘 어울리는 학생들의 예술 작품, 동기 부여를 위한 인용문과 매력적인 색으로 가득하다. 건물 외부에는 공원이 있고, 때때로 작은 말이나 농장 동물이 돌아다니기도 한다.

　19세 히스패닉계 학생인 엘리(Eli)는 다니던 학교를 중퇴하고 가자고등학교에 입학했다. 그에게 학교 벽에 걸린 예술품들은 그의 목표를 상기시키는 역할을 했다. 그의 가족엔 예술가가 많았다. 컴퓨터 웹 디자이너인 아버지는 엘리가 컴퓨터로 그림을 그릴 수 있도록 도와주었다. 그러나 엘리의 우울증은 그의 졸업을 어렵게 만들었다. 두 번째로 병원에 입원하고, 사립 차터스쿨에서 중퇴한 후 엘리는 가자고등학교로 왔다. 엘리는 해결중심 대안학교에 오기 전까지 자신과 자신의 예술에 대한 가치를 알아주는 학교가 있을 거라고는 상상도 못했다고 했다. 해결중심 대안학교에서 그는 스무 살이 되기 전 모든 학습 과정을 끝낼 수 있었고, 미술과 음악을 결합할 수 있는 프로듀서와 같은 직업을 찾길 원했다. 엘리는 해결중심 대안학교가 자신이 만들 수 있는 "아름다운 작품을 다시 한 번 상기시켜 주는 환경"을 제공해 주었다고 말했다.

해결중심 대안학교에서 리더십의 기능 방식

해결중심 대안학교의 리더십 구성과 기능은 많은 고민 후 결정되어야 한다. 가자고등학교의 리더십은 교장 외에 부교장, 학생 서비스 연락책(대부분의 경우 학교의 상담사), 진로진학 상담사, 중퇴예방 전문가, 사회복지사 그리고 공공 봉사활동 전문가로 이루어진 지도부로 이루어진다. 지도부의 구성원 모두 교장과 함께 각각의 학생을 위한 해결을 구축하기 위해 노력한다. 학생 내 지도부 역시 교장에게 조언을 제공하는 역할을 한다. 해결중심적 태도에 초점을 맞추길 원하는 새로운 대안학교의 지도부에는 해결중심 훈련을 받은 전문가를 포함시키는 것이 좋다. 해결중심 접근을 배우는 것에는 새로운 언어와 사고방식에 대한 학습이 포함되기 때문에 많은 연습이 필요하다. 해결중심 접근에 대한 훈련을 받은 전문가를 포함하는 것은 지도부 전체가 해결중심적 사고방식에 집중하고 새로운 정책이나 계획이 해결중심적 원칙에 부합하는지에 대한 의문이 생길 때 이를 신속하게 처리할 수 있도록 돕는다. 해결중심 접근의 전문가는 학생서비스 지원팀의 일원이며, 상담사, 사회복지사 혹은 여타 정신건강 전문가가 이 역할을 맡을 수도 있다.

학교 지도부에 학습 과정 혹은 교육과정 전문가가 포함되는 것도 중요하다. 왜냐하면 해결중심 대안학교는 창의적이고 흥미로우며 유연한 교육과정을 필요로 하기 때문이다. 가자고등학교의 학생인 캐리(Carey)는 이제 열여덟 살이 되었다. 그녀는 "제 전 학교는 제가 있을 필요가 없는 학교였어요. 저는 그 학교의 방식을 따르지 않았고, 그 때문에 정말 많이 뒤처졌거든요."라고 말했다. 해결중심 대안학교는 자기주도적이고 목표중심적인 교육과정을 통해 학업 진도를 늦추더라도 캐리와 비슷한 어려움을 겪는 학생들에게 이전 환경에서 어려웠던 학업의 기초를 다질 기회를 제공한다. 캐리는 이어 다음과 같이 말했다. "이제 제가 원하는 속도로 진도를 나가며, 제가 원하는 방식대로 공부할 수 있어요. 그게 제가 여기에 온 이유예요. 제가 할 수 있는 최선을 다해서 공부하고, 다른 학생과 선생님 때문에 산만해지지 않을 수 있어요." 교육과정에 대한 더 자세한 내용은 6장에서 다룬다.

　가장 중요한 것은 지도부가 서로 협력하는 하나의 팀으로 운영되어야 한다는 것이다. 지도부의 구성원들은 해결중심치료의 원칙을 따르고 서로 협력하는 동시에 운영에 대한 분명하고 일관된 규칙을 만들어 모든 사람이 이를 존중하고 지키도록 해야 한다. 그 결과는 학교 체제에 대한 배려와 동시에 책임을 부여하는 유연하고 협력적인 관리 구조로 나타날 것이다. 학생이 성공하기 위해서는 모든 사람이 서로를 존중하고 배려해야 하며, 교직원은 서로의 업무를 지지하고 협력해야 한다. 동시에 모든 사람은 서로에게 높은 수준의 업무 수행을 기대해야 한다. 교사와 학생지원팀 사이의 갈등은 학생의 성공이라는 목표 성취를 방해하는 결과를 낳을 수 있다. 가자고등학교의 한 상담사는 "가자고등학교가 좋은 환경인 이유는 학교의 다른 교직원들이 서로를 지지할 것을 알고 있어서 교무실에서 제 일에 충실할 수 있기 때문입니다."라고 말했다.

　위기 청소년은 매우 예민해 학교 지도부 사이에 해결되지 않은 갈등과 어려움에 감정적인 반응을 보일 수 있다. 지도부의 문제는 빠른 속도로 학생의 문제로 전환된다. 지도부가 자주 하는 실수 중하나는 지도자와 다른 이들 사이의 소통을 방해하는 엄격하고 권위주의적인 관리 구조를 만드는 것이다. 이러한 구조는 갈등을 은폐하고 권력 다툼을 고조시키는 결과를 낳는다. 이는 감정적으로 긴장된 환경을 조성하며, 위기 청소년의 수동적 공격 행위, 권위에 대한 도전과 문제행동 등으로 이어진다. 또 다른 실수는 충분한 지시, 감독 그리고 책임 등을 제시하지 않은 채 지나치게 방관적인 관리 구조를 만드는 것이다. 관리 구조가 지나치게 관대하다면 학교의 지도자와 교직원은 학생의 교육을 감독하고 삶의 문제를 돕는 영역에서 영향력을 발휘하지 못한다. 따라서 학교의 지도부는 학교가 나아가야 할 방향을 제시하는 것과 학생의 의견 사이에서 유연한 균형을 찾아야 한다. 이를 위해 무엇보다 갈등 해결, 조화로운 관계와 소통이 필요하다. 이는 갈등이 없음을 의미하는 것이 아니라 갈등이 일어날 경우 모두가 동의할 수 있는 해결책을 찾는다는 의미이다. 만약 지도부가 서로 반목한다면 위기 청소년에게 영향을 미치고, 또 학생들이 자신도 모르는 사이에 이러한 갈등에 휘말리거나 지도부의 행동을 따라하는 결과를 낳을 수 있다.

해결중심 대안학교를 위한 교직원 모집

해결중심 대안학교의 지원서는 일반학교의 지원서와 크게 다르지 않을 수도 있다. 그러나 인터뷰를 진행할 때 해결중심 대안학교의 설립자들은 행동문제, 다차원적 고통, 차별, 끔찍한 상실 혹은 외상 등을 겪은 학생들의 편에 설 수 있는 지도자를 찾았다. 최고의 교사는 교편의 경험을 가지고 있고, 정신적으로 유연하며, 새로운 교육과정을 가르치고 새로운 사고방식을 받아들일 수 있는 자세를 가진 사람들이다. 교장의 중요성은 아무리 강조해도 지나치지 않다. 여기서 중요한 것은 성격이 아니라 해결중심 접근에 전념하고자 하는 의지이다. 가자고등학교의 초대 교장(볼드윈)과 현 교장(웹)은 성격적으로 매우 다르지만, 둘다 해결중심적인 태도를 가진 지도자다. 가자고등학교의 교감은 이렇게 말했다.

> 가자고등학교의 교사들이 학교에 많은 애정을 쏟는다는 점도 있지만, 교장선생님이 비슷한 사고를 하는 교사를 채용한다는 것이 학교의 성공에 중요한 역할을 한다고 생각합니다. 그녀가 이렇게 학교에 헌신하고 친절하고 개방적이지 않았다면 우리 역시 그렇게 행동하지 않았을 것이기 때문입니다.

교장이 학교의 해결중심적 태도를 유지하는 데 도움이 될 전문가를 고용하는 과정에 포함된다는 것은 큰 장점으로 작용한다. 한 가지 전략은 일단 보조로 교사를 고용하고, 이들이 신뢰를 얻고 해결중심적 태도를 이해하는 경우 나중에 공석이 생길 때 정식 교사를 뽑기 위한 인터뷰를 진행하는 것이다. 인터뷰를 진행할 때 인사위원회는 질문을 정해 놓지 않고 해결중심적 질문을 통해 지원자의 교육 철학에 대한 정보를 얻고자 한다. 질문은 이러한 정보를 얻어 낼 수 있도록 고안된다. 한 예로, "이러한 경우 [구체적인 도전적 상황을 제시] 학생에게 어떻게 반응하시겠습니까?"라는 질문이다. 1장에서 논의한 것처럼, 현재의 문제가 존재하지 않았던 상황을 생각해 보라고 요구하거나, 과거 이 문제를 어떻게 해결했는지, 혹은 교사로서 겪을 수 있는 가상의 문제 상황에 대해 묻는 등의 예외질문을 할 수 있다. 예를 들어 "학생을 성공적으로 도왔던 경험에 대해서 말씀해 주세요." 혹은 "교실에서 성공적으로 학생을 지도했던 경험에 대해서 말씀해 주세요."와 같은 질문이다. 지원자에게 해결중심적 개입에 대한 지식이 없을 수도 있다. 특히 새로운 학교에 지원하는 경우에는 더욱 그렇다. 그러나 그들이 대안학교에 잘 맞는 성향을 가질 수는 있다. 예를 들어, 지원자가 대부분의 시간을 자신을 설명하는 데 할애하는가, 아니면 학생을 설명하는 데 할애하는가? 학생과 어려움을 겪었을 때 학생이 무엇을 잘못했는지를 말하는가, 아니면 둘 사이의 갈등이 어떻게 해결됐는지에 초점을 맞추는가? 학생 지도에 대한 질문을 받았을 때 엄격한 잣대를 들이대는가, 아니면 학생의 성공을 최우선의 목표로 하는 유연하며 동시에 일관성 있는 태도를 보이는가? 결국 해결중심 대안학교는 유연한 태도, 평생 배우고자 하는 의지, 그리고 학생을 믿고 생각하는 교사를 필요로 한다.

교직원에게 해결중심 접근을 훈련시키기

해결중심 고등학교의 시작부터 훈련은 반드시 필요한 부분이며, 지속적인 훈련은 학교가 계속해서 성장하며 형성되는 문화의 일부분이 되어야 한다. 학교 지도부의 두 전문가가 이러한 훈련에 중요한 역할을 한다. 이들은 교육과정 전문가와 해결중심 전문가이다.

가자고등학교의 교직원은 이러한 문화에 오랜 시간 익숙해져 있기 때문에 이들의 훈련 프로그램에는 '입문' 과정이 포함되어 있지 않다. 그러나 기존의 대안학교나 새로운 대안학교가 해결중심적으로 운영되기 위해서는 입문과정이나 오리엔테이션이 매우 중요하다. 교직원 모두가 같은 지점에서 시작할 수 있도록 하기 위해서이다.

가자고등학교의 초대 교장은 학교 전체를 교육해야 한다는 교육철학을 지니고 있었다. 모두를 훈련시켜 학교 내의 누구나 학생들을 도울 수 있도록 해야 한다는 것이다. 관리자 중 한 사람은 "자료사무원, 교무 담당이나 관리인들조차 모두 훈련을 받았어요. 왜냐하면 [교장선생님이] 누구나 지지자가 될 수 있어야 한다고 말했기 때문입니다."라고 말했다. 다른 교사는 다음과 같이 말했다.

> 우리 학교의 경비원은 학생들과 밀접한 관계를 맺고 있고, 학생들의 지지자이자 롤모델로서 역할을 해 왔어요. 그는 시 대표 농구선수이기도 한데 학교의 아이들 중 몇몇을 데려다 농구를 가르치기도 했죠. 그분은 아이들에게 예의와 책임을 가르칩니다. 정말 멋진 일이에요.

해결중심치료의 전문가들이 해결중심 접근에 대한 훈련을 지도해야 하며, 이 전문가들은 교내 커뮤니티의 일원이 아닌 외부인이 될 수도 있다. 이들은 대안학교의 모든 구성원에게 해결중심의 대화법에 대해 교육한다. 그러나 여기서 중요한 것은 학교 내의 교직원을 교육시켜 그들이 이러한 훈련을 지도할 수 있는 수준으로 끌어올리는 것이다. 가자고등학교 역시 처음에는 텍사스대학교의 사회복지학과에 속한 전문가나 김인수(Insoo Kim Berg)와 같은 해결중심치료의 개발자를 초청해 교직원을 훈련시키도록 했다. 그러나 각 학교는 훈련을 위한 자원을 스스로 찾아내야 한다. 가자고등학교의 경우 처음 훈련은 지도부와의 컨설팅, 전문가와의 워크숍, 그리고 교실 내에서의 코칭으로 이루어졌다. 가자고등학교에서 이루어지는 해결중심 접근에 대한 훈련은 이미 자세히 공개되어 있고, 이에는 훈련을 어떻게 이끌어야 할지에 대한 내용도 담겨 있다(예: Franklin & Guz, 2017; Franklin, Montgomery, Baldwin & Webb, 2012 참조).

지속적인 전문성 개발

일관성 있고 해결에 초점을 맞춘 태도를 형성하는 데 기초 입문 훈련이 중요한 역할을 한다. 그러나 이보다 더 중요한 것은 학기 내 지속적으로 진행되는 훈련이다. 해결중심적 교육을 배우는 가장 좋은 방법은 해결중심적 태도를 연습하는 것이다. 연습은 교직원 회의 내에서도 가능하다. 예를 들어, 교직원이나 행정 관리자가 역할극을 할 수 있는 상황을 제시하는 방식이다. 일어날 수도 있는 문제 상황을 직접 연습하고 시뮬레이션하는 데에는 시간적 여유와 더불어 안전하고 비심판적인 공간이 필요하다. 가자고등학교에서 이러한 연습은 격주마다 있는 회의에서 진행된다. 여기서 교직원들은 학생과 겪은 어려운 상황을 역할극을 통해 시뮬레이션해 볼 수 있다. 한 가지 예로, 학생들이 수업 사이에 복도에서 시간을 보내며 수업에 늦게 들어오기 시작한다는 것을 알게 되었다. 이 사실을 학교의 지도부로부터 전해 들은 교장은 역할극의 형식으로 이를 교직원 회의에 상정했다. 교사들은 학생과 교사의 역할을 맡아서 연기했고, 이를 통해 학생을 다루는 여러 방법을 시도해 보았다. 잘못된 방법("지금 당장 교실로 들어오지 못해!"라고 소리지르는 것)과 해결중심치료의 원칙에 맞는 방식(학생들에게 제 시간에 수업에 오지 않으면 배워야 할 내용을 배울 수 없다는 사실을 말하는 것)에 대한 역할극을 통해 교사들은 학생과 해결중심적 대화를 하는 자신만의 방법을 찾을 수 있었다. 이러한 역할극의 또 다른 중요성은 비심판적인 공간을 만들 수 있다는 것이다. 정규직 교사나 새로 임명된 상담사 모두 연습을 통해 협력, 듣기, 존중의 중요성에 대해 배우고 더 나은 전문가가 될 수 있다.

앞서 설명한 비공식적인 역할극과는 다르게 공식적인 워크숍은 교장이 아닌 다른 사람이 진행하는 편이 좋다. 학교의 규율을 다루는 책임을 지고, 또 교직원에게 상사로서의 역할을 하는 교장이 교육 훈련을 맡지 않도록 하는 것이다. 예를 들어, 최근 가자고등학교의 진로진학 상담사는 교실에서 대학에 관련된 질문을 받으면 어떻게 답변해야 하는지에 대한 워크숍을 진행했다. 이를 통해 교직원은 대학에 관심이 없다고 말한 학생에게 어떻게 답변해야 하는지 배울 수 있었다. 교장 역시 이 워크숍에 참여했고, 배움을 자처함으로써 다른 교직원들에게 전문성 개발의 귀감이 되었다. 이들은 "이전에 대학에 가는 것에 대해 생각해 본 적이 있니?" 또는 "과거에 네게 대학에 가라고 권유한 사람은 누구였니?"와 같은 해결중심 질문을 하는 법을 배웠다. 이러한 질문은 "대학은 꼭 가야 하니까 가서 상담사하고 상담을 좀 해 보렴."과 같은 권위주의적 답변을 대체할 수 있는 좋은 방법이다.

해결중심 대안학교에 다니는 학생

보통 대안학교에는 여러 이유로 위험군에 속하는 학생들이 등록을 한다. 예를 들어, 대안학교라는 학교의 목적을 유지하기 위해 가자고등학교의 학생 중 75%는 '위험군' 기준에 속해야 한다(예: 저소득층의 자녀, 임신, 노숙, 소수 인종 등). 많은 교육자는 위험군이 무엇인지 알고 있지만, 이러한 통계나 분류가 학생들이 겪은 일이나 처한 상황, 그리고 겪고 있는 실제 문제를 의미하거나 표현할 수 있는 것은 아니다.

가자고등학교의 한 학생은 임신 때문에 이전 학교를 중퇴해야 했다. 인터뷰에서 그녀는 다음과 같이 말했다.

> 저는 작년 2월에 학교를 그만뒀어요. 3월부터 5월까지 학교에 가지 않았죠. 임신을 했기 때문에요. 그냥 안 간 거예요. 별로 가고 싶은 기분이 들지 않았거든요. 이게 끝이 아니라는 것은 알았어요. 언젠가 졸업을 할 거라고도 생각했고요. 그냥 때가 아니었을 뿐이에요.

가자고등학교의 학생들은 자신이 직접 겪거나 가족이 겪었던 약물 남용 혹은 정신건강의 문제가 있기도 하다. 한 학생은 다음과 같이 말했다.

> 저는 거의 매일 대마초를 피고 환각 상태로 학교에 갔어요. 학교에서 코카인 거래가 있었기 때문에 화장실에서 몇 번 한 적

도 있었고요. 물론 대마초는 매일 피웠죠.

또 다른 학생은 어머니의 알코올 중독 문제가 자신의 삶에 어떤 영향을 끼쳤는지 설명했다. "엄마와 아빠는 제가 여덟 살인가 아홉 살 때 이혼했어요. 그때부터 엄마는 술을 마시고 남자들을 사귀기 시작했죠. 그중 몇몇은 엄마를 때렸고, 또 다른 사람들은 거의 미친 것 같았어요". 다른 학생은 약물 과다 복용에 대해서 다음과 같이 말했다.

자살을 하려고 했던 것은 아니었지만 약을 너무 많이 먹고, 구급차에 실려 갔어요. 엄마가 화장실에서 저를 발견했고, 그때 저는 정신을 잃은 상태였죠. 곧장 응급실로 보내졌고, 제 몸에 숯인지 뭔지를 넣어서 약물을 모두 제거했대요. 저는 고등학교 2학년 내내 병원에 입원해 있었어요.

약물 남용으로 인해 가족 문제를 겪었던 학생은 이들뿐만이 아니다. 한 학생은 다음과 같은 얘기를 했다.

아빠에게는 음주 문제가 있었고, 심각한 알코올 중독자였어요. 엄마는 상습적으로 대마초를 피웠죠. 아빠는 술을 마셨지만 담배를 싫어했고, 엄마는 담배를 피웠지만 술을 마시는 것을 싫어했기 때문에 그게 서로에게 문제가 되었어요. 저랑 오빠와 친구 조(Joe)는 파티를 좋아했지만 저는 대마초를 피우는 것 이상으로 약물을 하지는 않았어요. 엄마는 저희를 이해했지만 아빠는 그렇지 못했죠. 그래서 지난 3년 동안 우리는 항상 싸웠고, 그럼에도 모두가 행복한 상황을 만들기 위해 노력했어요. 쉽지 않았죠.

마지막으로, 가자고등학교의 한 졸업생은 어머니와의 관계가 자신의 학업에 어떤 영향을 미쳤는지에 대해 말했다.

엄마는 제게 필요한 모든 걸 챙겨서 다시는 돌아오지 말라고 했어요. 그래서 짐을 쌌죠. 그러는 내내 울었어요. 그 후 밖으로 나가 남자친구에게 전화를 했고, 그가 저를 데리러 오기로 했죠. 밖에서 기다리는데 엄마가 칼을 들고 집에서 뛰어나왔어요. 정신이 나간 것 같았어요. 엄마가 제 손에서 가방을 낚아챘고, 저는 소리를 질렀죠. 아마 새벽 네 시쯤이었을 거예요. 저는 밖에서 머리가 터질 정도로 소리를 지르고 있었어요. 엄마는 손에 칼을 들고 있었고요. 정말 무서웠어요. 그리고 남자친구가 나타났고, 엄마를 진정시켰어요. 결국 엄마는 절 가도록 내버려 뒀죠. 이제 엄마와 같은 집에서 살 수 없다는 걸 알았어요. 그래서 여러 집을 전전했죠. 결국 엄마는 제게 전화를 해서 집으로 돌아오라고 말했고, 평소와 같은 방식으로 일을 해결했어요. 그러나 이런 끔찍한 감정은 아직 제 안에 남아 있고, 아시다시피 그러면 속이 썩어 문드러지죠. 엄마와 이런 일을 많이 겪었죠.

해결중심 대안학교의 학생 선발 방법

앞서 거론한 상황에 처한 학생들은 어떠한 경우에도 강제적으로 해결중심 대안학교를 다니게 해서는 안 된다. 왜냐하면 이는 학교의 모든 원칙에 어긋나는 일이기 때문이다. 대신, 학교는 학생이 할 수 있는 선택 중 하나여야 한다. 학생들은 여러 가지 선택을 놓고 의사결정의 과정을 거친 후 "이 프로그램이 마음에 들어. 여기에 가고 싶어."라고 말할 수 있어야 한다. 그러고 나서 학교에서 입

학 인터뷰를 하고, 입학이 결정되는 것이다. 이러한 과정은 해결
중심 대안학교에 다니는 학생들에게 자신이 그렇게 하기로 결정
했고, 학교에 합격했기 때문에 그곳에 있는 것이라는 인식을 심어
준다.

한 학생은 학업을 위한 다른 환경을 원했기 때문에 가자고등학
교에 왔다고 설명했다.

> 제 마음대로 왔다 갔다 할 수는 없지만 이곳 사람들은 정말
> 이해심이 많아요. 또 저 혼자 학습을 진행하기 때문에 더 많은
> 것을 배우죠. 제가 직접 무언가를 해야 하니까요. 어렵지만 다
> 른 학교에서처럼 모든 게 정해져 있지 않다는 것이 좋아요. 일
> 반학교에서는 그냥 교육과정이 정해져 있잖아요. 학습지를 채
> 우면 끝이고요. 이렇게 해서는 배우는 게 없어요. 여기서 저는
> 직접 연구를 해야 해요. 스스로 문제를 해결해야 하죠. 저를 도
> 와주는 사람이 많지만 제 일을 대신 해 주는 사람은 없거든요.

새로운 해결중심 대안학교를 위한 학생을 찾을 때, 지역 교육청
의 상담사와 행정 관리자는 학교에 대한 정보와 중퇴 위기에 놓인
학생들을 위한 자기주도적 접근 방식에 대해 학생들에게 알린다.
포스터나 신문을 통한 광고는 아니지만 이는 상담사가 학생과 (관
련이 있는 경우) 부모에게 고등학교를 졸업할 수 있는 또 다른 방
법이 있다는 것을 설명하는 방식이다. 보통의 서식형식으로 된 광
고는 자제할 것을 권한다. 상담실을 방문하는 학생과 그렇지 않은
학생 사이에 '우리'와 '그들'이라는 분열을 조장하지 않기 위해서
이다. 대신 상담사나 교사가 학생에게 구두로 학교에 대한 정보를

전달하고, 학생이 새로운 대안학교의 인터뷰에 응할지를 결정하도록 한다.

해결중심 대안학교에 입학하는 것에 관심을 가지게 되면, 학생은 교장과의 입학 인터뷰에 참석하게 된다. 공식적인 인터뷰를 시작하기 전에 교장은 인터뷰는 양방향의 도로와도 같다고 설명하며 대화를 주도한다. 교장이 학생을 인터뷰하지만, 동시에 학생도 교장을 인터뷰한다는 의미이다. 인터뷰는 학생으로 하여금 "이 학교가 나한테 맞는 학교인가요?"라는 질문을 할 수 있도록 한다. 동시에 입학 관리자는 학생이 학교에 적합한 학생인지에 대해 고려한다. 이미 언급했듯이, 이때 학생의 선택이 강조된다. 학생이 이곳에 있고 싶어 하는가? 학생 주도의 선택과 결정이 이루어지지 않는다면 학교는 또 다른 훈육 센터와 다를 바 없다. 학생 자신이 새로운 교육의 기회와 해결의 구축을 위해 선택한 것이 아니라 강제로 보내진 것이기 때문이다. 입학 인터뷰에서 학생은 "이전 고등학교에서 너에게 맞았던 방식은 무엇이니?" "맞지 않았던 것은 무엇이었니?" 혹은 "우리 학교가 어떻게 너의 욕구에 맞출 수 있을까?"와 같은 질문을 받게 된다.

교장은 또한 해결구축에 초점을 둔 접근법에 대해서 설명하고, 학교가 어떻게 학생의 미래에 집중하며, "네가 전에 어떤 학생이었는지는 중요하지 않아. 너는 여기서 새로운 사람이 될 수 있어."라고 말하며, 이 학교를 통해 학생이 새롭게 다시 시작할 수 있음을 말할 수도 있다. 이에 더해 교장은 예비 학생에게 학교는 모든 학생에게 높은 수준의 학업 기준과 서로에 대한 존중을 기대한다는 것을 강조한다. 교직원에게 높은 기준을 요구하는 것처럼 학생 역시 스스로에 대한 기준을 높이도록 기대된다. 가자고등학교에는 이러한 기대를 담은 강령이 존재한다. 가자고등학교의 명예강령 (Code of Honor)은 모든 구성원이 다음의 행동을 해야 한다고 서술하고 있다.

- 항상 개인적 명예를 지키고 정직하자.
- 갈등 대신 평화를 선택하자.
- 자신과 타인을 존중하자.

교장은 이후 예비 학생에게 이 강령을 지키겠다는 구두 약속을 받는다. 교장은 학생에게 "나는 너를 존중할 것이고, 따라서 너도 나를 존중하기를 원해. 내가 말하는 것에 대해 어떻게 생각하니? 라고 묻는다. 더불어 교장은 만약 학생에게 이러한 높은 수준의 성취를 방해하는 장애물이 있다면 학생지원팀이 학업적 목표를 성취하기 위한 해결책을 구축할 수 있도록 도울 것임을 설명한다.

교장은 인터뷰 동안 학생이 진실된 답변을 할 수 있도록 격려한다. 왜냐하면 질문에는 맞거나 틀린 답이 없기 때문이다. 해결중심적인 태도처럼 교장은 학생을 학교에 받아들일 이유를 찾고 있는 것이지 받아들이지 않으려는 꼬투리를 잡으려는 것이 아니다. 맞는 답변을 하는 학생을 찾는 대신 입학 관리자는 학교가 이 학생의 목표를 성취하는 데 도움이 될 수 있는지에 대해 생각해야 한다. 학생이 처한 삶의 상황이 이 학교에서 당장 성공할 수 있도록 할 수 있는 것인가? 노숙과 같이 특별한 문제를 가진 학생을 도우려면 학교는 개인에 맞춘 계획을 짜야 한다. 이는 노숙자 쉼터 직원

과 소통하는 것부터 식사에 대한 내용까지 모든 것을 포함하는 계
획이다. 입학 관리자는 학교의 학생지원팀이 이 학생을 도울 적절
한 자원을 가지고 있는지 고려해 보아야 한다. 만약 그럴 수 있다
고 판단되는 경우 학생은 학교의 일원으로 받아들여지게 된다.

학생 오리엔테이션

학생 오리엔테이션은 학생과 교장 모두 해결중심 대안학교가 학
생에게 맞다는 결정을 내리고, 학생이 학교를 입학하겠다고 결정
한 후 진행된다. 교직원들이 해결중심적 태도에 대한 오리엔테이
션을 거치듯, 학생들 역시 이 새로운 언어에 적응하기 위해 오리엔
테이션을 필요로 한다. 오리엔테이션은 학교에 새로 온 학생이 거
쳐야 할 모든 과정을 포함한다. 학교와 학교의 목적에 관한 정보
제공, 상담사와의 만남을 통해 졸업을 위해 필요한 학점, 또 그 학
점을 언제 어떻게 취득할 수 있는지, 학업 계획표를 받고 이해하
고, 캠퍼스를 둘러보는 것들이 이에 포함된다. 학생들은 오리엔테
이션 도중 자기 자신을 성찰하고 미래의 목표를 세우는 활동도 함
께한다. 해결중심치료에서 등장하는 미래지향적 질문, 기적질문,
목표설정 질문은 이러한 성찰을 안내하는 역할을 한다. 1장에서
설명했듯이, 예를 들어, 기적질문은 학생에게 문제가 모두 해결된
미래를 상상해 보라고 말한 후 원하는 게 무엇인지(목표)를 표현해
볼 수 있도록 하는 것이다. 이때 학생이 문제가 사라진다면 무엇
을 할 것이라고 하는지 주의 깊게 경청해야 한다. 이러한 질문에는

관계에 대한 질문이 포함될 수 있다. 이는 학생으로 하여금 자신의 행동이 다른 사람에게 어떤 영향을 미치게 하는지에 대해서도 생각해 볼 수 있도록 한다. 예를 들어, 학생에게 기적이 일어나서 학업적 문제가 모두 해결되었다고 상상해 보라고 말한 후 무엇을 다르게 할 것인지 물어보거나, 시간을 앞으로 돌려 졸업했다고 상상해 보라고 한 후 무엇을 할 것인지 물어보는 것이다. 누가 그들을 자랑스러워할 것인지, 또 이러한 성취에 다른 사람이 어떻게 반응할 것인지와 같은 질문을 함께 할 수도 있다. 기적질문이나 관계성 질문 같은 해결중심적 질문은 학생에게 단순히 상상력을 발휘해 보라고 요구하는 질문이 아니다. 왜냐하면 이러한 질문을 통해 학생의 꿈과 목표에 대해 명확히 할 수 있고, 해결과 목표를 생각하는 훈련을 동시에 제공할 수 있기 때문이다.

몇몇 교육자는 학생 오리엔테이션에 해결중심 접근에 대한 훈련을 포함시키지 않는다는 사실에 대해 의아해한다. 대신 학생들은 인터뷰와 오리엔테이션 과정 중 해결구축의 개념에 대해 처음으로 접하게 되고, 대안학교의 생활을 통해 이를 더 구체적으로 배우게 된다. 왜냐하면 학교는 해결중심 질문과 언어가 어떻게 사용되는지 지속적으로 보여 주는 모델이기 때문이다. 학생은 교사와의 대화, 또 교사들 사이의 대화에 대한 관찰을 통해 해결중심적 대화를 나누는 방법을 배운다. '언제든지 시작하고' '언제든지 끝낼 수 있는' 자기주도적 교육과정을 통해 새로 설립된 학교는 모든 학생을 위한 포괄적인 오리엔테이션을 진행한 후, 학생 수가 늘어남에 따라 격주에 한 번씩 이런 오리엔테이션을 진행하는 방식을 선택할 수도 있다.

해결중심 대안학교를 유지하기 위한 전문성 개발의 사례

가자고등학교의 교장은 텍사스대학교의 교수(Franklin 박사)가 교직원의 전문성 개발을 위한 회의를 진행하며 학교에서 해결중심 치료를 어떻게 실천할 수 있는지에 대한 발표를 하는 동안 회의실 뒤편에 앉아 있었다. 발표는 역할극을 비롯해 교직원이 교실에서 적용할 수 있는 실용적인 지식을 다뤘다. 가자고등학교는 최근 새로운 교직원을 채용했고, 자살 충동을 느끼거나 정신건강의 문제가 있는 학생들도 많이 입학했다. 따라서 교장은 전문가를 초청하여 교직원에게 해결중심치료에 대한 지식을 상기시키고자 했다.

새로 채용된 교사 중 한 명은 맨 앞자리에서 주의 깊게 발표를 듣고 있다. 거즈만(Mr. Guzman) 교사의 반에는 자해를 한 학생이 여러 명 있고, 조울증이나 우울증 진단을 받은 학생들도 있었다. 이런 학생들은 가자고등학교뿐 아니라 지역 공동체 차원에서 상담을 받지만, 거즈만 교사는 교실에서도 이들을 돕길 원했다. 그가 자해를 하거나 다른 정신건강 문제를 가진 학생을 맡은 것이 이번이 처음은 아니었다. 이전 학교에서 거즈만 교사는 팔과 다리에 지속적으로 상처가 난 학생들을 자주 봤다. 이런 경우 그는 학교의 상담사에게 학생의 상태에 대해 알렸지만, 큰 규모에 비해 교직원의 수가 적었기 때문에 이후에 학생의 상태가 어떻게 달라졌는지에 대한 피드백을 전혀 듣지 못했다. 또한 그는 교실에서 이러한 학생들을 돕기에는 자신이 충분히 준비되지 못했다고 생각했었다.

훈련과정에서 거즈만 교사를 비롯한 다른 교직원들은 역할극을 통해 해결중심접근의 기술을 연습했다. 훈련을 받은 후 교장인 웹 박사는 거즈만 교사에게 훈련이 어땠는지 물어봤다.

그는 "이 훈련을 받은 것은 정말 잘한 일이에요!"라고 말했다. "가자고등학교의 학생들은 아주 강하고, 저는 그런 학생들을 교실에서 도울 수 있기를 원했어요. 이 훈련 후 제게 학생들을 도울 수 있다는 믿음이 생겼어요."

교장은 미소를 지은 후 이렇게 답했다. "그렇게 말씀하시니 기분이 좋네요. 우리는 학생과 교직원 모두를 돕기를 원해요. 이런 학생들이 성공하도록 도우려면 공동체 수준의 협력이 필요하거든요."

훈련을 받은 후 거즈만 교사는 가장 위험하다고 생각되었던 학생들과도 대화를 나눌 수 있었고, 이후 학생지원팀(특히 많은 문제를 겪고 있는 학생들을 위한 팀), 상담사 그리고 학교공동체(CIS)의 사회복지사에게도 학생들을 의뢰했다. 이러한 의뢰과정에서 거즈만 교사는 모든 과정이 직접적이며 쉽고 유용하다고 느꼈다. 또한 학생지원팀, 상담사 그리고 사회복지사 모두 그에게 학생의 상태에 대한 피드백을 전달했다. 한 사회복지사는 직접 그의 교실을 방문해 울며 자살에 대한 생각을 하고 있던 한 학생을 도와주기도 했다. 거즈만 교사는 자신이 학생을 도울 준비가 되지 않았던 교사에서 학생의 교육뿐만 아니라 정신건강까지 책임지는 팀의 일원으로 발전하고 있음을 느낄 수 있었다.

주요 요점

- 위기 청소년을 위한 해결중심 대안학교를 설립하기 위해서 학교의 지도 자들은 해결중심적 태도를 이해하고 받아들인 후 이를 완벽하게 적용할 수 있어야 한다.
- 해결중심 대안학교의 구성원 사이의 신뢰, 존중, 협력은 유기적으로 연결 된 캠퍼스를 형성하는 데 도움을 준다. 이는 위기 청소년을 위한 교육에 꼭 필요한 조건이기도 하다.
- 해결중심 대안학교에 있는 모든 구성원은 해결중심적 접근 방식에 대한 훈련을 받아야 하고, 이후에도 이러한 접근 방식을 사용할 수 있도록 지 속적인 지원을 받아야 한다.
- 해결중심 대안학교는 일반학교를 포함한 타 고등학교를 위한 교육지원 프로그램이지만 동시에 공동체 내에서 존중받는 독립적인 고등학교로서 기능해야 한다.
- 해결중심 대안학교에서 학생들을 교육하는 것에는 많은 비용이 들지만, 이에 대한 결과와 사회에 미치는 영향은 그 비용을 가치 있게 만든다.
- 행정 관리자들 역시 해결중심 접근법에 헌신해야 하고, 모두를 포용하는 교내 커뮤니티를 형성하기 위한 의지를 가지고 있어야 한다.
- 교사는 무엇보다도 학생의 성공을 우선 순위로 여겨야 하며, 새로운 교육 과정을 배울 수 있는 정신적 유연성을 가지고 있어야 한다.
- 학생들은 스스로 해결중심 대안학교에 다닐 것을 선택해야 한다. 이는 입학 인터뷰에서 학생이 "이 학교가 나에게 맞는가?"를 자문하고, 교장이 "우리 학교가 이 학생을 지원할 수 있는가?"라는 질문으로 시작된다.

요약

이 장은 해결중심 대안학교를 설립하는 과정에 대해 설명하고 있다. 해결중심적 사고방식과 교내 커뮤니티 전체에 해결중심치료에 대한 훈련을 실시하는 것은 학교를 설립하고 유지하는 데 반드시 필요하다. 사람들과의 관계 역시 성공적인 해결중심 대안학교를 설립하는 데 중요하다. 여기서 사람들이란 행정 관리자, 교사, 학생, 부모, 공동체의 파트너 그리고 정신건강 전문가 등을 포함한다. 신뢰와 존중의 문화 그리고 해결구축을 목적으로 하는 대화는 학교에서 매일 일어나는 상호작용에 매우 중요하다. 이러한 대인관계 특성은 위기 청소년을 성공적으로 교육하는 데 가장 기본이 되는 요소 중 하나이다. 이 장에서는 지역 교육청과 공동체의 지지를 얻는 법, 학교의 지도부를 형성하는 법, 필요한 예산과 인력을 구하는 법, 학생을 모집하는 법, 선택된 학생을 위한 오리엔테이션과 해결중심 훈련을 하는 법에 대한 개요를 제공한다. 이 장은 아무것도 없는 상태에서 해결중심 대안학교를 설립한다는 것을 가정하고 쓰여졌지만, 이는 기존의 대안교육 프로그램이 해결중심의 원칙을 따르는 학교로 변모하는 데에도 적용 가능하다.

참고문헌

Franklin, C., & Guz, S. (2017). Tier 1 approach: Schools adopting 해결중심치료 model. In J. S. Kim, M. S. Kelly, & C. Franklin (Eds.), *Solution-focused brief therapy in schools: A 360-degree view of research and practice principles* (2nd ed.). New York, NY: Oxford University Press.

Franklin, C., Hopson, L., & Dupper, D. (2013). Guides for designing alternative schools for dropout prevention. In C. Franklin, M. B. Harris, & P. A. Allen-Meares (Eds.), *The school services sourcebook, second edition* (pp.

405-18). New York, NY: Oxford University Press.

Franklin, C., Montgomery, K., Baldwin, V., & Webb, L. (2012). Research and development of a solution-focused high school. In C. Franklin, T. Trepper, W. Gingerich, & E. McCullum (Eds.), *Solution-focused brief therapy: A handbook of evidence based practice* (pp. 371-89). New York, NY: Oxford University Press.

3장

협력적인 해결중심적 관계 형성

사례

시작하기

관계 형성

학생과의 관계 형성을 돕는 해결중심 기법

비선형적 변화과정

관계 형성에 관한 사례

요약

사례

세스(Seth)¹⁾는 가을 학기의 중간부터 가자고등학교에 다니기 시
작했다. 이전 학교에서 그는 자주 정학을 당했으며, 과제도 거의
하지 않았다. 집에서도 역시 문제가 많았다. 어머니와 남동생에게
자주 말싸움을 걸었고, 폭력적으로 협박도 했다. 세스는 경제적으
로 어려운 홀어머니를 힘으로 완전히 압도했고, 그 결과 집에서 세
스를 감독하거나 제지할 수 있는 사람은 없었다.

세스가 가자고등학교에 왔을 때 그의 모습은 매우 놀라웠다. 키
가 크고 건장했으나 양치나 샤워를 하지 않아 체취가 심했다. 목
소리는 부드러웠지만, 그는 일부러 건방진 말투를 썼다. 세스와의
관계 형성이 쉽지 않을 것임은 자명해 보였다. 그는 일부러 자신
을 고립시켰고, 사람들이 자신을 싫어하도록 행동했다. 그러나 학
생과 교직원 사이의 관계 형성은 해결중심 대안학교에서 중시하는
협력적 관계의 중심이며, 해결구축에도 중요한 역할을 한다.

수업을 받기 시작하며 세스는 컴퓨터 공학에 끌렸다. 컴퓨터실
에 들어갈 때면 그는 번쩍이는 책상으로 자연스럽게 향했다. 저소
득층 가정에서 자란 그에게 최신 사양의 데스크톱 컴퓨터는 새롭
기만 했다. 수업이 시작하기도 전 세스는 이미 컴퓨터에 로그인하

---

1) 이 장에서 제시된 예시는 대안학교에 다니는 학생들과 진행한 연구 인터뷰, 그리고
이 학생들을 가르친 교사들의 경험에서 발췌한 것이다. 인터뷰를 진행한 학생의 개인
정보를 보호하기 위해 이름을 비롯한 몇 가지 정보는 수정되었다. 몇몇 인터뷰는 오
스틴 소재 텍사스대학교의 호그 정신건강재단(Hogg Foundation for Mental Health)
의 도움을 받아 진행되었음을 밝힌다.

여 컴퓨터의 환경 설정을 바꾸며 놀고 있었다. 교실에 있던 아마리 (Ms. Amari)교사는 그의 흥미를 알아보고 자신을 소개했다. 세스는 아마리 교사를 올려보며 조용히 "안녕하세요."라고만 했다.

아마리 교사는 답례로 미소를 짓고 수업을 시작했다. 그녀는 세스가 설명을 잘 이해하고 혼자 많은 것을 할 수 있음을 발견했다. 교실을 이동할 때가 되었을 때, 세스는 컴퓨터에 너무 집중한 나머지 시간이 다 됐다는 사실도 깨닫지 못했다. 아마리 교사는 그에게 시간이 다 됐다는 사실을 얘기하며 이렇게 덧붙였다. "점심시간에 여기 오고 싶다면 그래도 괜찮아. 컴퓨터 근처에서 음식을 먹거나 마시면 안 된다는 사실만 기억하렴."

점심시간에 세스는 아마리 교사의 반으로 돌아와 컴퓨터를 사용해도 되냐고 물었다.

"당연하지, 세스." 아마리 교사가 답했다. "혹시 물어보고 싶은 게 있다면 내게 물어보렴."

몇 주가 지나면서 세스는 아마리 교사와 협력적인 관계를 맺을 수 있었고, 점심시간에 컴퓨터를 사용하는 다른 학생들과도 친구가 되었다. 다른 반에서는 조용하고, 친구 외 다른 사람들과는 어울리려 하지 않았으나, 외톨이처럼 행동하려는 태도는 사라졌다. 이로 인해 세스는 착하고 책임감 있고 똑똑하다는 새로운 평판을 얻게 되었다. 세스가 학교에서 긍정적인 평판을 받은 것은 이번이 처음이었다. 그에게 호감을 보이는 교사가 있다고 느낀 것도 처음이었다. 그는 이곳의 교사들이 끈기 있고 일관성 있는 사람들이라는 것을 깨달았다. 그가 해결중심 대안학교에서 형성한 협력적이며 긍정적인 관계는 그의 졸업에 큰 힘이 되었다. 2년 후 세스는 졸업을 했고, 컴퓨터 공학을 공부하기 위해 4년제 대학에 입학했다.

시작하기

학교에서 일하는 많은 사회복지사, 상담사, 교사는 학생의 관심, 학업적 성취 그리고 중퇴예방에 학생과의 관계가 매우 중요한 역할을 한다는 것을 이미 알고 있다. 해결중심치료의 변화 전략은 여러 문화권의 학생에게 이미 성공적으로 적용되었으며(Franklin & Montgomery, 2014), 또한 도움을 원치 않는 위기 청소년과 협력적인 관계를 형성하는 데에도 유용하다는 것이 증명됐다(DeJong & Berg, 2012; Franklin & Hopson, 2009). 학생과의 라포는 학교라는 맥락에서 일어나는 모든 학업과 정서 그리고 성장의 과정에 반드시 필요한 요소이다. 학생들이 목표를 설정하고 이를 성취할 수 있도록 돕기 위해 교직원은 이들과 관계를 형성할 수 있어야 한다. 위기 청소년은 대부분 트라우마나 애착 문제와 환경적 어려움을 겪은 경험이 있다. 그렇지만 교직원의 경우 학생의 성장과정과 사회의 구조적 차원에서 기인한 고통을 마주하는 것이 매우 힘든 경험일 수 있다. 해결중심치료 기법은 교사를 비롯한 다른 교직원이 학생들과 라포를 형성하고, 학생들이 스스로 목표를 성취하는 데 도움이 된다.

이 장의 목적은 학생과 교사 사이의 협력적 관계가 어떤 영향을 미치며, 긍정적인 관계가 교실에서 어떻게 더 나은 결과를 낳을 수 있는지 보여 주는 데 있다. 이 장은 해결중심치료를 통해 관계가 어떻게 형성되고 향상되며 유지되는지에 대해 논의한다. 해결중심적 관계 형성의 기법은 학생 자신과 그들의 강점에 초점을 맞추며, 현재와 미래지향적 사고를 포함한다. 또 이러한 기법은 학생들이 자신의 목표를 설정하고 그 과정을 판단할 수 있도록 돕는다. 이 장의 내용을 실제적으로 보여 주기 위해 많은 사례가 포함되었으며, 이는 해결중심치료가 학생과 교사 사이의 관계 형성에 어떻게 적용될 수 있는지에 대한 예시가 될 것이다.

관계 형성

학교의 교직원이라면 교실에서 가장 중요한 요소가 학생과의 관계 형성이라는 사실을 항상 기억해야 한다. 그러나 이에 대한 현실적인 조언이나 적용 가능한 기법에 대한 정보는 거의 없다. 가자고등학교의 한 교사는 다음과 같이 말했다.

"관계를 형성해야 해!"라는 말은 반복적으로 들었지만 그게 무슨 의미인지는 잘 몰랐습니다. 그냥 자연스럽게 그렇게 해야만 하는 것이라고 생각했었습니다. 하지만 상담사와 사회복지사도 관계 형성에 대한 훈련을 받는다는 것을 알았고, 지금은 저도 학생과의 라포 형성이 제가 연마할 수 있는 기술이라는 것을 알았습니다. 해결중심치료를 통해 저는 학생들과 관계를 형성하는 방법에 대해 이해할 수 있었습니다. 저는 이제 서로 다른 학생들에게 효과가 있는 기법을 가지고 있고, 그것을 활용할 수 있습니다.

여러 학생과 관계를 형성하는 상상을 할 때 혼란스러운 기분이 드는 것은 당연한 일이다. 교사, 관리자, 전문 학습지도 지원인력 등은 모두 다른 배경을 가지고 있다. 개인의 배경(인종, 성별, 민족, 국적, 성적 지향, 계급 등)은 관계 형성에 대한 사고방식에 영향을 미친다. 예를 들어, 사람은 문화와 성별에 따라 다른 방식으로 관계를 맺는다. 미국에서 대부분의 원조 전문직 종사자는 백인 여성이고, 이들은 개인적이거나 업무적인 상황에서 사람과 소통하는 그들만의 특별한 방법을 가지고 있다(Ryde, 2009). 각자의 배경이 있고, 타인과 관계를 맺는 개인적인 방법이 있다는 것은 자연스러운 일이다. 그러나 여기서 기억해야 할 것은 학생과 교직원도 모두 서로 다른 배경을 가지고 있다는 것이다. 따라서 교사를 비롯한 교직원은 다양한 배경을 가지고 있는 학생 모두와 관계를 형성하고 이들을 도울 수 있는 능력이 있어야 한다.

해결중심적 개입의 실천에서는 학생의 인식, 정의, 목표가 관계의 중심에 놓인다. 관계를 형성하는 데 이러한 학생중심적 접근을 적용하는 것은 교직원의 개인적 가치, 판단, 기대를 학생에게 강요하는 것을 예방할 수 있다. 이 장에서 설명하는 관계 형성 기법은 다음과 같은 해결중심치료의 중심적 원리를 따르기 때문에 그 어떤 배경을 가진 학생에게도 적용될 수 있다.

- 학생을 중심으로 하기
- 학생의 강점에 근거 하기
- 현재와 미래지향적인 사고 하기
- 학생 스스로 자신의 목표를 설정하게 하기

- 학생 스스로 자신의 진전을 측정할 수 있도록 하기
- 학생의 성공을 강화하고 진전을 확대할 수 있도록 하기

가자고등학교의 한 교사가 다음에서 말하듯, 해결중심 기법을 관계 형성에 적용하는 것은 교사에게 자신감을 부여한다.

> 저는 해결중심 대안학교의 백인 여성 교사입니다. 우리 학교에는 많은 학생이 있는데 저는 그중 부당한 대우를 받았던 학생들, 특히 흑인 남학생들과 라포를 형성하는 데 많은 어려움이 있었습니다. 우리 학교의 흑인 남학생들은 백인 학생들보다 쉽게 졸업하지 못했습니다. 저는 흑인 학생들이 필요로 하는 것이 무엇인지 잘 몰랐습니다. 강점에 기반한 접근과 해결중심의 기법을 알게 된 후, 흑인 남학생들을 더 잘 도울 수 있게 되었습니다. 전에는 학생들에게 어떤 기대를 가지고 이들을 위해 목표를 설정했습니다. 이제 저는 학생 자신이 스스로를 위해 목표를 설정해야 한다는 것을 압니다. 자신을 정의하는 것은 학생이고, 따라서 교육에서 무엇을 원하는지 결정하는 주체도 제가 아닌 학생 자신이 되어야 하기 때문입니다.

학생과의 관계 형성을 돕는 해결중심 기법

학생중심적이 되는 법

가자고등학교의 교사가 한 말에서 우리는 해결중심 접근법을 통해 라포를 형성하는 기법을 배울 수 있다는 것을 알 수 있다. 해결

중심적 학교에서 관계는 '학생중심적'이며, 이는 관계가 학생의 욕구에 초점을 맞추어 형성된다는 것이다. 이론적으로는 간단하고 쉬워 보이지만, 이를 실생활에 적용하는 데는 많은 노력이 필요하다. 예를 들어, 학생중심의 관계를 형성하기 위해서는 인내심과 일관성이 요구된다.

학생과 관계를 형성할 때 이 관계가 결국 학생에 대한 것임을 잊지 않는 것이 중요하다. 라포 형성에 오랜 시간이 걸릴 때 교사는 좌절하며 거부당했다고 느끼기 쉽다. 경험이 많은 교사와 교직원들조차도 관계 형성이 어려운 학생들 때문에 상처를 받고, 이들에게 유감을 갖는 경우가 있다. 하지만 이는 자연스러운 일이다. 그러나 여기서 중요한 것은 이러한 감정을 인식해 내고 이를 분리하는 것이다. 이 과정은 두 가지 단계로 이루어진다. 첫째, 균형감을 찾고, 둘째, 스스로를 돌보는 것이다. 거부당했다거나 상처받았다는 느낌이 들 때 해결중심적 사고를 하는 교사들은 이러한 두 단계가 자신에게 큰 도움이 되었다고 말한다. 한 교사는 다음과 같이 말했다.

15년간 학생들을 가르쳐 왔지만, 아직도 관계 형성에 어려움이 있는 학생에게 상처를 받기도 합니다. 학생들이 저를 무시하면 당연히 상처를 받죠. 제가 교사가 된 이유는 학생들을 돌보기 위해서였고, 따라서 저는 이런 감정에 취약합니다. 그러나 저는 전문가이며, 성인입니다. 그렇지만 학생들은 상실과 트라우마를 겪은 청소년이지요. 이들에게 애착이라는 것은 어려운 개념이고, 저는 이들이 왜 이렇게 행동하는지 자각해야 합니다. 그래서 저는 학생들이 저를 찾아오기를 기다리기보다 학생들이 있는 곳에서 그들을 만납니다. 또 업무 외에 제 자신을 돌보는 데도 신경 씁니다. 그것은 학교에서 가르쳐 주는 것이 아니지만 제게 필요한 부분입니다. 제 자신을 돌볼 때 업무의 질이 더 좋아지고, 또 어려움이 있을 때 균형감을 찾기도 쉬워집니다.

"학생들이 있는 곳에서 그들을 만납니다." 이 말은 학생중심 접근의 핵심 개념이다. 내가 원하는 방식으로 관계가 맺어지지 않는다고 학생에게 화를 낼 것이 아니라, 한 걸음 물러서서 자신의 역할을 돌아보는 것이다. 예를 들어, 교사는 학생이 복도에서 자신과 대화를 하거나, 수업이 시작되기 전에 자신을 찾아오는 것을 선호할 수 있다. 그러나 모든 학생이 이러한 방식으로 관계를 형성할 수 있는 것은 아니다. 만약 학생에게 집안의 사정이 좋지 않거나 다른 문제가 생긴다면, 관계 형성 자체가 어려운 일일 수 있다. 이 때문에 학생이 수업에서 교사에게 거의 말을 하지 않는다면, 그것도 괜찮다! 희망적인 것은 그래도 학생이 수업에 온다는 것이다. 학생이 있는 곳에서 그들을 만난다는 것은 인내심을 가지고 일관성 있게 학생들을 대하는 것을 의미하며, 그들이 지금 할 수 있는 것이 무엇인지 인식하고 이를 받아들인다는 것이다.

변화에 대한 대화를 하려면 학생과 교사 사이에 견고한 관계 형성이 선행되어야 한다. 교사와 학생이 여러 차례 긍정적인 상호작용을 하게 되면, 이는 신뢰의 기반이 된다. 이 신뢰는 변화와 목표에 대한 대화에 필요한 라포 형성에 도움이 된다. 해결중심 대안학교의 학생 중 대부분은 성인과 라포를 형성하고 건강한 애착 관계를 만드는 데 어려움을 느낀다. 적절하고 건강하고 의미 있는 관계를 형성하는 것은 태어날 때부터 선험적으로 알고 있는 지식이 아니다. 오히려 학습되어야 할 기술 중 하나라고 생각하는 것이 맞을 것이다. 건강한 가정에서 보호자의 돌봄을 받고 자란 학생들은 집에서 이를 배울 수 있다. 가정에서 배운 것을 학교에서 적용함으로써 자신의 기술과 강점을 확장할 수 있다.

그러나 대안학교 학생들의 경우, 라포 형성의 기술을 집에서 배운 적도 거의 없을 뿐만 아니라 학교에서 이를 적용할 기회도 많지 않았을 것이다. 만약 이런 것을 배웠다고 해도 트라우마, 정신질환, 약물 남용 때문에 그 본질이 흐려졌을 가능성이 있다. 해결중심 학교라는 환경은 이러한 청소년이 성인 혹은 교사와 긍정적인 상호작용을 처음으로 경험하는 곳이다. 따라서 교사를 비롯한 교직원이 학생의 경험을 이해하고, 이를 고려하여 반응하는 것이 중요하다. 목표와 변화에 관한 대화를 나누기 위해 학생은 자신에게 도움이 필요한 부분이 있다는 것을 인정해야 하며, 때문에 우리는 그들이 있는 바로 그곳에서 그들을 만날 수 있어야 한다.

가자고등학교의 한 교사는 이러한 원칙을 자신의 교실에서 어떻게 적용했는지에 대해 다음과 같이 말했다.

아주 조용하고 내성적인 학생이 있었습니다. 항상 고개를 숙이고 있었죠. 교실을 돌아다니다가 그 학생의 어깨를 가볍게 두드리면 고개를 들고 다시 공부를 하기 시작했습니다. 하루는 제가 어깨를 두드려도 학생이 고개를 들지 않았습니다. 왜 그러는지 물었는데 공부할 의욕을 잃었다고 답하더군요. 그래서 무슨 일이 있었냐고 물었습니다. 돌아오는 답은 점심시간 학교 밖 외출금지(lunch detention)를 받았기 때문이라고 했습니다. 여

기서 학생의 '진짜' [강조] 문제는 밖에 나가 신선한 공기를 마시
지 못한다는 것이었습니다. 아직 3학년이 아니라서 점심시간에
학교 밖을 나갈 수 없지만 신선한 공기를 마시고 싶었기 때문이
죠. 학생은 계속 다른 문제에 대한 자신의 불만을 말했고, 저는
그의 얘기를 들어주었습니다. 이후 그는 나머지 시간에 공부에
조금 더 집중할 수 있었습니다. 저는 그 학생과 관계를 형성하
기 시작했다는 점이 매우 다행스러웠습니다. 그 덕분에 학생이
제게 문제에 대해 얘기할 수 있었고, 잠깐이지만 남는 시간에
공부에 집중할 수 있었기 때문입니다.

강점에 기반하는 방법

해결중심적 관계를 형성하는 데 또 다른 중요한 요소는 학생의
강점에 기반하는 것이다. 이는 학생이 가지고 있는 긍정적인 특성
을 적극적으로 찾아내는 것을 의미한다. 수업에는 출석해도 교사
와 대화를 하지 않는 학생에 대한 부정적인 관점의 예는 이런 것이
다. "어휴, 이 학생은 수업에 전혀 참여하지 않고 항상 지루해 보
여!" 이와 반대로 강점에 기반을 둔 관점은 이런 것이다. "우와! 이
학생은 단 한 번도 수업을 빠지지 않았어. 항상 숙제를 해 오고 또
절대 늦지도 않는구나." 간단해 보이지만, 이 학생이 수업에 전혀
출석하지 않는다면 상황이 얼마나 더 어려울지 생각해 볼 수 있다.
　강점에 기반한 접근은 교사와 학생이 진실한 관계를 형성하는
것, 그리고 학생의 발전을 위해 훈육적 모델을 적용하지 않는 것을
말한다. 이것이 바로 학생들이 생각하는 해결중심 대안학교의 장
점이다. "선생님들이 제 강점과 긍정적인 특징을 더 많이 인정해

주시는 것 같아요."라고 가자고등학교의 한 학생은 말했다.

> 선생님들은 수학을 공부해야 한다고 겁을 주지 않아요. 무언
> 가를 이해하지 못한다고 해서 바보 같다는 생각이 들지도 않고
> 요. 여기서는 제가 존중받는다는 느낌이 들기 때문에 이곳에서
> 는 무언가를 배울 수 있어요. 무엇을 할 수 없다고 실패한다는
> 생각은 전혀 들지 않아요.

이 학생이 말했듯이, 강점기반의 접근은 수치심을 갖게 하지 않
는다. 실수해도 괜찮다는 인식을 심어 주는 것이다. 대부분의 학생
들은 몇 보 앞으로 전진하고 다시 일 보 후퇴한다. 한동안 제자리
에 머무르는 학생도 있다. 관계 형성에서 강점기반의 접근은 눈에
보이지 않더라도 학생이 성장하고 있다고 교사가 진심으로 믿는
것에 의지한다.

학생의 언어를 사용하기

학생과 긍정적인 관계를 형성할 때는 그들의 언어를 사용하는
것이 중요하다. 유행하는 속어나 대중문화를 언급하라는 것이 아
니라 학생의 성장을 이끄는 언어를 사용하라는 것이다. 1장에서
척도질문에 관한 부분이 있었다. 척도질문은 학생이 얼마큼 성장
하고 있다고 느끼는지 측정하기 위해 사용할 수 있는 질문이다. 예
를 들어, 0부터 10까지의 척도에서 학생은 과학 과목에서 점수를
얻는 것이라는 목표가 8이라고 말할 수 있다. 학생에게 8이란 '고
등학교 과학 과목을 통과하기까지 두 개의 과제만 완료하면 됨'을

의미할 수도 있고, 반면 '과학 과목에서 첫 프로젝트를 끝냄'을 의미할 수도 있다. 이 때문에 척도질문은 학생을 지지하고 학생이 목표를 성취할 수 있도록 돕는 역할을 한다.

만약 학생이 과학 과목에 대한 목표가 전체 10 중에서 7이라고 말한다면, 이는 자신이 지금까지 한 일에 대해 자랑스럽게 여긴다는 뜻이다. 이는 학생의 성장을 축하하고 자기 자신을 자랑스럽게 여기는 정서를 더욱 강조할 수 있는 기회다. 여기서 교사는 "7점이라고 말하니 정말 기쁘구나. 열심히 공부했고 최근 진도를 많이 나갔어."라고 말해 줄 수 있다. 반대로 학생이 3점이라고 한다면 이는 자신의 진전에 만족하지 못한다는 의미일 수 있다. 이는 교사가 "3에서 4로 가려면 무엇이 필요할 것 같니?" 또는 "어떻게 2가 아니라 3이라고 생각했니?"와 같은 질문을 할 기회이다. 학생이 이 질문에 답하고 자신이 발전한다고 느낄 수 있도록 필요한 것을 설명할 때 교사는 학생이 자신의 목표를 설명하기 위해 사용하는 언어에 집중해야 한다.

학생들은 자신에 관해 이야기를 할 때 다양한 언어를 사용한다. 이는 학생의 배경 그리고 자아와 밀접히 연관된다. 이것이 해결중심 기법이 다양한 학생에게 적용 가능한 이유이다. 1~10의 척도는 진전 상태를 측정하기 위한 숫자 척도로서 학생이 의미를 부여하기 전에 정해진 의미는 없다. 학생의 진전 상태나 미래에 대한 정의는 교사가 아니라 학생이 내리는 것이다. 따라서 학생이 희망이나 꿈에 관해 설명할 때 사용하는 언어는 매우 중요하며, 이는 미래의 목표에 관한 대화를 시작할 수 있는 좋은 기회이다.

해결중심 대안학교에서 교사는 학생과 매주 만나 목표를 정의하고 진전 상태를 점검한다. 그렇다고 학생들이 항상 학업 목표에 관한 대화를 나누고 싶어 하는 것은 아니다. 따라서 교사는 학생이 사용하는 언어를 통해 학생의 흥미를 끌려고 노력한다. 다음은 이러한 대화의 예시이다.

교사: 이번 주에는 네가 4주 전, 학기가 시작될 때 10점이었다고 생각했다는 점을 상기시켜주고 싶구나. 너는 네가 검정고시를 통해서는 고등학교 과정을 마치지 못할 것이이라는 이유를 말했어. 또 너는 같은 또래의 아이들과 같이 졸업을 하고 싶다고 말했다.

학생: 제가 정말 그렇게 말했어요?

교사: 그렇단다. 첫 주에 네가 작성한 목표 학습지를 볼래?

학생: 네.

교사: 여기 있단다!

학생: 우와…. 저는 그때 수업을 빨리 시작하고 싶었어요. 이제 전 과학 학점을 얻길 원하고요.

교사: 이걸 보니 무슨 생각이 드니?

학생: 제가 왜 여기 있는지 다시 한번 생각하게 만드는 것 같아요.

교사: 그럴 것 같구나. 과거 네가 어디에 있었는지 확인했으니, 지금 네가 어디에 있는지 살펴보자. 어때?

학생: 좋아요.

여기서 교사는 해결중심 대안학교의 첫 주에 학생이 설정한 목표를 통해 학생이 대화에 흥미를 갖고 참여할 수 있도록 했다. 이 대화에서 교사는 학생에게 대화의 중요성에 대해 역설할 필요가 없었으며, 학생이 목표에 대해 말하도록 겁도 주지 않았다. 학생중심적인 태도와 학생이 사용한 언어에 대한 관심을 통해 학생이 대화에 흥미를 느끼도록 한 것이다.

경청과 의미의 공동구성

학생의 변화에 있어서 교직원의 역할은 학생의 이야기를 듣고 그 대화에서 학생과 함께 의미를 구성하는 것이다. 주의를 기울여 경청하고, 변화와 관련된 중심단어와 강점에 기반한 중심단어를 반복하는 과정은 1장에서 이미 논의했다. 1장에서 언급했던 해결중심 기법은 경청, 선택, 구축이었다. 더 간단히 말하면, 이는 학생의 얘기를 들을 때 강점과 해결책에 초점을 맞추고 질문함으로써 학생이 말하는 것에 흥미를 보이고, 학생의 진전과 변화를 선택하여 확대하는 것을 말한다. 대화에 있어서 함께 의미를 구성하는 것이 어떻게 라포를 형성하고 의미 있는 변화로 이어지는지 보여 주는 또 하나의 예시가 도움이 될 것이다. 예를 들어, 반복적으로 지각하는 학생과 교사의 대화를 살펴보자.

> 학생: 학교에 지각하지 않으려고 더 열심히 노력했지만 제가 늦게까지 일을 해야 해서 학교에 제시간에 오는 게 불가능해요. 저는 타코 벨(Taco Bell)에서 일하는데 대부분은 제가 마감을 해야 해서 새벽 2시 전에 일이 끝나지 않아요. 그래서 제가 1교시를 빠지는 거예요. 그렇게 일찍 오기에는 너무 피곤하거든요. 그렇다고 일을 그만둘 수는 없어요. 공과금 등의 세금을 내야 하

거든요. 경제적으로 저를 도와줄 사람도 없고, 저는 잠을 충분히 자지 못해요. 너무 피곤해서 일어나지 못하는 거예요.

교사: 마감을 하고 잠을 잘 시간이 없다니 정말 힘들겠구나. 그렇게 피곤하면 1교시에 오는 게 당연히 힘들지. 아까 학교에 제시간에 오도록 더 열심히 노력하겠다고 말했지?

여기서 교사는 학생이 무슨 말을 하는지 주의 깊게 듣고, 학생의 입장을 이해하는 모습을 보여 주었다. 또 바람직한 변화, 즉 학교에 제시간에 오도록 노력하겠다고 말한 구절을 의도적으로 '선택'해서 반복했다.

학생: 네. 사실 오늘 아침에는 알람을 두 개나 맞췄어요. 그래서 1교시를 빠지는 대신 늦게라도 올 수 있었죠.

교사: 맞아, 네가 오늘 학교에 평소보다 일찍 온 걸 나도 보았다. 너도 학교에 제시간에 오고 싶어 하는 것 같이 들리는구나.

학생: 네, 맞아요. 제시간에 오고 싶어요. 졸업하려면 이 수업을 들어야 하거든요.

교사: 그러면 학교에 제시간에 오는 것이 네게도 중요한 일이구나. 졸업을 하고 싶으니까!

학생: 네. 그저 제가 너무 피곤할 뿐이에요.

교사: 당연하지. 너는 피곤하지만 그래도 열심히 노력할 의지가 있는 것처럼 보이는구나. 오늘도 학교에 평소보다 일찍 왔잖니. 이전에 1교시에 맞춰서 학교에 왔던 것을 기억한단다. 그런 날에는 제시간에 학교에 오기 위해 어떻게 했니?

이 대화에서 교사와 학생은 학교에 제시간에 오는 바람직한 변화를 기반으로 1교시의 수업을 듣고 졸업을 하겠다는 목표를 '구축'한다. 이후 교사는 해결'구축'을 목표로 하는 예외질문을 통해 대화를 이어 나갔다.

여기서 알 수 있듯이 학생과의 대화와 경청을 통해 교사는 문제에 대한 학생의 입장을 이해할 수 있으며, 학생과 함께 실현 가능한 해결책을 찾을 수 있다. 흔히 하는 실수 중 하나는 학생이 어떻게 배우는지, 또 학생의 문제가 무엇인지 넘겨짚는 것이다. 그러나 학생과 교사 모두 학생의 목표에 관한 비전을 이해하지 않고 해결책을 찾을 수 없다. 학생에게 원하는 것이 무엇인지 확실하게 질문하는 것은 이들이 자신의 목표를 정의하고, 이를 자신의 언어로 표현할 수 있는 기회를 제공한다. 이렇게 자기 자신에 대해 말할 기회는 평소의 대화에서는 흔치 않으며, 따라서 학생과의 라포 형성을 위해 반드시 필요한 요소라 할 수 있다.

또 다른 예시에서 가자고등학교의 교사는 경청과 함께 구축하기를 어떻게 변화를 위한 도구로 활용했는지에 대해 설명했다.

감정 폭발로 거의 매일 일상적으로 학업에 지장을 주는 학생을 맡은 적이 있었습니다. 화를 내거나 울고, 수업에서 일찍 빠져나가는 일이 한동안 자주 반복됐죠. 다른 선택이 없다고 생각될 때, 저는 주로 그녀의 옆에 앉아 울거나 화를 내는 것을 멈출 때까지 이야기를 들어줬어요. 분명 효과는 있었지만, 이게 제 역할이라고 생각하지는 않았죠. 저는 상담사가 아니잖아요. 저는 학업에 초점을 맞춰야 해요. 그래서 이 대화의 방향을 어떻게 학업에 관한 것으로 전환할 수 있을까에 대한 고민을 계속했습니다. 연구를 거듭한 끝에 '수정된' 형태의 예외질문을 통해 이 문제가 완화될 수 있을 것이라고 생각했어요. 바로 "네 감정에 대해 마지막으로 글을 써 본 것이 언제니?"라는 질문이었습니다. 좀 더 말하자면 이 학생은 항상 작문을 좋아했습니다. 제가 본 학생 중 아마 작문을 제일 좋아하는 학생이었을 겁니다. 만약 영감이 떠오르지 않거나 글이 막혔을 때, 작은 힌트만 주면 다시 키보드에 불이 나도록 타자를 쳤죠. 그래서 학생이 화가 나 있지만 제게 그 학생에게 [필요한] 관심과 정서적 지지를 제공할 시간이 부족할 때, 학생에게 자신의 감정에 대한 글을 써 보라고 말했습니다. 학생은 고개를 끄덕이고 곧바로 글을 쓰기 시작했습니다. 학업에 직접 연관된 글은 아니었습니다만, 학생이 분출하는 에너지의 방향을 학업적인 것으로 돌리는 데 도움을 주었던 것 같습니다.

이 예시에서 교사는 감정을 표현하고 싶어 하는 학생의 욕구와 작문에 대한 흥미를 조화롭게 결합했다. 시간이 없을 때 학생 옆에 앉아 이야기를 나누는 대신 학생의 강점을 해결의 구축에 이용했다. 이 해결책은 학생의 이야기를 경청하는 데서 기인한 것이다. 학생의 이야기를 경청하고 교실에서 학생의 감정을 더 잘 관리할 수 있는 활동을 함께 만들었다.

비선형적 변화과정

변화의 과정은 일직선이 아니며, 항상 매끄러운 것도 아니다. 이러한 변화의 비선형적(nonlinear) 과정은 학생과 교사 모두를 좌절하게 만들 수 있다. 교사가 학생의 성공에 기뻐하고, 기대에 미치지 못하는 결과를 얻으면 실망하는 것은 당연하다. 이렇듯 어려운 시기에 교사는 자신이 받은 전문적 훈련에 의지하고 업무 외의 삶에서 자기 자신을 돌봐야 한다. 예를 들어, 가자고등학교의 한 교사는 학생과 어려운 시기를 겪었을 때 칭찬과 감정적 지지를 통해 이 관계를 다시 정립할 수 있었다고 말했다.

> 저는 학생들에게 가능한 한 긍정적인 피드백을 주려고 노력했습니다. 이는 생각만큼 쉬운 일은 아닙니다. 긍정적인 행동에 긍정적인 피드백을 주는 것은 쉬울 수 있으나, 학생이 하는 모든 행동이 긍정적인 것은 아니기 때문입니다. 이는 예상치 못한 흥미로운 도전이었다고 생각합니다. 이를 통해 깨달은 것은 대부분의 경우 우리 학생들의 행동은 긍정적이라는 것입니다.

학생이 진전에 흥미를 느끼지 않거나, 그 필요성을 느끼지 못하는 것처럼 보이는 시기가 있을 수도 있다. 이때 꼭 필요한 것은 인내심과 강점기반의 접근이다. 학생이 수업에 출석은 하나 과제를 제출하지 않는다면, 수업에 출석한다는 사실에 집중하는 것이 중요하다. 결석을 하려는 학생은 무슨 수를 써서라도 결석을 할 것이기 때문이다. 그러나 학생이 수업에 출석한다면 이는 그 수업에 오는 것과 등교에서 무언가를 얻어 간다는 의미이다. 이런 경우 학생이 수업에서 무엇을 얻는지에 대해 탐색하고, 이를 확대하는 것이 중요하다.

관계 형성에 관한 사례

제이슨(Jason)은 심란한 얼굴로 교실에 들어왔다. 정신이 딴 데 팔려 있었고, 시무룩했으며, 공부에 집중할 기분이 아닌 게 확실했다. 대부분의 경우 교사는 바로 그를 집중하도록 했겠지만, 초프라(Mr. Chopra) 교사는 제이슨이 왜 힘들어하는지 들었기 때문에 그렇게 하지 않았다. 대신 다른 방법을 써 보기로 했다.

"제이슨, 오늘 시에 대한 과제를 제출해야 해."라고 초프라 교사는 말했다. "하지만 뭔가에 화가 나 있고, 정신이 쏠려 있는 것 같구나. 다른 학생들에게 먼저 학습 내용을 말해 준 다음 돌아와 너와 얘기를 나눌게."

제이슨은 거의 들리지 않을 정도로 작은 목소리로 동의를 표했다. 10분 정도 지난 후 초프라 교사는 제이슨의 옆에 앉아 그의 상태를 살펴보았다.

바로 과제를 시작하게 하는 대신 초프라 교사는 제이슨에게 그의 감정과 좌절에 대해 얘기할 수 있는 기회를 만들었다.

"지금 수업에 있다는 것이 너에게 어떤 의미니?"라고 그는 물었다.

제이슨이 자신의 감정에 대해서 말하기 시작하자 초프라 교사는 깜짝 놀랐다. 제이슨은 학교 밖에서 무슨 일이 일어났는지, 자신의 불안한 생활 환경과 그가 목격한 가정 폭력 사건까지 모두 설명했다. 그리고 그런 삶에 대한 좌절이 교실에서 느끼는 자신의 좌절감을 어떻게 확대하는지 연결하기 시작했다. 그는 스스로 과제의 문제가 무엇인지 찾아냈고 자신에게 학습 장애나 "그 비슷한 게" 있는지 궁금해하기까지 했다.

초프라 교사는 제이슨이 자신의 목표에 도달하기 위한 일을 하고 싶어 하지 않는다는 것을 깨닫고, 그가 예외를 찾을 수 있도록 질문했다.

"학교에서 좌절하고 있다는 말로 들리는구나."라고 그는 말했다. "학교 과제에 대해서 좋은 기분이 들 때는 언제니?"

제이슨은 자연스럽게 예외질문에 대한 답을 했고, 이를 통해 제이슨 자신에 대한 관점이 표현되었다.

"뭔가를 다 했다고 점검할 때 좋게 느껴져요."라고 제이슨은 말했다. "과제를 끝냈거나 학점을 딴 것처럼요. 그 사이의 시간, 제가 아무것도 성취하지 못했다고 느끼는 그 시간이 제가 우울해지는 시간이에요." 또 그는 이런 어려움을 겪지 않았을 때도 기억해 냈다. "읽는 건 좋아하지만, 읽은 것에 대한 글을 쓰는 건 힘들어요."

이러한 답변은 제이슨의 학업적 공백(gaps)이 어디에 있는지를 보여 주었다. 후에 초프라 교사는 다음과 같이 말했다.

> 글을 쓰는 것을 막는 무언가가 있는 듯합니다. 문법에 대한 이해도가 깊고, 단어 선택도 적절하고, 자신이 무엇을 해야 하는지도 잘 알고 있지만, 단순한 문제에 대한 답을 쓰는 것에도 극도로 불안해하고 화를 냅니다. 제이슨은 수학이나 과학 과제에서는 이런 문제가 없다고 말했습니다. 특히 수학의 경우 맞는 답이 있기에 더 그렇다고 했습니다. 따라야 하는 공식이 있고, 이 공식이 무엇을 해야 할지 말해 주기 때문이라고 했습니다.

갑자기 초프라 교사는 엄청난 흥분을 느꼈다. 그는 지금이 바로 제이슨이 자신에 대해 깨닫게 도울 수 있는 순간이라고 생각했다. 이전에 그는 제이슨에게 무엇을 해도 상관없으니 그냥 '시도해' 보라고 말했다. 그러나 이제 그 '시도해' 보라는 것이 제이슨이 압도된 느낌을 갖도록 했다는 것을 깨달았다. 대체 어디서 시작해야 할지 모르고 있었기 때문이다.

초프라 교사는 제이슨에게 제시할 해결책을 찾기 시작했다. 후에 그는 다음과 같이 말했다. "그의 화를 더욱 돋우는 것은 열린 질문의 과제라고 생각해요. 너무 애매모호할 수 있고, 그의 문제를 해결해 주지 않기 때문이죠. 제이슨이 원하는 것은 안내였어요."

초프라 교사는 제이슨에게 시를 쓰는 공식과 비슷한 지침을 준다면 도움이 될 것 같은지 물었다. 제이슨은 그럴 것 같다며 이를 시도해 보겠다고 했다. 초프라 교사는 그에게 익숙한 학습지를 프린트해 예시를 들어 설명해 주었다. 그 후 제이슨은 곧바로 지침대로 시를 쓰기 시작했다.

수업이 끝날 무렵 제이슨은 아직 시를 끝내지는 못했으나 수업이 끝나기 전 5~10분 동안 지금까지 본 것 중 가장 많은 양의 시를 쓸 수 있었다. 제이슨은 자신도 모르는 사이에 해결책을 제시했고, 이는 초프라 교사에게 제이슨이 '학업적으로' 위치한 바로 그 지점에서 그를 만날 수 있는 기회를 제공했다. 둘 사이의 대화는 여러 측면으로 가치가 있다. 초프라 교사는 자신의 삶을 바라보는 제이슨의 관점, 그의 사고방식과 과제를 비롯한 영어 수업에 대한 좌절과 분노를 이해할 수 있었다. 또 초프라 교사는 제이슨이 해결책을 제시하는 모습뿐만 아니라 문제가 무엇인지에 대해 확실하게 설명하고 자기 자신을 대변하는 모습도 볼 수 있었다.

주요 요점

- 학생-교사의 관계는 변화에 있어서 중요한 요소이다. 이는 학생의 학업, 정서, 성장에 대한 변화를 모두 포함한다.
- 라포 형성은 학습하고 연마할 수 있는 기술이다. 해결중심 기법은 교사가 라포 형성 기술을 습득하도록 돕는다.
- 해결중심의 관계구축 기법은 학생중심이며, 강점에 기반하고, 현재와 미래지향적이며, 학생으로 하여금 자신의 목표를 설정하도록 하고, 자신의 진전을 측정할 수 있도록 하는 것을 포함한다.
- 학생중심이 된다는 것은 학생이 관계에 대한 교사의 기대를 충족시키기를 바라는 대신 학생이 있는 바로 그 위치에서 그들을 만나는 것을 의미한다.
- 강점기반의 접근은 학생의 강점을 적극적으로 찾아내는 것이다.
- 학생이 자신의 목표와 진전을 어떻게 설명하는지 주의 깊게 경청하는 것은 후에 목표에 대한 대화를 시도할 때 좋은 밑거름이 될 수 있다. 척도질문은 학생의 언어를 따를 수 있도록 도움을 준다.
- 학생의 성장은 직선적이지 않다. 성장은 세 걸음 앞으로, 두 걸음 뒤로, 때론 옆으로 한 걸음 걷는 식으로 이루어진다.

요약

학생이 성장하기 위해서는 학생과 교사 간 견고한 관계가 구축되어야 한다. 이 장은 해결중심 대안학교에 중요한 부분이자 연마할 수 있는 기술로서 라포 형성의 중요성을 살펴본다. 해결중심적 관계구축 기법은 다양한 학생에게 적용될 수 있다. 이는 학생에게

도 도움이 되지만, 학생에게 거부당했다고 느끼거나 학생 때문에
스트레스를 받는 교사를 비롯한 교직원에게도 도움이 된다. 또 이
장은 이러한 기법을 적용할 때 학생을 중심으로 진행하고, 강점에
기반한 접근을 해야 한다고 주장한다. 또한 독자에게 성장은 직선
적인 과정이 아니라 전진과 후퇴의 반복이라는 점을 상기시킨다.
따라서 학생과의 관계에서는 인내심과 일관성 있는 태도가 중요하
며, 교직원은 학생의 목표를 위해 끊임없이 노력해야 한다.

참고문헌

DeJong, P., & Berg, I. K. (2012). *Interviewing for solutions.* Belmont, CA:
    Cengage Learning.

Franklin, C., & Hopson, L. (2009). Involuntary clients in public schools:
    Solution-focused interventions. In R. Rooney (Ed.), *Strategies for work
    with involuntary clients* (2nd ed., pp. 322-33). New York, NY: Columbia
    University Press.

Franklin, C., & Montgomery, K. (2014). Does solution-focused brief therapy
    work? In J. S. Kim, *Solution-focused brief therapy: A multicultural
    approach* (pp. 32-4). Thousand Oaks, CA: Sage Publications.

Ryde, J. (2009). *Being white in the helping professions: Developing effective
    intercultural awareness.* London, UK: Jessica Kingsley Publishers.

4장

성공을 위한 목표설정, 긍정적 기대와 정서

사례

시작하기

목표설정

성공에 대한 긍정적 기대와 정서

해결중심 대화의 활용 사례

요약

사례

마르티네즈(Ms. Martinez)[1] 교사는 가자고등학교에서 일하기 전
지역 교육청 산하 여러 공립학교에서 일한 경험이 있다. 가자고등
학교의 교사가 되기 전 마르티네즈 교사는 가르치는 일을 좋아했
지만 몇몇 학생과의 수업은 그렇지 않았다. 학생들이 학교 밖에서
겪는 문제에 대해서 자신이 도움을 줄 수 있는 준비가 되어 있지
않다고 느꼈기 때문이다. 그녀는 항상 스스로에게 "집이 없는 학생
이나 위탁 가정에서 생활하는 아이들을 어떻게 도울 수 있지? 내가
바꾸거나 통제할 수 없는 부분이 이렇게 많은데 어떻게 학생들을
수업에 집중하게 할 수 있을까?"와 같은 회의적인 질문을 했다. 이
때 가자고등학교에서 해결중심 접근을 실천한다는 이야기를 들었
고, 이를 통해 학생들에게 더 많은 도움이 될 수 있다는 생각에 이
학교의 교사가 되기로 결정했다. 학생들과 함께 해결을 구축할 수
있다는 생각이 그녀에게 새로운 목표와 희망이 되었다.

마르티네즈 교사가 인터뷰를 위해 가자고등학교를 방문했을 때,
그녀는 벽을 가득 채운 학생들의 예술 작품, 펑크스타일이나 특이
한 옷을 입고 있는 학생들, 그리고 편안하고 기쁘게 웃으며 복도를
오가는 교사들을 보았다. 이는 엄격한 복장 규정을 강요하고, 교사

---

1) 이 장에서 제시된 예시는 대안학교에 다니는 학생들과 진행한 연구 인터뷰, 그리고
이 학생들을 가르친 교사들의 경험에서 발췌한 것이다. 인터뷰를 진행한 학생의 개인
정보를 보호하기 위해 이름을 비롯한 몇 가지 정보는 수정되었다. 몇몇 인터뷰는 오
스틴 소재 텍사스대학교의 호그 정신건강재단(Hogg Foundation for Mental Health)
의 도움을 받아 진행되었음을 밝힌다.

들의 얼굴에는 스트레스가 가득했으며, 복도가 텅 비어 있었던 이전 학교와는 큰 차이가 있는 모습이었다. 가자고등학교에서 학생들을 가르치기 시작하자 그녀는 교사들이 학생들과의 대화에 얼마나 다른 방식으로 접근하는지 알 수 있었다. 또한 교사, 부모, 상담사 그리고 관리자가 서로 협력하고 소통하는 것을 볼 수 있었다. 이들은 대화를 나누고 서로를 인정했으며, 대부분 차분하고 친근한 태도를 보였다. 매일의 목표와 발전을 위한 작은 단계, 그리고 각 학생이 어떻게 즉각적으로 진전을 보였는지에 대해 말했다.

이는 마르티네즈 교사가 전 직장에서 나눴던 대화와 매우 달랐다. 그녀는 수학 교사들 외에 다른 교직원과 거의 대화를 나누지 않았고, 그나마도 대부분 비관적이며 빈정대는 투였다. 비록 그녀는 이전 학교에서보다 가자고등학교의 학생들과의 상호작용이 더 힘들다고 느꼈지만, 학생 개개인의 목표를 돕는 법, 차분함을 유지하고 희망을 잃지 않는 법, 긍정적인 기대감을 형성하고 이를 통해 변화를 유도하는 방식으로 대화하는 법 등에 대해서 배울 수 있었다. 마르티네즈 교사는 압도된 것과는 다른 느낌을 갖게 되었다고 하였다.

이제 집중하고 있다는 기분이 들어요. 학생들이 졸업이라는 목표를 성취하도록 어떻게 도울 수 있을지 알게 되었죠. 학생들과 어떻게 대화하고 어떻게 도와야 하는지에 대해서도 알게 되었어요. 전에는 걱정을 많이 했지만 그것이 학생들에게 전혀 영향을 미치진 못했어요. 지금은 제가 하는 걱정의 수준과 영향력의 수준이 거의 비슷해졌어요. 이제 저는 학생이 목표를 세우고, 저를 존중하며 대화하고 성공하도록 도와줄 수가 있어요!

시작하기

목표의 설정, 성공에 대한 긍정적인 기대, 그리고 희망과 같은 긍정적인 정서를 유지하는 것은 해결중심치료의 변화 과정에 매우 중요한 요소이다(Kim & Franklin, 2015; Reiter, 2010). 목표에 관한 이야기는 학생이 스스로 원하는 것이 무엇인지, 또 이를 성취하기 위해서 무엇을 해야 하는지에 대해 생각하도록 한다. 나아갈 방향을 상상하는 것은 더 나은 미래를 위한 행동이 무엇인지 확실하게 하고, 이를 실천할 수 있도록 돕는다. 희망으로 가득한 대화는 긍정적인 정서로 이어지고, 이는 무엇이 가능한지에 대한 관점을 바꿀 수 있다. 긍정적 정서는 집중력, 창의력 그리고 문제해결 능력을 향상시키고, 사람들이 새로운 경험을 쉽게 받아들이고 도전하도록 한다. 반면, 부정적 정서는 문제해결 능력을 저하시키며, 회피 혹은 방어적으로 반응하게 한다(Fitzpatrick & Stalikas, 2008; Garland et al., 2010). 많은 연구에서 성공에 대한 기대가 학업적 성취로 이어질 수 있음을 밝혔다(Pekrun, 2016). 또 긍정적 기대는 학습이 쉽게 느껴지도록 하며, 학생에 대한 교사의 관점에도 긍정적 영향을 미친다(Alderman, 2004). 이 장은 목표의 설정과, 성공을 위한 긍정적인 기대감 형성, 그리고 해결중심 대안학교에서 위기 청소년이 긍정적 정서를 갖도록 하는 것의 중요성에 대하여 설명한다. 또 이런 요소들이 어떻게 대안학교의 입학 단계에서부터 전략적으로 만들어지고, 교실 내에서 일상적으로 일어나는 상호작용에서 유지될 수 있는지에 대해서도 논의한다.

목표설정

목표와 미래지향적인 기대는 해결중심 대안학교의 학생, 부모 그리고 교직원 사이에 대화의 물꼬를 트는 역할을 한다. 학생과 그 가족은 학교에서 어떤 일이 일어났으면 좋겠는지에 대해 말하고, 이러한 대화는 개개인의 목표를 설정하고 긍정적인 결과에 대한 기대감을 높인다. 교무 담당자는 예비 학생들과의 개인 면담을 통해 학생뿐만 아니라 가족과도 협력적인 목표설정 과정을 시작한다.

해결중심치료에서 목표설정은 교직원이 학생에게 일방적으로 제공하는 것이 아니라, 학생이 원하는 것을 반영한 것이다. 목표는 작고, 성취 가능하고, 측정할 수 있으며, 학생이 학교에서 일어났으면 하는 일에 대한 구체적인 예를 포함한다. 처음 설정된 목표는 원대하고, 목표보다는 꿈에 가까울 수도 있다. 시간이 지나면서 이런 원대한 목표를 위한 단계는 사려 깊은 대화를 통해 학생이 현실에서 즉각적으로 행동 가능한 단계로 전환된다. 목표를 위한 행동 단계는 "누가 언제, 어디서, 무엇을, 어떻게 하는가?"라는 질문에 대한 답이 될 수 있을 정도로 상세해야 한다. 목표를 위한 단계는 대부분 관계에서 일어나는 일에 대한 것이거나, 학생을 포함한 다른 사람들이 할 수 있는 일에 대한 것이기 때문에, 우리는 이를 '사회적 행동 단계(social action steps)'라고 부른다.

1장에서 소개했던 기적질문은 학생의 목표를 찾고, 이와 동시에 학교에서의 문제가 해결된다면 삶이 어떻게 달라질 수 있을지 세

밀하게 설명하는 데 도움을 줄 수 있는 방법이다. 교사를 비롯한 교직원은 다음과 같이 기적질문을 통해 대화를 시작할 수 있다.

> 좋아, 지금까지 네가 얘기했던 모든 학업 문제가 [학생이 말한 그대로 문제를 서술한다] 오늘 밤 네가 자는 동안 모두 사라졌다고 상상해 보자. 하지만 너는 자고 있었기 때문에 문제가 사라졌다는 것을 몰라. 아침에 일어나 뭔가 달라졌다고 느낀다면 그것은 무엇일 것 같니?

이러한 방식으로 학생과 대화하는 것에는 인내심이 필요하지만, 이런 질문은 학생이 원하는 변화와 그것이 이루어지면 무엇이 달라질지 상상하고 설명할 수 있도록 한다. 예를 들어, 정시에 등교하는 것을 힘들어했던 한 학생은 다음과 같이 말했다. "제시간에 침대에서 일어나 학교에 지각하지 않을 거예요." 이게 바로 학생이 해야 하는 일이었던 것이다. 그 후 교사는 그러한 일이 어떻게 성취될 수 있을까에 대한 연결질문을 한다. 예를 들어, '누군가 학생이 일어나는 것을 도와주는가? 이런 기적 중 이미 일어나고 있는 작은 부분이 있을까? 기적이 일어난 후에 또 달라질 것은 무엇인가? 누가 이 변화를 감지할 것인가?'와 같은 것이다.

기적질문에 대한 대답을 생각함으로써 학생은 사회적 행동 단계를 포함한 답변을 하고, 지각하지 않는 것이라는 목표 달성을 위해 필요한 도움에 대해 말할 수도 있다. 또 자신이 지각하지 않았던 과거의 경험을 되살려 설명할 수도 있다. 이는 학생이 이미 가지고 있는 기술과 강점을 강조하는 역할을 한다. 가자고등학교의 한 교사는 자신의 반 학생들을 돕기 위해 기적질문을 어떻게 사용했는지에 대해 다음과 같은 예를 들었다.

> 카르멘(Carmen)에게 진전을 방해하는 모든 장애물이 없어
> 진 이상적인 상황이 무엇일지에 대해 물었습니다. 그는 자신의
> 스케줄이 지금과는 다를 것이며, 보고 쓰는 데 도움을 줄 수 있
> 는 안경이 있을 것이라고 말했죠. 그 대화 이후 카르멘은 스케
> 줄을 바꿨고, 안경을 썼습니다.

척도질문은 학생의 경험을 하나의 척도, 주로 0~10이나 1~10이
라는 척도에 표시하도록 하는 질문이다. 이는 목표의 설정에도 사
용될 수 있는데, 학생이 문제의 중요성을 확인하고 목표를 위해 어
떻게 나아갈 수 있을지 생각하게 하기 때문이다. 예를 들어, 척도
를 사용할 때 첫 번째 단계는 학생이 겪고 있는 문제를 학생이 선
택한 단어로 설명하고, 이를 척도에 표시하도록 하는 것이다. 예를
들어, 10은 문제가 해결된 상황이고 1은 최악의 상황을 의미한다.
학생이 자신의 문제가 척도 위에 어디에 위치하는지 말한 후에(예:
4) 학생에게 다음 단계(예: 5)로 나아가기 위해 무엇이 필요한지 묻
는다. 이는 목표를 위한 단계를 시각화하며, 해결구축 대화의 출발
점이 된다. 기적질문이 이 척도에 통합되어 활용될 수도 있다. 기
적질문을 먼저 묻고, 척도질문을 덧붙이는 방식이다. 척도가 확실
해진 다음, "네가 말한 기적의 일부분이 이미 일어나고 있다고 생
각해 보자. 그러면 다음 단계로 올라가기 위해 무엇을 해야 할 것
같니?"와 같은 질문을 이어서 하는 것이다. 다음은 가자고등학교
의 한 교사가 반의 두 학생에게 척도질문을 어떻게 사용했는지에
대한 예이다.

테레사(Teresa)와 올리비아(Olivia)에게 공통된 목표였던 집중력을 향상시키고 생산성을 높이는 것에 대해 어느 정도 성취했는지 물었습니다. 그러자 둘 다 일주일 만에 1에서 10으로 엄청난 진전을 보였다고 말하더군요. 시작할 때 목표를 적고 척도를 통해 시각화하는 것은 학생들로 하여금 자신이 얼마나 발전했는지 볼 수 있도록 도움을 주었습니다. 또 그것을 시작으로 학생들이 다른 전략을 사용해 자신이 세운 계획을 따르려고 노력하는 모습도 볼 수 있었습니다.

목표는 학생 개인에 관한 것으로, 스스로 정한 것이어야 하며, 교직원과의 협력하에 설정되어야 한다. 다음의 예시는 한 교사가 과거 가자고등학교에서 경험한 사례를 설명한 것이다. 이 예시는 목표를 세워야 한다는 말을 들었지만 다른 많은 학생과 마찬가지로 교사가 시키는 대로 하는 것에만 익숙해 있는 학생의 경우이다. 여기서 교사는 학생이 목표설정에 대한 대화에 참여할 수 있도록 격려하고 기적질문, 예외질문, 척도질문과 같은 해결중심 질문을 통해 학생 스스로 목표가 자신의 것이라는 느낌을 가질 수 있도록 했다.

교사: 이제 너는 가자의 학생이야. 네가 졸업하는 데 무엇이 필요할 것 같니?

학생: 잘 모르겠어요. 선생님이 그걸 말씀해 주실 줄 알았는데요.

교사: 네 생활기록부를 보기는 했지만 내 생각에 네 삶을 가장 잘 아는 건 너 자신일 것 같구나. 그리고 네가 졸업하는 것을 돕기 위해 학교에서 일어났으면 하는 일에 대해서도 마찬가지고.

학생: 저는 수학을 잘 못해요. 수학에서 낙제했었죠. 그 수업을 어떻

게 들을지 걱정돼요. 항상 수학 때문에 졸업을 못 할 거라고 생각했거든요.

교사: 그렇구나. 그럼 이 학교에서 수학을 통과하고 싶구나. [학생의 목표를 다른 말로 바꾸어 표현]

학생: 네. 이 학교는 학생에게 더 많은 도움을 준다고 들었거든요. [목표와 원하는 것에 대한 상세한 설명]

교사: 맞아. 네가 출석을 잘하고 열심히 공부하는 한 여기서 낙제하는 일은 없을 거야. 네가 있는 곳에서 시작해서 계속 나아지면 되는 거야. 어때?

학생: 좋아요.

교사: 이전에 수학을 조금이라도 더 잘했던 적이 있었니, 아주 조금이라도? [예외질문]

학생: 저는 수학을 싫어해요. 단 한 번도 잘했던 적이 없어요.

교사: 조금 더 생각해 보자. 조금이라도 더 나았던 적이 있을 거야.

긴 침묵.

학생: 좋아요. 중3 때 제가 수학을 통과할 수 있도록 도와주신 선생님이 계셨어요. 전 제가 F를 받을 것이라고 생각했죠. 모든 시험에 낙제했고요. 선생님이 도와주셔서 C를 받을 수 있었어요. 다른 아이들은 모두 이게 쉽다고 생각했죠. 공부 못하는 애들을 위한 특별 수학 교실 같은 거였으니까요. 하지만 제겐 그것도 어려웠어요.

교사: 도움을 받은 후에 통과할 수 있었던 거구나?

학생: 네, 도움을 받아야 했죠.

교사: 나는 네가 도움을 받아서 통과할 수 있었던 게 좋은 경험이라

고 생각해. 왜냐하면 어떤 학생들은 도움을 받아도 통과하지 못하거든. 선생님의 도움을 받고 열심히 공부했겠구나. [칭찬] 내 생각에 네게 필요한 건 수학을 할 수 있다는 자신감인 것 같은데.

학생: 네, 그것도 도움이 될 것 같아요.

교사: 좋아, 그게 목표구나. 수학을 통과하려면 수학을 할 수 있다는 자신감이 필요해.

학생: 맞아요.

교사: 좋아, 그러면 우리 수학을 조금 해 보며 시작할까? 0부터 10 사이의 척도 위에 지금 현재 가자에서 네가 필요한 도움을 받아 수학 과목을 통과할 수 있다는 자신감이 얼마나 있니? [척도 사용]

학생: 잘 모르겠어요. [침묵] 아마 5 정도요.

교사: 좋은 시작이구나. 벌써 반이나 왔네. 그러면 6으로 올라가는 데는 뭐가 필요할 것 같니?

학생: [멍한 눈으로 교사를 바라봄. 침묵] 저는 선생님이 그걸 말씀해 주실 줄 알았어요.

교사: 음, 내가 널 더 잘 알게 된다면 몇 가지 제안을 할 수 있겠지만, 너한테 뭐가 필요한지는 네가 제일 잘 알 것 같구나.

학생: 선생님이 어떻게 하는 건지 예시를 보여 주시면 도움이 됐어요. 때론 문제에 대한 맞는 답을 구해도 제가 어떻게 그 답에 이를 수 있었는지 모를 때가 있거든요.

교사: 내가 네 말을 잘 이해했는지 보자. 선생님이 수학 문제를 어떻게 푸는지 단계 별로 알려줄 때 더 자신감을 가질 수 있다는 거니?

학생: 네, 그게 도움이 돼요.

이 예시에서 볼 수 있듯이 목표설정은 학생과 교사, 혹은 학생과 교직원 사이의 대화에서 일어난다. 목표에는 학생의 일상적인 학업 진전도 포함된다. 해결중심 대안학교인 가자고등학교에서 학업 진전에 대한 책임은 학생과 교사 모두에게 있다. 교직원은 이 과정에서 모든 학생은 졸업을 하겠다는 포부로 시작해 이를 이루기 위해서 개개인에게 무엇이 필요한지 생각할 수 있도록 격려한다. 해결중심 대안학교의 교사는 학생과 교사 사이에서 만들어진 개인적인 스케줄에 따라 업무를 진행한다. 학생의 평균에 기반하여 만들어진 학업 목표를 강요하는 대신 학생에게 자신의 능력에 기반하여 실현 가능한 목표가 무엇인지 묻는다. 교사가 평균점 혹은 기준점을 제공할 수는 있지만 이는 함께 결정을 내리기 위한 기반이지 정해진 규칙이 아니다. 가자고등학교에도 정해진 시간에 목표나 기대를 충족시키지 못한 것의 결과는 당연히 존재한다. 그러나 차이점은 이 목표가 개인에 관한 것이라는 점, 목표 달성에 대한 해결중심 대화, 그리고 그것의 진전에 대한 점검이 계속적으로 이루어진다는 것이다. 교사와 학생 모두 해결중심 대화를 통해 목표를 설정하고, 그 진전을 평가하며, 어떤 것이 효과가 있고 무엇을 다르게 해야 할지에 대해 의논한다. 가자고등학교는 해결중심치료의 목표설정 방법을 수정하여 SMART한 목표 세우기 전략을 적용한다. SMART한 목표를 세우기 위해서 학생과 교사는 **구체적(Specific)이고, 측정 가능하고(Measurable), 성취 가능하며(Attainable), 현실적이고(Realistic), 시간에 민감한(Time sensitive)** 목표를 세워야 한다. SMART한 목표는 학업을 마치기 위해 모든 과목에 적용될 수 있다. 학생과 교사 모두 해결구축을 위한 대화를 진행하며 SMART한 목표 기록지를 작성한다. 가자고등학교에서 사용되는 모든 서식에는 이 목표 양식이 포함되는데, 이는 학생과 교직원이 학습 과정을 마치고 (가급적) 시간에 맞춰 졸업을 하는 데 학생에게 무엇이 필요한지 알 수 있게 해 준다. SMART한 목표는 학생의 최종 목표라기보다는 졸업이라는 목표를 향한 진전을 스스로 측정할 수 있게 해 주는 도구라고 할 수 있다. 교사와 학생 모두 목표가 포함된 서식을 보며 쉽게 잘되고 있는 것이 무엇인지, 더 필요한 것은 무엇인지에 대해 대화할 수 있다. [그림 4-1]은 SMART 목표 기록지의 예시이다.

가자고등학교의 교사들은 학생과의 상호작용이 관계 형성과 목표달성에 꼭 필요한 요소로 여긴다. 앞서 설명했던 SMART한 목표는 이의 기준점으로 작용할 수 있다. 교사는 일상적인 점검에서 척도질문을 함으로써 학생에게 발전을 위한 새로운 단계를 상상할 수 있도록 돕는다. 예를 들어, 교사는 학생에게 "1에서 10 사이의 척도에서 네가 졸업에 얼마나 가까워져 있다고 생각하니? 여기서 10은 내일 당장 졸업할 수 있다는 것을 의미한단다."라고 물어볼 수 있다. 만약 학생이 꾸준히 2라고 답한다면 학생이 희망을 잃었다는 뜻일 수도 있다. 발전 속도가 늦은 학생의 경우에는 행동척도보다 동기 부여 척도를 사용하는 것이 칭찬으로 작용할 수 있다. 교사는 1~10의 척도(1은 "지금 당장 열심히 할 수 있을지 모르겠음"을 의미하고, 10은 "봄에 졸업하기 전까지 역사 과목을 끝내기 위해 무슨 일이라도 할 수 있음"을 의미함)를 주고 "오늘 너는 어디 쯤인 것 같니?"라고 물어볼 수 있다. 이런 척도질문을 통해 교사는 진전과 동기부여에 대한 학생의 관점을 인지할 수 있다. 학생이 스스로 설정한 목표를 달성하면 교사는 그의 성공을 축하해 준다. 〈글상자 4-1〉

학생 이름: 제인 도(Jane Doe)

학생 ID: 1369465

회차:① 2 3 4 5 6 7

교시	과목	교사	진전 상태: 완료 후 각 블록 색칠하기			시작일	코멘트	교사 이니셜
1	영어 3A	리즈	A	B	C	7월 14일		CR
2	수학 모델 A	넌널리	A	B	C	7월 14일		RN
3	미술 II	앤드류스	A	B	C	7월 14일	잘함 ☺	DA
4	물리 PAP	하워드	A	B	C	7월 14일	도움이 필요한지에 대한 질문 필요	KH
5	미국 역사 A	발렌시아	A	B	C	7월 14일	진전 속도가 느려짐	BV

2016-2017 6주 단위 1=8/22-9/30, 2=10/3-11/10, 3=11/11-12/20, 4=1/4-2/14, 5=2/15-4/7, 6=4/10-6/1, 7=6/12-7/27

- - - - - - - - - - -다음은 우자마(Ujamaa) 학생이 완성한 것 - - - - - - - - - - - - - - -

SMART한 목표설정(S-구체적, M-측정 가능, A-성취 가능, R-현실적, T-시간에 민감)

1. 10월 21일(가을 방학이 시작하는 금요일)까지 끝낼 수 있는 과제, 단원 혹은 과목은 무엇인가?
   - 미술 끝내기
   - 미국 역사 A의 'A' 단원 끝내기
   - 하워드 선생님에게 물리반에서 고급 물리반으로 올리는 것에 대해 말하기
2. 11월 18일(추수감사절 방학이 시작하기 전의 금요일)까지 무엇을 성취할 것인가?
   - 스케줄 바꾸기
   - 영어 끝내기(순조롭게 진행되도록 목표 세우기)
   - 수학 모델-C 단원 시작하기
3. 12월 9일(성적 순위, 3학년 진급 등을 위한 마지막 과제 제출일)까지 무엇을 성취할 것인가?

모든 게 순조롭게 진행되기 위해서는 1학기 과목 모두를 12월 전에 끝내야 한다. 발렌시아 선생님과 리즈 선생님은 2주마다 한 번씩 목표 세우기에 심혈을 기울이고 계신다. 때론 집안일로 출석이 힘들지만 학교에서 집중하려고 노력하고 있다.

[그림 4-1] SMART 목표 기록지

은 목표에 관한 해결구축 대화 속에서 교사가 학생과 상호작용하는 방식을 보여 준다.

교사와 학생의 일상적인 상호작용

새라(Sara)는 얼굴을 찌푸린 채 윌리엄(Mr. Williams) 교사의 교실로 들어섰다. 그녀는 어제 입었던 옷을 그대로 입고 있었으며, 눈 밑이 거뭇했다. 빈 의자에 앉은 그녀는 책상에 엎드렸다. 다른 학생들은 책상에 앉아 자신의 공부를 하고 있었다. 윌리엄 교사는 교실을 돌아다니며 학생들의 학업을 확인하고 있었다. 새라의 책상에 다다른 그는 의자를 끌어와 곁에 앉은 후 대화를 시작했다.

윌리엄: 좋은 아침이야, 새라.

새라: 어휴, 오늘은 정말 대화를 하고 싶지 않아요, 윌리엄 선생님. 오늘 아침은 일어나는 것만으로도 힘들었단 말이에요.

윌리엄: 매일 아침 일어나서 하루를 살아가는 일은 쉽지 않지. 그래서 네가 오늘 여기에 있다는 것이 나는 정말 고마워. 매일 학교에 오는 일이 쉽지 않은 일이지만 너는 지난 2주 동안 단 한 번도 결석을 하지 않았잖니. 이건 정말 대단한 일이고, 그걸 너도 알기 바란다.

새라: 저는 항상 슬프고, 이게 더 나아질 것 같지 않아요. 우울증도 나아지지 않고, 학교에서도 별로 발전이 없는 걸요.

윌리엄: 상황이 나아지고 있다고 생각하는 부분은 뭐니?

새라: 엄마와의 관계요. 엄마는 제가 학교에 가는 것을 좋아하시고, 제가 오늘 학교에 온 이유도 엄마를 기쁘게 해 드리기 위해서죠.

윌리엄: 어머니 말씀이 맞아. 학교에 오는 것이 첫 단계지. 지난주에 네가
세운 목표는 매일 학교에 오는 것이었는데 너는 매일 학교에 왔지.
목표를 달성했어!

새라: 정말요?

윌리엄: 그래. 가자에 온 지 얼마 되지도 않았는데 너는 벌써 첫 번째 목표
를 달성했어. 이제 무엇을 할 수 있을 것 같니?

새라: 과제로 받은 책을 시작하는 거요. 그냥 읽는 거라면 할 수 있을 것
같아요.

윌리엄: 얼마나 읽을 수 있을 것 같니?

새라: 반이요. 반은 읽을 수 있을 것 같아요.

윌리엄: 좋아, 그렇게 적어 두마. 너는 앞으로 나가고 있어. 그렇게 느끼지
못할 수도 있지만, 사실이 그렇단다. 나는 네가 매일 학교에 오고
공부하는 것을 보고 있어. 네가 노력하고 있다는 것을 알고 있단다.

새라: 감사합니다. 저 열심히 노력하고 있거든요.

이 대화에서 윌리엄 교사는 칭찬과 예외질문을 통해 목표를 향
해 나아가는 학생의 인식을 강화한다. 새라는 가자고등학교로 전
학 온 지 얼마 되지 않았고, 주요우울장애(major depressive disorder:
MDD)를 진단받았다. 증상 때문에 그녀는 일반 고등학교에 다니는
것을 힘들어했고, 이는 어머니와의 관계에도 부정적인 영향을 주
었다. 새라가 가자고등학교에 다니는 것은 그녀뿐만 아니라 어머
니에게도 안심이 되는 일이었다. 학교에 오는 것과 과제로 받은 책
을 읽는 것이 작은 목표처럼 보일지라도 새라가 졸업을 하기 위해
서 반드시 필요한 단계이다. 이 예시에서 윌리엄 교사는 학생의 수
준에서 그들을 볼 수 있어야 한다는 해결중심치료에서 핵심적으로
여기는 관계적 가치를 적용한 것이다.

성공에 대한 긍정적 기대와 정서

해결중심 대안학교에서 학생에게 성공에 대한 긍정적인 기대와 정서를 높이는 것은 입학 전부터 시작된다. 입학 허가를 받으면서 학생들은 누구나 입학할 수 없고, 어떻게 보면 엘리트적인 공동체의 일원이 될 것이라는 말을 듣게 된다. 이러한 대화를 통해 학생들은 긍정적 관점과 정서를 품기 시작한다. 시작부터, 그리고 의도적인 대화를 통해 관리자, 교사, 상담사와 교직원은 학생의 학업적 성공에 대한 기대를 높이는데, 가자고등학교에 다니기로 한 학생의 결정에 대해 희망과 사명감을 불어넣으며, 그 모든 것이 운명적인 것이었음을 알린다.

이를 성취하기 위한 방법 중 하나는 학교에 오기로 한 학생의 결정을 칭찬하고, 입학했다는 사실에 인상 깊다는 듯이 반응하는 것이다. 예를 들어, 교직원이 "여기 입학했구나! 대단한 걸! 쉽지 않은 일이거든!"이라고 말하는 것이다. 1장에서 언급했듯이, 해결중심치료에서의 칭찬은 단순한 칭찬이나 강점을 언급하는 것과는 다르다. 일반적으로 해결중심치료에서 칭찬은 학생이 자신의 강점과 인식을 바꾸도록 전략적으로 사용된다. 또한 칭찬은 동기와 학업 목표를 이루기 위한 과거 혹은 현재의 노력을 강조하기 위해 사용될 수 있다. 인내심과 대처능력 같은 성격적 특징이 학생에게 어떻게 도움이 되었는지에 대해 말하고자 할 때도 칭찬이 활용될 수 있다. 예를 들어, 교직원은 학교를 소개받고 인터뷰에 오기까지의 노력에 대해 칭찬할 수 있다. 간접적인 칭찬도 가능하다. 예를 들어,

"대기자 명단이 있을 때도 있거든. 인터뷰를 받다니, 정말 대단하다."라고 말하는 것이다. 또 학생에게 "어떻게 여기 오기로 결정했니?" 또는 "네가 이곳에 잘 맞을 것이라는 것을 어떻게 알았니?"와 같은 질문을 던질 수도 있다. 이러한 종류의 대화는 학생이 자신의 강점과 성취에 대해 말하도록 하고, 성공에 대한 학생 자신의 기대를 높인다. 이는 가자고등학교의 상담사가 학생과 나눈 다음의 대화에서도 볼 수 있다.

상담사: 자, 그러면 네가 무엇을 잘하는지 내게 말해 주겠니?

학생: 미술이요. 저는 드로잉을 하거나 물감으로 그리는 것을 좋아해요. 하지만 다른 종류의 미술도 할 수 있어요.

상담사: 그럼 제일 잘하는 종류의 미술은 뭐니?

학생: 드로잉이요.

상담사: 무엇을 그리는 것을 제일 좋아하니?

학생: 설명하기 힘들어요. 추상적인 이미지와 아이디어요. 다양한 색을 사용하는 것과 길거리 예술을 좋아해요. 타투도 좋아하고요.

상담사: 와! 그러면 아이디어를 그리는 것과 바디 아트를 잘하는 거구나?

학생: 그런 것 같아요. 그렇게 되고 싶어요. 대회에서 상을 탄 적도 있거든요.

상담사: 상을 탄 적이 있다니, 그건 몰랐구나. 너는 정말 미술을 잘하는구나! 네 자신을 예술가라고 믿게 해 준 계기가 있니?

학생: 작년에 주에서 열린 대회에서 1등도 했고요, 지역 대회에서도 좋은 평을 들었어요.

상담사: 그런 것들이 네가 미술을 잘한다는 것을 입증해 준 거구나.

학생: (미소 지으며 고개를 끄덕임) 네. 저는 미술을 정말 좋아해요.

상담사: 또 누가 네게 미술을 잘한다고 말했니?

학생: 이전 미술 선생님께서 잘한다고 말씀하셨어요.

상담사: 당연하지! 학생의 재능을 알아보실 수 있는 분이셨구나. 또 누가 있니?

학생: 제가 타투를 해드린 모든 선생님과 친구들이요.

상담사: 그렇구나. 네게 많은 자신감을 주는 일이었겠다. 미술 말고 잘하는 게 또 있니?

학생: 대부분 미술이에요. 저는 미술만 하고 싶어요. 시카고에 있는 미술대학에 정말 가고 싶어요.

상담사: 그곳이 네가 가고 싶은 대학이니?

학생: 네. 정말 멋진 곳이죠.

상담사: 와우! 그건 정말 큰 목표구나. 너는 이미 네가 하고 싶은 것과 잘하는 것을 알고 있는 것처럼 보이는구나.

학생: 네.

상담사: 그러면 뭐가 이 학교가 네게 잘 맞는 곳이라는 생각이 들게 했니?

학생: 학교 여기저기에 있는 예술 작품이 마음에 들었어요. 벽화도요. 그냥 학교의 분위기도 마음에 들었던 것 같아요. 자신의 속도에 맞춰 학습할 수도 있고, 스트레스가 적은 점이요. 여기서는 졸업을 할 수 있을 거라는 생각이 들었어요.

상담사: 너는 학교의 예술적인 느낌과 자기 주도적 교육과정이 좋다고 생각했고, 여기서는 졸업할 수 있을 거라는 믿음을 가진 거구나. 좋아! 여기서 졸업할 수 있을 거라는 것에 얼만큼의 자

신감을 갖고 있니?

학생: 상당히요. 저만의 속도로 공부할 수 있다는 점이 정말 좋아요.

상담사: 졸업하려면 10학점이 필요하구나. 1부터 10 사이에서 네가 미술을 병행하면서 이 학점을 모두 수료할 수 있다는 자신감은 어느 정도니?

학생: 음, 잘 모르겠어요. 아마 7이요.

상담사: 상당히 높은데. 뭐가 네게 그런 자신감을 주었니?

학생: 여기 입학했다는 사실과 이 학교의 방식이요. 학점을 수료할 수 있을 거라는 생각이 들었어요. 그리고 시카고에 가기 위해서는 졸업을 해야 하기도 하고요.

상담사: 학점을 수료할 좋은 동기를 가지고 있구나. 이 학교가 네게 잘 맞는다는 자신감과 여기서 고등학교를 졸업할 수 있다는 생각을 가지고 있다는 사실이 기쁘구나.

이 예시에서 상담사는 학생이 인식한 강점, 간접 칭찬, 척도질문을 통해 학생이 스스로를 칭찬할 수 있도록 했다. 이러한 해결구축의 대화는 학생의 능력, 학교를 졸업하고자 하는 결심 그리고 이에 전념하고자 하는 마음을 인정해 주는 것이다.

성공 이야기 만들기

교직원은 학생이 다른 학생들과 나눌 수 있는 성공의 이야기를 만들 수 있도록 도와야 한다. 교내 커뮤니티 내에서 한 학생에 관한 긍정적인 이야기가 퍼지는 것은 학생과 교직원 모두 긍정적 기대를 가지고 목표와 성공에 집중할 수 있도록 한다. 이러한 종류의 해결구축 대화는 학생의 이야기를 경청하는 것에서 시작된다. 이를 통해 학생의 미래에 대한 희망적이고 성공적인 이야기를 만들 수 있기 때문이다. 교직원은 학생의 강점과 긍정적 변화에 초점을 두고 경청함으로써 학생의 강점과 졸업에 대한 긍정적인 기대로 가득 찬 이야기를 학생과 함께 만들 수 있다. 다음의 예시는 가자고등학교의 한 학생과 사회복지사가 나눈 대화의 일부이다. 이는 이런 종류의 경청과 해결구축의 대화가 학생에 대한 성공의 이야기로 이어질 수 있음을 보여 준다.

사회복지사: 그러면, 네가 이곳에 오면서 가장 바라는 희망(best hope)은 무엇이었니?

학생: 제가 임신했을 때 학교를 중퇴했고 할머니가 저를 도와주셨어요. 하지만 저는 고등학교를 마치고 싶었죠. 할머니께도 그렇게 말씀드렸고요.

사회복지사: 너는 학교를 마치고 싶었고, 여기에 오는 것은 그것을 가능하게 만들었구나. 할머니가 너를 정말 자랑스러워하실 것 같아.

학생: 네, 할머니도 그렇게 말씀하셨어요.

사회복지사: 너 자신도 네가 자랑스러울 것 같은데? 여기 오는 게 쉬운 일은 아니거든.

학생: (미소) 그런 것 같아요. 여기 와서 정말 기뻐요.

사회복지사: 네 이야기를 좀 더 알고 싶은데. 여기 올 수 있도록 어떻게 했는지 얘기해 줄래?

학생: 제가 아기를 갖기 전 한 상담사께서 제게 이 학교에 대해 얘기해 줬어요. 하지만 임신 중 자주 아팠기 때문에, 또 해결해야

할 일이 많았기 때문에 입학을 미루고 있었죠. 아기 아빠와 싸웠고, 그는 교도소에 갔어요. 어떻게 해야 할지 몰랐죠. 한동안 집이 없었는데 할머니가 저를 거둬 주셨어요. 아기를 낳고 입학이 가능한지 학교에 전화를 걸었죠.

사회복지사: 정말 많은 일을 겪었구나. 하지만 아직도 학교를 마치고 싶어 하고. 너는 정말 대단한 젊은 엄마구나.

학생: (미소) 잘 모르겠어요. 저와 제 아기를 위해 더 나은 삶을 살고 싶어요. 학교도 마치고 싶고요. 또 이 학교를 졸업한 친구가 이곳이 정말 좋은 곳이라고 했어요. 그래서 여기에 오고 싶었어요.

사회복지사: 이곳에서 학교를 마치고 싶고, 여기가 네게 맞는 곳이라는 것을 알고 있구나. 네 친구의 말에 동의도 했고. 네게 동기가 많은 것처럼 들리는구나. 이곳에 있고 싶어 하고.

학생: 네, 학교에 육아 시설이 있다는 것도 좋은 이유 중 하나였어요. 할머니가 일을 하셔서 항상 아이를 돌봐주실 수는 없거든요. 여기에 아이와 같이 온다는 생각이 마음에 들어요. 다른 방법이 없기에 아이를 데리고 버스로 등교하지만, 그만한 가치가 있다고 생각해요.

사회복지사: 뭐라고? 여기 오기 위해서 아이를 데리고 버스를 타고 온다고? 넌 정말 여기서 학교를 졸업하고 싶구나! 네 결정이 정말 인상적이다. 너는 이미 너 자신과 아기를 위해 더 나은 삶을 살아가고 있어.

이 경우 학생은 사회복지사와의 대화를 통해 자신의 이야기를 다시 써 나갔다. 학교에 있기를 원하는 동기와 욕구, 그리고 버스를 타고 아이와 등교할 정도로 열심히 하려는 결심이 이 이야기에서 강조되었다. 쉽지 않았지만 이 학생은 결국 가자고등학교에서 졸업할 수 있었다. 아이를 데리고 버스를 타고 학교에 오는 그녀의 노력은 자주 칭찬받았다. 아이를 데리고 버스로 등교하는 것은 좋은 학생과 엄마가 되기 위한 학생의 노력에 대한 비유로 자주 사용되었으며, 학교 내에서 그녀의 성공 이야기의 일부가 되었다. 가자고등학교의 모든 교사와 교직원이 이 이야기를 알고 있었으며, 학생이 있는 곳에서 이 이야기를 반복해서 얘기했다. '버스를 탄 아기' 이야기는 학생이 힘들어하거나 퇴보할 때도 희망을 심어주기 위해 반복되었다. 교직원은 학생에게 이 이야기를 했고, 자신이 학생을 얼마나 대단하게 생각하는지에 대해 얘기했다. 쉬운 길은 아니었지만 그녀는 진전을 보였고, 결국 학교를 졸업할 수 있었다. 이 학생이 가자고등학교에서 졸업할 때, 교장은 그녀가 아이를 데리고 버스로 등교를 해야만 했음에도 불구하고 어떻게 고등학교 졸업장을 따낼 수 있었는지 다시 한 번 반복해서 말했다.

대안학교 내에서 교육에 대한 긍정적 인식 제고

긍정적 인식을 형성하는 데 긍정적 경험보다 나은 것은 없다. 해결중심 대안학교의 첫날부터 교직원은 학교에서 입학 허가를 받았다는 것은 명성 있는 상을 탄 것만큼 중요한 것이라고 설명한다. 대부분의 학생이 지금까지 어떤 상도 타 보지 못했기 때문에 더욱 그렇다. 자말(Jamal)은 후에 다음과 같이 말했다.

저는 무언가의 일부가 되어 본 적이 없어요. 위탁 가정을 전 전했고 학교도 자주 옮겼죠. 동아리 활동을 하거나 그런 적도 없었어요. 가자고등학교에 입학 허가를 받았다는 것은 제게 큰 의미가 있어요. 누군가가 저를 환영해 준다는 느낌이었거든요.

다른 학생인 라몬(Ramon)은 다음과 같이 말했다.

저는 평생 제가 아빠처럼 될 거라는 말을 듣고 살았어요. 교 육도 제대로 못 받은 주정뱅이로요. 가자에 오기 전까지 제 생 각과 행동은 모두 부정적이었어요. 부정적인 사람들과 있으면 부정적으로 생각하고 행동하게 되고, 긍정적인 사람들과 있으 면 긍정적으로 생각하고 행동하게 되는 것 같아요. 가자는 항상 긍정적이었고, 앞으로도 그럴 거예요. 학교의 이런 분위기는 제 자신을 긍정적으로 만드는 데 큰 역할을 했어요.

한 인터뷰에서 스카이(Skye)는 학교에서의 자신의 경험에 대해 다음과 같이 말했다.

환경이에요. 환경이 모두를 바꿔 놓는 거예요. 저는 이 학교 가 매우 자랑스러워요. 제가 여기 다닌다는 사실이 정말 기쁘고 요. 제가 이 학교의 일부라는 점도요. 이 학교는 대학에 대한 제 인식을 바꿔 놓았어요. 저는 여기서 모든 과목에서 A를 맞았고, 학교의 진로 센터에서 많은 도움을 받았어요.

어떤 교육자들은 대안학교 입학의 의미를 축소시키거나 심지어 대안학교에서의 졸업을 고등학교 졸업을 위해 필요한 최소 학력으 로 보아야 한다고 주장하기도 한다. 이러한 주장은 앞에서 언급한

위기 청소년들에게 전혀 도움이 되지 않는다. 반대로 해결중심 대
안학교의 교직원은 학교에 대한 자부심과 교육과정에 대한 자신감
을 표현한다. 이들은 학생들이 자신들의 이러한 자부심을 함께 느
끼고 학교에 대해 같은 정서를 느끼기를 원한다. 중요한 것은 졸업
이라는 목표를 위한 학생의 노력을 절대 축소시키지 말아야 한다
는 것이다. 가자고등학교의 한 교사는 다음과 같이 말했다.

> 저는 여기서 교사이지만, 또 집에서는 부모이기도 합니다.
> 제 아이들은 별다른 문제 없이 고등학교를 졸업할 것입니다. 하
> 지만 제 아이들은 어떤 면에서는 특혜를 받은 것이기도 합니다.
> 학습 장애도 없고, 부유한 부모를 뒀고, 자신이 속한 공동체에
> 서 지지를 받기 때문입니다. 제가 맡은 학생 중 대부분은 이 중
> 아무것도 가지지 못했습니다. 아무것도 없는 상태에서 중학교
> (8학년)를 졸업하고, 또 고등학교에 오는 것은 대단한 일입니
> 다. 제 학생 중 몇몇은 가족 중에서 최초로 중학교를 졸업한 아
> 이들입니다. 제 현실이 아닐지라도 이 학생들이 들인 노력은 인
> 정받고 칭찬받아 마땅합니다.

해결중심 대안학교에 다니며 학생들은 절대 후퇴하지 않으며,
학습능력 차로 인해 같은 수업을 다시 듣는 일 역시 없다. 여기까
지 왔다는 것을 인정하는 의미로 학생들은 계속 앞으로 나아가
며 학점을 얻을 수 있다. 학생의 발전에 대한 이러한 접근은 성공
에 대한 긍정적인 기대와 희망을 유지하는 데 도움을 준다. 교직
원은 많은 학생이, 특히 개인적으로 힘든 상황에 처했거나 이전 학
교가 자신의 특별한 학업적 욕구를 충족시켜 주지 못해 대안학교
를 선택한다는 것을 인지하고 있다. 일반 교육 체계에 적응하지 못

한 대안학교 학생들은 스스로 인지하지 못하는 학습 장애를 가지고 있을 수도 있다. 겨우 버티다가 결국 고비를 넘기지 못했을 수도 있다. 이런 학생들은 학업에 필요한 기술과 자신감을 가지지 못한 상태로 학교에 온다. 그러나 이것이 학생들이 자신의 상태에 맞는 교육적 해결을 구축하지 못할 것이라는 의미로 받아들여져서는 안 된다. 학생들이 과거의 실패에 집중하도록 내버려 두는 것은 불안과 공포, 혹은 방어적이거나 공격적인 태도로 이어질 수 있다. 이런 부정적 감정은 해결의 구축에 방해가 된다. 학생들은 앞으로 나아갈 수 있도록 안내받고, 이를 통해 과거 이들이 겪었던 학업적인 문제나 장애물을 축소시킬 수 있다. 해결중심 대안학교에서 학생은 자신이 현재 있는 곳에서 시작하여 희망을 가지고 앞으로 나아간다. 이러한 접근은 학생의 스트레스를 줄이는 결과를 낳는다. 가자고등학교의 학생인 록샌(Roxanne)은 한 인터뷰에서 이런 접근 방식이 자신의 졸업에 어떻게 도움이 되었는지 설명했다.

> 학교는 제 삶의 많은 스트레스를 줄여 주는 역할을 했어요. 특히 우울증을 앓는 동안요. 이곳의 사람들은 저를 정말 많이 생각해 줘요. 이제는 학교 때문에 스트레스를 받지 않아요. 우울할 땐 학교에 가고 싶지 않았지만 그래도 학교에 왔어요. 선생님들이 특히 많이 도와주셨던 것 같아요…. 이게 아마 제가 중퇴하지 않은 큰 이유 중 하나일 거예요. 졸업이 얼마 남지 않았어요. 담임 선생님이 많이 도와주셨어요. 우울하다고 학교를 그만두는 것은 해결책이 아니라는 사실을 깨닫게 해 주셨어요.

학생의 수준에서 학생을 보고, 이것을 시작점으로 해서 앞으로 나아가는 것은 이메일이나 전화 혹은 면담을 통해 학생의 행동문제와 학업 실패와 같은 좋지 않은 소식을 들어야 했던 부모의 불안이나 분노를 진정시키는 역할도 한다. 해결중심 대안학교의 교직원은 대신 부모에게 학생의 강점에 기반한 성적표를 제공한다. 때론 문제를 제시하는 것이 필요하기도 하고, 중요한 경우도 있다. 하지만 그러한 경우라도 교직원은 친절하고 긍정적인 태도를 유지하며 항상 학생에 대한 칭찬으로 대화를 시작한다.

교직원은 부모 역시 자식의 문제 때문에 힘든 시간을 겪고 있으며, 이들에게 자녀에 대한 압력을 가하는 것은 해결로 이어지지 않는다는 점을 잘 알고 있다. 따라서 교직원과 학교의 관리자들은 학생의 가족이 저녁 식사를 하며 학생에 대해 나눌 수 있는 대화의 주제가 바뀔 수 있도록 노력한다. 가족 내 갈등을 줄여 학교에서 표출되는 부정적 감정의 수준을 낮추기 위해서다. 다음의 인터뷰에서 가자고등학교의 학생은 자신의 출석률이 어머니와의 관계에 어떠한 영향을 미쳤는지 설명한다.

면접자: 가자고등학교에 오는 것이 어머니와의 관계 변화에 도움이 된 점이 있나요?

학생: 엄마가 저를 항상 혼내지는 않으세요. 다른 선생님들[학생의 전 학교의 교사들]은 제 행동 하나하나를 문제 삼았거든요. 이 선생님들[가자의 교사들]은 더 열린 태도를 가지고 계세요. 그런 관점에서 본다면 엄마와의 관계가 좋아졌다고 볼 수도 있겠네요. 엄마는 제 학교생활에 대해 항상 걱정하셨거든요. 여기에 옴으로써 관계에서의 긴장이 좀 풀린 것 같아요.

면접자: 1부터 10 사이의 척도에서 가자고등학교에 오기 전에 부모
　　　님과의 관계는 어느 정도라고 생각하나요?

학생: 6이요.

면접자: 같은 척도에서 지금은 어느 정도인가요?

학생: 9나 10이요.

면접자: 어머니와의 관계가 어떤 식으로 나아졌나요?

학생: 모든 게 더 열려 있어요. 이제는 성적표를 숨기지 않아요. 엄
　　마도 제가 점점 나아지고 있다는 걸 알고 계시고요.

면접자: 전에는 할 수 없었던 것에 대해서 이제는 어머니와 대화를
　　　나눌 수 있다고 생각하는 이유는 무엇인가요?

학생: 전에 저는 문제 학생이었어요. 하지만 이곳은 낮은 성적이라
　　는 개념을 받아들이지 않아요. 그냥 더 나은 성적을 받기 위해
　　계속 노력해야 하죠. 일반학교에서 저는 뭘 하든 낮은 성적을
　　받았어요. 한 번에 여덟 개의 수업을 들었으니까요. 그래서 엄
　　마는 항상 성적 때문에 제게 불평을 했어요. 하지만 이 학교는
　　제가 낙제하도록 내버려 두지 않아요.

해결중심 대화의 활용 사례

　어느 날 셀레나(Selena)는 화가 나고 공격적인 모습으로 교실에
들어왔다. 그녀의 온몸이 긴장되어 있었고, 인상을 쓰고 있었다.
그녀를 본 로드리게즈 교사(Mr. Rodriguez)는 다음과 같이 말했다.
"셀레나, 컴퓨터에 로그인하렴. 다음 과제가 너를 기다리고 있을
거야. 이제 학점을 이수하는 데 반밖에 남지 않았어!"

셀레나는 홱 돌아서서 이렇게 말했다. "지금 그럴 기분이 아니니까 좀 조용히 해 주세요."

로드리게즈 교사는 깊게 심호흡을 한 뒤 셀레나에게서 돌아섰다. 그녀가 왜 화가 났는지 알지 못했지만, 지금 그녀와 더 대화를 한다면 그녀의 불만만 더 증폭시킨다는 것을 알고 있었다.

10분 후, 로드리게즈 교사는 셀레나의 기분이 변했다는 것을 눈치챘다. 그녀가 울고 있었기 때문이다. 그는 그녀에게 다가가 잠깐 밖에서 대화를 할 수 있겠는지 물었다. 셀레나는 고개를 끄덕였다. 교실 밖으로 그녀를 데리고 나간 후 로드리게즈 교사는 "네가 교실에 들어왔을 때는 화가 나 보였고, 지금은 슬픈 것 같구나. 지금 네 감정에 대해 조금 더 말해 주겠니?"라고 물었다.

셀레나는 로드리게즈 교사를 올려다보고 씁쓸한 어조로 말했다. "영어 학점을 이수하지 못했어요! 지금 이 학교에 대해 너무 화가 나요. 그냥 모든 게 끝났으면 좋겠어요!"

"빨리 학교를 끝마치고 싶은 것 같구나. 내가 듣기론 네가 원하는 수준에 도달하지 못해서 뒤떨어진 듯한 느낌이 드는 것 같은데." 로드리게즈 교사는 대답했다. 셀레나는 조용히 고개를 끄덕였다. "여기서 공부하는 것에 대해 좋은 기분이 들었던 때는 언제였니?"라고 로드리게즈 교사는 물었다.

"무언가를 끝냈을 때요! 하지만 매주 모든 과제를 끝내는 것은 너무 힘들어요. 그래서 언제나 낙제하는 기분이에요."라고 셀레나는 대답했다.

아, 매주 한 과제를 끝내는 게 너무 큰 목표였다는 소리로 들

리는구나. 하지만 셀레나, 네게 주어진 과제는 어렵고 힘든 과
제야. 나는 네가 이 모든 것을 한 주에 끝내리라고는 생각하지
않는단다. 그렇다면 우리 이 수업에서의 목표에 대해 다시 의논
해 보는 것은 어떨까?

    자신을 위해 좀 더 작고 현실적인 목표를 세운 셀레나는 자신감
을 회복하기 시작했다. 그녀가 한 주에 한 과제를 끝내겠다는 목표
를 세웠을 때, 로드리게즈 교사는 이 목표가 현실적이지 못하다고
생각했다. 그러나 셀레나는 이 목표를 기준으로 삼겠다는 확고한
결심이 있었다. 그녀가 세운 목표에 대해 언쟁하기보다 로드리게
즈 교사는 결정권을 셀레나에게 넘겼다. 그 후 그녀가 좀 더 현실
적인 목표를 세울 수 있도록 도울 기회를 찾고자 했다.

📖 주요 요점

- 목표, 성공에 대한 긍정적인 기대, 희망과 같은 긍정적 정서는 해결중심
  대안학교의 성공에 필수적인 요소이다.
- 목표는 종착점이 아니라 변화과정의 시작이다.
- 학생과 그 가족이 현재 있는 곳, 즉 그들의 눈높이에서 그들을 만나는 것
  은 성취 가능한 목표를 세우는 것을 의미한다. 예를 들어, 학생이 수업에
  출석하는 것을 힘들어한다면 첫 목표는 '수학 시험 통과하기'가 되어서는
  안 된다. 수학 시험을 통과하는 과정에 있는 더 작은 목표를 세우는 단계
  가 선행되어야 한다.
- 기적질문은 해결중심 치료의 대표적 질문으로서 학생의 목표를 찾기 위
  해 사용될 수 있다.
- 학생과 교사는 교실에서 논의한 일상적인 학업 목표를 달성하기 위해 함
  께 노력한다.
- 졸업에 대한 긍정적인 기대는 입학에서부터 시작되며, 각 교직원이 학생
  과 함께 해결을 구축하려 노력하고, 이들은 학생과 개인적인 관계를 형성

하는 것을 최우선 과제로 삼는다.
- 칭찬은 성공에 대한 긍정적 기대와 학생의 강점을 강조하고 긍정 정서의 증폭을 위해 전략적으로 활용될 수 있다.
- 해결중심 대안학교에서는 학생과 부모가 교육에 대한 긍정적 인식을 유지하도록 하는 것이 중요하다.
- 해결중심 대안학교에서 학생이 졸업을 위해 들이는 노력은 항상 긍정적 시각으로 바라봐져야 하며, 적극적으로 인정받아야 한다.
- 해결중심 대안학교에서의 긍정적 경험은 학생과 부모의 스트레스를 줄일 수 있으며, 이를 통해 긍정 정서와 더 나은 관계를 얻을 수 있다.

요약

목표를 세우고 성공에 대한 긍정적 기대를 유지하는 것, 그리고 긍정 정서를 함양하는 것은 해결중심치료의 변화과정에서 중요한 요소이다. 이 장은 목표설정, 성공에 대한 긍정적인 기대, 그리고 희망과 같은 긍정 정서를 지지하는 것의 중요성에 대해 설명한다. 이 장은 교실에서 일상적인 목표를 세우는 방법을 포함해 해결중심 대화를 통한 목표설정법에 대한 예시를 제공한다. 해결중심 대안학교에서 사용되는 SMART한 목표설정에 대한 예시도 함께 소개되어 있다. 성공에 대한 긍정적 기대와 정서를 확대하는 방법에 대한 자세한 예시도 제공되어 있으며, 이 외에도 긍정 정서가 어떻게 학생의 학습능력을 극대화시키고, 학생, 교사 그리고 부모가 상호작용하는 방식에 영향을 미치는지에 대해서도 설명하였다. 교내 커뮤니티 내에서 나눌 수 있는 학생에 대한 성공적 이야기를 만드

는 것은 졸업에 대한 희망과 긍정적 기대를 높이는 방법중 하나이
다. 이 장에서 논하는 개념의 이해를 돕기 위해 교사와 학생, 상담
사와 학생, 그리고 사회복지사와 학생 사이의 해결중심 대화의 예
시도 제공되었다.

참고문헌

Alderman, M. K. (2004). *Motivation for achievement: Possibilities for teaching and learning*. Mahwah, NJ: Lawrence Erlbaum.

Fitzpatrick, M. R., & Stalikas, A. (2008). Positive emotions as generators of therapeutic change. *Journal of Psychotherapy Integration, 18*, 137-54. doi:10.1037/1053-0479.18.2.137

Garland, E. L., Fredrickson, B., Kring, A. M., Johnson, D. P., Meyer P. S., & Penn, D. L. (2010). Upward spirals of positive emotions counter downward spirals of negativity: Insights from the broaden-and-build theory and affective neuroscience on the treatment of emotion dysfunctions and deficits in psychopathology. *Clinical Psychology Review, 30*, 849-64. doi:10.1016/j.cpr.2010.03.002

Kim, J. S., & Franklin, C., (2015). The use of positive emotion in solution-focused brief therapy. *Best Practices in Mental Health, 11*(1), 25-1. doi:10.3534839

Pekrun, R. (2016). Academic emotions. In K. R. Wentzel & D. B. Miele (Eds.), *Handbook of motivation at school, second edition* (pp. 120-44). New York, NY: Routledge.

Reiter, M. D. (2010). Hope and expectancy in solution-focused brief therapy. *Journal of Family Psychotherapy, 21*(2), 132-48. doi:10.1080/08975353.2010.483653

5장

해결중심적 학생지원팀 만들기

사례

시작하기

해결중심 대안학교 내 협력적 팀워크 구축하기

협력적 학생지원팀의 활동

현재에 초점을 두며 기존의 해결 확인하기

팀 회의

학생을 돕기 위해 해결중심적 학생지원팀 활용하기

학부모를 팀원으로 초대하기

학생지원팀 활동 사례

요약

사례

샤나(Shana)¹⁾는 임신에도 불구하고, 보통의 16세 소녀들처럼 일
상생활을 하려고 애썼다. 과거에 사로잡히기보다는 자신이 원하는
미래를 얻기 위해 그녀가 할 수 있는 것에 집중할 수 있는 기회를
주는 해결중심 대안학교로 전학하고자 했다. 하지만 새 학교로의
전학이 그녀가 처한 삶의 모든 문제를 마법처럼 해결해 주지는 않
았다. 여전히 병원에서 진료를 받아야 했고, 신체적 불편함도 겪어
야 했으며, 또 앞으로 다가올 엄청나게 복잡한 시간에 대한 계획도
세워야 했다.

샤나는 자신과 같은 학생을 위한 교육을 제공하는 가자고등학교
로 전학했다. 많은 어려움이 있었지만 그녀는 학업에 열정적이었
고 졸업에 대한 동기도 확고했다. 샤나의 교사, 상담사, 보건교사,
사회복지사 그리고 관리자 모두 그녀의 임신에 대해 잘 알고 있었
고, 그에 맞게 학업 과정을 변경해 주었다. 단순히 화장실에 갈 수
있는 시간을 할애하거나 출산 예정일 전에 학업을 마칠 수 있도록
하는 것뿐만 아니라 샤나 본인이 학업과 출석에 관련해 자신의 속
도에 맞게 목표를 세울 수 있도록 도왔다.

샤나를 도울 수 있도록 가자고등학교의 협력적 학생지원팀

---

1) 이 장에서 제시된 예시는 대안학교에 다니는 학생들과 진행한 연구 인터뷰, 그리고
이 학생들을 가르친 교사들의 경험에서 발췌한 것이다. 인터뷰를 진행한 학생의 개
인 정보를 보호하기 위해 이름을 비롯한 몇 가지 정보는 수정되었다. 몇몇 인터뷰
는 오스틴 소재 텍사스대학교의 호그 정신건강재단(Hogg Foundation for Mental
Health)의 도움을 받아 진행되었음을 밝힌다.

(Student Support Team: SST)의 팀원들이 그녀의 변화에 대한 욕구
가 성취 가능한 것이 될 수 있도록 그녀와 함께 논의할 수 있는 자
리를 마련했다. 회의를 진행하는 동안, 팀원들은 섀나의 문제보다
는 해결에 초점을 맞추었다. 예를 들어, 섀나가 병원 진료 때문에
과제를 마치기 어렵다고 하는 경우, 교사들은 그녀의 임신보다는
예전에 참여했던 방과 후 학습지원 경험이나 예전의 학습 동기 등
에 집중했다.

처음에 섀나는 어린 나이에 임신한 것과 대안학교로 전학하여
학업을 마치는 것에 대한 수치심으로 걱정이 많았다. 그러나 그녀
는 곧 교직원들이 그녀의 목표와 욕구의 실현에 도움을 줄 수 있다
는 것을 알게 되었다. 병원 진료가 잦다 보니 학기 중에 그녀의 학
업 진도는 기복이 있었지만, 협력적 학생지원팀은 그녀가 목표를
유지할 수 있도록 함께 노력하고 스스로 해결을 찾도록 도움을 주
었다. 섀나는 지지받고 있음을 느끼며, 현재의 목표인 졸업에 집중
하고 있다.

시작하기

대안학교 환경에서 효과적인 해결중심 접근을 위해 모든 교직원
이 협업에 대한 자신의 생각을 바꿀 수 있는 다학제적인 팀을 결성
할 필요가 있다. 이를 위해 서로 다른 분야 간 상호 존중과 신뢰가
필수적으로 교직원들은 팀워크를 위해 자신의 지식과 책임을 공유
해야 한다(Streeter & Framklin, 2002). 해결중심의 협력팀은 협업체

게로서 해결중심치료에서 활용하는 관계 형성의 원칙이 적용된다. 초기 해결중심치료의 초점은 개인이나 가족을 돕는 것이었지만, 요즘은 전문가 간의 팀워크 분야에서도 활용된다. 또한 해결구축의 접근은 대안학교 내 다학제적 팀의 성공을 용이하게 한다. 이는 해결대화와 같은 해결중심적 의사소통의 원칙이 서로 다른 분야의 전문가들 사이에서 행해지기 때문이다. 그리고 의도적이고 목적지향적인 경청을 강조하고 강점에 초점을 두는 방식은 문제에 대한 실질적인 해결을 위해 함께 노력할 수 있는 학생, 부모, 교사 간의 협업을 용이하게 한다.

또 다른 해결중심치료의 원칙도 팀워크의 기초로 활용된다. 예를 들면, 다양한 접근법으로 해결을 이끌어 낼 수 있다는 시각을 체계화하는 것과, 학생과 이들과 관련된 사람들의 독특한 아이디어와 신념 및 스타일을 존중하는 자세는 성공적인 팀워크를 만드는 데 필수적이다(Murphy & Duncan, 2007). 다양한 전문가 사이의 상호 존중과 열린 마음은 해결중심팀의 협력적 사고방식의 구성요소이다. 해결중심치료의 이러한 원칙들은 강한 철학적·가치적 근거를 가지고 있으며, 중요한 것은 이러한 존중과 강점지향적인 믿음이 행동으로 실천되는 것이다.

이 장은 대안학교 내에서 협력적인 학생지원팀을 활용하여 해결을 구축하는 방법에 대해 논의한다. 특히 지원팀에 의뢰된 학생들에 대한 개별적 해결을 모색하는 해결구축 대화와 회의가 어떻게 다양한 배경의 전문가들의 협력 속에서 매주 이뤄질 수 있는지를 보여 준다. 해결중심치료를 활용해 어떻게 다학제적 팀을 만들 수 있는지에 대한 기법과 원칙뿐만 아니라, 참여자를 소집하고 회의를 진행하는 방법에 대한 기본 정보도 제공한다.

해결중심 대안학교 내 협력적 팀워크 구축하기

해결중심 대안학교에서 협력적 학생지원팀의 실행은 모든 교직원이 가 학생의 독특한 도전과 욕구에 대해 개별적인 배려를 제공하는 것에 전념할 수 있게 한다. 해결구축의 대화는 네 가지의 중요한 측면에서 협력적 접근을 가능하게 한다. 첫째, 다른 사람을 전문가로서 인정하고, 강점에 집중하며, 해결을 위해 협조하는 것과 같은 해결구축의 근본적인 원칙들은 타인의 생각을 수용하고자 하는 개방성을 증진시킨다(Franklin, Moore, & Hopson, 2008). 둘째, 모든 교직원이 해결구축에 대해 훈련되어 있다는 것은 이들이 해결중심의 변화 원칙을 이해하며, 학생의 교육을 담당하는 교원과 행정 지원을 담당하는 직원과의 협업이 더 용이한 환경을 조성한다. 셋째, 해결구축의 접근은 교사들에게 정신건강 전문가들과의 협업에 필요한 기술과 자신감을 부여한다. 팀 접근법은 정신건강 전문가들이 수업의 필요성을 더 잘 이해하고 교사들의 지식과 전문성을 존중하도록 돕는다. 공유된 지식과 목표는 해결의 구축을 위해 교직원들이 함께 협력하는 데 필요한 상호 존중의 기반을 마련한다. 마지막으로, 팀 내 상호 훈련과 협동은 공동의 지식 기반을 만들고, 또한 교직원 간의 공유와 해결의 구축을 향상시킬 수 있는 공동의 언어를 만든다. 모두가 참여하는 다학제적 팀워크는 협력적 분위기를 조성하며, 이는 학교 전체로 퍼져 나갈 것이다.

이러한 분위기는 학교의 문화로 전파되며, 교직원이 학생들과 성공적으로 작업할 수 있도록 돕는다.

그렇다고 해결중심 대안학교에 다학제적 팀을 형성하는 것이 쉽다는 뜻은 아니다. 사실 아주 험난한 길이다. 하지만 다학제적 팀 형성의 시도는 전문가들이 해결구축을 위해 학생뿐만 아니라 부모와도 서로 합의하고 함께 노력하기 때문에 그 자체로서 학교를 성공적으로 이끄는 요소가 된다(Franklin & Guz, 2017).

해결중심 대안학교에서 팀을 구성하는 실제적인 방법은 학생들의 문제를 다루기 위해 해결중심치료에 기반한 다학제적 학생지원팀을 만드는 것이다. 학생지원팀은 상담사, 사회복지사와 같은 행정지원팀의 일과 중복되기도 하지만 또 그들을 지원하기 위한 것이기도하다. 비록 지원팀이 각기 다른 분야의 참여자로 구성되지만, 영역과 역할에 관계없이 모든 팀원이 적극적으로 참여하고 학생의 불평이나 좌절보다는 미래지향적인 해결에 중점을 둔다. 이러한 접근이 학생을 위한 최선의 성과를 도출할 수 있다. 해결은 학생의 자질과 강점에 이미 존재하고 있으며, 지원팀은 이를 통해 학생에 적합한 해결을 구축할 수 있다고 믿는다. 또한 지원팀은 학생의 가족 구성원이든 혹은 학생이 방문하는 외부 공동체 기관이든 학생에게 도움이 될 수 있는 자원을 확인하는 역할도 한다. 지원팀이 해결을 구축하고 유지하는 데 중요한 부분으로서 학교 내부나 외부의 인력을 활용하는 것이 매우 중요하다. 다루기 어려운 학생에게 학교는 훈육적이거나 비판적으로 접근하기 쉬운데, 이러한 유혹은 지원팀과 학생 모두에게 비생산적이기 때문이다.

학생지원팀의 모임은 주간 회의에서 계획되며, 팀은 개별 학생에 대해 논의하기 위해 모인다. 이는 각 학생에 대한 해결이 각자의 특성에 따라 다르며, 그 결과 접근법 또한 달라질 수 있다고 믿기 때문이다. 어떤 학생은 사회복지나 지역 봉사를 통해 도움을 받을 수 있다. 다른 학생의 경우 학생과 교사 간의 회의 혹은 동료 멘토링을 활용할 수도 있다. 학생지원팀 회의를 통해 팀원들은 낙관적인 태도를 유지하며, 이를 통해 각 학생에게 희망적이고 긍정적인 정서를 표현할 수 있고, 또 대화기 현재와 미래에 초점을 둘 수 있도록 한다. 이러한 과정에는 각 팀원의 해결중심 접근에 대한 훈련과 사고방식 유지에 대한 의지가 필요하다. 팀원들은 학생을 옹호하고, 서로 칭찬하며, 학생의 역량을 인정한다. 학생에 대한 논의에서 지원팀은 학생이 수행할 수 있는, 적어도 하나 이상의 활동 계획을 수립해야 한다. 이것은 학생이 향상되고 있음을 알 수 있을 정도로 사소한 것일 수도 있고, 학업 스케줄을 변경할 정도로 눈에 띄는 것일 수도 있다. 만일 하나의 해결책이 효과가 없으면, 팀은 효과가 있을 만한 다른 해결을 찾고자 즉각적인 조치를 취한다. 팀은 대상 학생에게 즉시 연락을 취하고, 그들과 해결중심의 대화를 나눈다. 여기서 지원팀이 제시한 해결책들이 추가로 협의되며, 이는 차후 혹은 후속 회의에서 다시 다루어질 수도 있다. 학생지원팀의 활동은 다음에서 좀 더 자세히 다뤄질 것이다.

협력적 학생지원팀의 활동

다학제적팀은 모든 분야의 대표로 구성된다. 상담사, 사회복지

사, 교사, 관리자와, 외부 인력의 참여가 가능한 지역에서는 지역
의 기관 대표자들도 팀의 구성원이 될 수 있다. 〈글상자 5-1〉은
해결중심 대안학교 내 학생지원팀 구성원의 예를 보여 준다.

지원팀은 학생들의 발생 가능한 문제에 대한 해결을 검토, 숙고,
논의, 발전시키기 위해 모인다. 지원팀은 학생들의 성적, 행동, 출
석 등 문제가 되는 부분을 다룬다. 해결중심 대안학교의 교직원은
학생의 우울이나 자살 의도와 같은 문제와 관련된 위험 행동 요소

글상자 5-1

학생지원팀 구성원의 예

가자고등학교 학생지원팀의 구성원은 누구인가?
- 교장
- 교감
- 코디네이터
- 외부 활동 전문가
- 사회복지사
- 특수교육 교사
- 중퇴 예방 전문가
- 교사 대표
- 기술 전문가
- 학교공동체 대표
- 수시 또는 필요시 소집될 수 있는 구성원
- 간호사
- 지역 교육청 임상심리사

를 알아볼 수 있는 전문 교육을 받으며, 사소한 문제일지라도 학생의 출석 변화, 성적 하락, 성격 혹은 기분의 급격한 변화 등의 이상 징후에 대한 조치를 취한다.

다음의 예에 등장하는 가자고등학교 학생의 사례는 교사들이 어떻게 우울 중세를 보이는 학생에게 반응하고, 그 결과 어떻게 지원을 확대할 수 있었는지를 보여 준다.

> 가자고등학교에 왔을 때, 작은 규모의 학급이 좋았습니다. 학교의 전반적인 의도와 모든 학생과 교사들이 그들이 원해서 이곳에 있다는 사실이 마음에 들었습니다. 그렇지만 우리도 때로는 좋지 않은 때가 있고, 학교는 우리가 학교 밖의 일로 인해 애쓰고 있다는 것을 인정해 주었죠. 이전 학교의 사람들은 그런 것을 전혀 고려해 주지 않았습니다. 여기서는 선생님들이 저에게 관심을 가지고 있고, 또 더 많은 도움을 필요로 할 때를 알아 주기 때문에 스트레스가 없습니다. 더는 학교로 인한 스트레스가 없어요.

이 학생의 경우 교직원들은 학생이 수업시간에 자주 울고, 학교에도 늦게 오며, 결석도 하고, 또 스스로 가치가 없다고 느낀다고 말하고, 친구를 잘 사귀지 못하는 것을 알아보았다. 이런 모습은 전형적인 학생의 행동이 아니었다. 이 학생의 문제가 학생지원팀에서 검토되었을 때, 상담사는 이 학생이 주요우울장애(major depressive disorder: MDD)를 진단받았음을 부모가 알려 주었다는 사실을 밝혔다. 이 진단은 일 년 전 지역의 정신건강기관에서 받은 것이다. 상담사는 현재 학생이 주요우울장애 증상을 매우 심각하게 경험하는 시기에 있음을 말했다. 그 결과, 학생의 잘못된 행동을 처벌하거나, 과제를 미흡하게 하고 학교를 빠지더라도 이를 훈육하기보다는 학생과 긍정적인 상호작용을 강화함으로써 더 많은 지원을 제공할 수 있도록 했다. 팀은 또한 학생이 학교에서 사회복지사와 만날 수 있도록 했다. 학생의 지원에 대한 작은 변화는 학생이 느낄 정도의 차이를 만들었다. 학생과의 후속 인터뷰에서 그녀는 다음과 같이 말했다.

> 가자고등학교는 제가 우울증으로 힘들 때 스트레스를 완화시켜 주었습니다. 이곳의 모두는 진심으로 학생에게 신경을 써 줍니다. 학교로 인한 스트레스가 더 이상 없어요. 우울할 때는 학교에 가고 싶지 않았지만 그래도 저는 학교에 갔습니다. 선생님들은 정말 많이 도와주셨습니다. 혼자 있고 싶어 집에 가고 싶으면, 그럴 수도 있었습니다. 한 선생님은 "네가 할 수 있는 정도로만 하면 일찍 갈 수 있도록 해 줄게."라고 말씀하셨죠. 이것이 제가 학교를 그만두지 않을 수 있었던 가장 큰 이유예요. 저는 이제 거의 졸업에 가까이 다가왔습니다. 선생님은 저를 도와주셨고 제가 단지 우울하다는 이유로 학업을 중단할 필요가 없다는 것을 깨닫게 해 주셨어요. 가자고등학교는 확실히 학생이 위기를 쉽게 다룰 수 있도록 해 줍니다.

교사, 상담사, 사회복지사와 함께 학교의 모든 교직원은 개별 학생이 보이는 여러 징후를 인지하고 다루는 데 참여한다. 교직원이 스트레스와 관련된 징후나 학생의 행동에서 급격한 변화를 발견하면, 이것은 일종의 신호가 되며, 이는 그 학생에 대한 좀 더 많은 관심으로 이어진다. 또한 학생지원팀에 의뢰도 가능하며, 이는 언제든 누구라도 할 수 있다. 학교에 따라 학생의 위기나 심각한 문제에 개입할 수 있는 학교 차원의 서비스나 위기관리 팀을 운영하기도 한다. 정신건강 전문가에게 의뢰하는 대신 해결중심 대안학교의 모든 교사는 학생들의 당면한 정서적 요구에 응할 준비가 되어 있다. 문제가 지속되면 교사와 직원들은 학생을 지원팀에 의뢰한다. 이후 지원팀의 임무는 다음과 같은 해결중심 접근을 유지하는 것이다. ① 현재와 미래에 집중하기, ② 현재의 해결책이나 과거에 효과가 좋았던 해결책을 확인하기, ③ 사회적 활동과 관계적 초점을 유지하기 등이다.

현재에 초점을 두며 기존의 해결 확인하기

해결이란 현재 학생에게 일어나고 있는 일을 이해하고자 하는 공통의 목표와 더불어 현재의 상황에서 효과가 있는 해결에 학생을 참여시키는 것으로 정의될 수 있다. 그러한 이해가 해결의 발견과 시작에 도움이 될 수 있다면 팀은 원래 의도한 기능을 수행하는 것이다. 학생지원팀은 기존의 상황을 다루려는 노력뿐만 아니라 심각한 문제의 발생을 예방하는 역할도 한다. 위기 상황에 처해 있지 않거나 급박한 관심을 끌지 않는 학생들에게는 학생지원팀이 필요하지 않다. 그렇지만 지원팀은 많은 학생이 침묵 속에서 고통을 겪고 있으며, 청소년기의 작은 뒷걸음질이 위기의 상황으로 급격히 악화될 수도 있다는 것을 알고 있다. 중요한 것은 현재의 행동에 초점을 맞추는 것이다. 그러므로 대안학교의 교직원은 각 학생의 반응을 주의 깊게 살피고, 그들의 생활을 끊임없이 점검한다. 그리고 장차 학생의 학업 수행에 문제가 될 수 있는 작은 퇴보를 바로잡을 수 있도록 지원팀에 의뢰한다.

학생지원팀은 의뢰를 받을 경우 현재에 초점을 맞추고 앞으로 효과가 있을 수 있는 기존의 해결책을 확인한다. 팀이 해결중심적 태도를 유지하는 하나의 방법은 매 회의를 시작할 때 사명선언문(statement of purpose)을 낭독하는 것이다. 선언문을 함께 읽음으로써 팀은 자신이 이곳에 있는 이유를 명확히 한다. 참석한 모두가 어려움을 겪고 있는 학생을 돕길 원하고 있음을 아는 정도로는 충분하지 않다. 그 이유를 큰 소리로 밝히는 것은 팀이 함께 완수하려는 임무의 의도를 확고하게 한다. 선언문은 "우리는 학생들의 필요를 충족시킬 수 있는 긍정적인 해결을 함께 찾고자 이곳에 모였다."처럼 간단할 수도 있다. 궁극적으로 선언문은 해결을 찾고 현재와 미래에 초점을 맞추어야 한다. 이러한 목적은 회의를 진행하고 활동 계획을 구축하며 팀의 선언문, 행동, 동기에 대한 개념 틀을 제공한다. 이러한 단계는 건설적인 해결구축의 활동을 시작할 수 있도록 하며, 또 과정 내에서 집단을 재조명할 수 있도록 돕는다. 지원팀의 구성원들은 학생에게 효과가 있었거나 앞으로 효과를 보일 수 있는 과업에 집중한다. 그러나 이러한 회의는 궤도를 벗어나 불평을 말하는 포럼으로 변질되기 쉽다. 이러한 상황이 일어날 때 불평을 하며 시간을 보내거나 문제를 분석하기보다는, 다시 팀의 목표를 되뇌이고 학생들을 위한 해결을 함께 구축해야 한다는 책임감을 상기하는 것이 중요하다. 이는 문제를 논의하지 말라는 것이 아니라 문제에 대한 논의가 각 팀원이 참여하는 해결구축의 대화를 통해 해결을 만드는 방향으로 전환되어야 함을 의미한다.

사회적 활동계획

회의 후반부에 팀은 학생이 시도해 볼 만한 활동지향적인 해결에 대해 논의한다. 팀 구성원은 구체저이고 목표지향저인 활동계획에 대한 책임자를 정한다. 이 계획은 사회적 활동과 같이 관계중심적인 것이어서 누가, 무엇을, 언제, 어떻게 할 것인지 등의 구체적인 결과물로 이어진다. 또한 활동계획에 대한 후속 조치와 결과에 대해서도 논의한다. 이러한 활동계획은 논의 대상 학생과 관련된 교직원에게 학교가 학생과 함께 앞으로 나아가기 위해 협력하고 있다는 것을 알린다. 팀의 이러한 책무성은 해결중심적 원칙의 하나로 활동계획이 합리적이고 실용적일 수 있도록 만든다. 활동계획은 합리적이어야 하며, 현재의 문제를 다루어야 한다. 예를 들어, 현재 학생이 결석 중이라면 학생의 졸업 날짜를 언급하는 활동계획은 적절하지 않다. 이 경우 활동계획은 학생의 출석을 향상시킬 수 있도록 하는 것이어야 한다.

다음의 예에서 활동계획은 현재 학생이 겪고 있는 어려움에 중점을 둔다. 이 학생은 서로 얽혀 있는 일과 가족의 스케줄로 인해 수업에 출석할 수 없는 상황이다. 학생지원팀은 학생이 임신했을 때 일을 하게 되었고, 그 후로 출석이 어려워진 점에 주목했다. 이에 따라 학교 상담사에게 그녀의 스케줄 조정이 가능한지 알아보는 해결책이 제안되었다(〈표 5-1〉 참조).

〈표 5-1〉 학생 활동계획의 예

활동계획			
학번:	학생의 학업수준:	의뢰 자원:	날짜:
의뢰 이유 1 예: 부진한 출석	논의 요점 예: 본 학생은 계속 학교에 출석하지 않고 있다. 임신 후 일을 하게 되면서 학교에 오지 않고 있는 것으로 알려진다. **가능한 해결책**: 가족, 일, 학교의 균형을 더 실질적으로 관리할 수 있도록 학교의 수업 스케줄 재조정하기	의뢰 예: 학교 상담사에게 학생의 수업 스케줄이 그녀의 일에 맞게 조정될 수 있는지 논의하도록 의뢰함	후속 조치(네 또는 아니요) 예: 네(이루어짐) 다음 주 학생지원팀 회의 시 스케줄 조정이 학생에게 도움이 되었는지 학생과 논의할 것
의뢰 이유 2			
의뢰 이유 3			

팀 회의

　학생지원팀은 학기 중 방과 후 일주일에 한 번 모인다. 보통 3~5시간 정도 진행된다. 대안학교의 교사들은 학생들의 문제로 업무가 과중하고 시간에 쫓기고 있는 상황이기 때문에 이 회의가 매우 힘든 일일 수 있다. 하지만 같은 문제를 다루기 위해 교실에서 교사가 낭비하는 수업 시간을 고려해 본다면 이것은 투자로서 그 가치가 충분하다. 팀 회의에서 학생의 필요와 요구에 주목함으로써 교사들은 교실에서 학생의 행동을 교정하는 데 시간을 덜 쓰며 이로써 관리자들은 학생을 징계하는 데 드는 시간을 줄일 수 있다. 회의를 진행하며 적절하고 분명한 기대를 갖는 것은 긴 회의일지라도 생산적일 수 있도록 효율성의 기준을 제시한다.

학생지원팀은 대체로 회의를 이끄는 진행자 또는 촉진자를 지정하는 등의 회의 내 공식적인 역할을 정하는 것으로 시작된다. 진행자는 핵심을 벗어난 대화를 하거나 학생에게 부정적이기보다는 팀이 해결중심적 태도를 유지하고 학생을 위해 생산적인 해결 방안을 찾을 수 있도록 노력한다. 다음의 대화는 가자고등학교 학생지원팀의 회의 진행자 역할을 자세히 보여 준다.

교사: 잘 모르겠네요. 이 학생이 자퇴를 하고 학교를 떠났는데 지금은 다시 등록이 되어 있군요. 우리가 교실에서 이 학생과 같이 할 수 있는 것은 무엇이 있을까요?

상담사: 선생님이 어떤 걱정을 하시는지 잘 알겠어요. 학생과 만나 수업 스케줄을 조정하기 위한 시도를 두 번 했는데 오지를 않네요.

정신건강 전문가: 저는 이 학생이 서비스를 받으러 온 것을 본 적이 없어요. 왜 아무도 그 학생을 우리에게 의뢰하지 않았나요?

교사: 지금 회의는 40분 정도 진행되었고 이 학생은 마지막 케이스네요. 다소 어려운 케이스이기는 하나 대화가 초점을 벗어나고 있는 것 같아요. 상담사 선생님은 학생이 회의에 참석하도록 어떻게 연락을 하셨나요?

상담사: 복도에서 만났을 때 알렸어요. 회의가 있다는 것을 잊은 듯했어요.

교사: 이 학생이 약속 날짜를 기억하는 데 도움이 될 수 있도록 일정

표나 달력이 필요할 것 같은데요. 학생에게 하나 줄 수 있을까
요? 또 회의 전에 알려 줄 수 있도록 수업 중에 메모를 전달할
수도 있겠죠?

상담사: 좋아요. 학생에게 메모를 주고, 만나면 줄 수 있게 일정표를
준비할게요.

팀워크, 협동, 개방성이 회의에서 중요한 원칙으로 활용될 때,
기대가 너무 특정적이거나 학교의 사명과 무관한 지점까지 확대되
지 않도록 하는 것이 중요하다. 업무에는 설명과 의무도 있지만 한
계도 따른다. 진정한 협업은 자신의 업무 범위에 제약을 받지 않는
동등한 책임과 참여가 가능한 환경에서 최대로 이뤄질 수 있다. 그
러나 일부 팀 구성원은 그들의 학교 내 지위에 따르는 역할을 그대
로 수행하고자 할 것이다. 이때 팀 내에서 각각의 의무와 팀 밖에
서의 역할을 구별하는 것이 중요하다. 지원팀 회의가 원활하게 진
행되어 필요한 모든 학생과 그들의 문제를 다룰 수 있도록 각자의
역할은 회의 전에 결정된다. 예를 들어, 기술(테크놀로지) 전문가의
역할은 회의가 정시에 시작될 수 있도록 회의 전에 컴퓨터와 스크
린을 준비하는 것이다. 회의에서 이러한 임무는 실제 대화가 시작
되기 전 팀의 필요 사항을 충족시켜 준다. 이러한 사전 작업으로부
터, 학생에 대한 사실과 문제가 회의에서 언급되며 참여자들은 해
결책을 찾는 데 도움이 될 만한 자신만의 견해와 기여를 제공한다.
〈표 5-2〉는 학생지원팀의 역할과 전형적인 회의 일정표의 예를
보여 준다.

〈표 5-2〉학생지원팀 구성원의 역할과 전형적인 회의 안건

팀원	책임	목적
상담사	- 회의 전 의뢰된 학생에 대해 살피고, 회의를 조직한다. 팀에게 제공할 핵심정보를 확인한다. - 의뢰에 필요한 추가 정보를 취합한다.	- 회의가 효율적으로 진행되도록 한다. - 팀은 충분한 정보를 가지고 있다고 느끼며 각 사례에 접근할 수 있고, 학생과 그들이 처한 상황에 적합한 해결을 제안할 수 있도록 준비할 수 있다.
아웃리치 전문가와 사회복지사	- 회의 2주 전의 출석 자료를 정리하고 출력한다(한 부는 모든 팀원에게 나누어 주기). - 논의가 필요한 특이 사항을 확인한다.	- 출석의 변화는 문제의 초기 경고 신호인 경우가 많다.
간호사	- 필요한 경우 학생의 의료적 욕구를 검토한다. - 의료문제에 대한 학생의 욕구와 서비스 제공을 위한 질문에 답한다.	- 필요한 경우 학생의 욕구에 대한 좀 더 넓은 범위의 이해를 촉진하고, 의료적으로 적합한 해결책을 제시할 수 있도록 보충적인 정보를 제공한다.
기술 전문가	- 팀원이 정보를 검토할 때 학생들의 프로파일을 볼 수 있도록 컴퓨터와 프로젝터를 준비한다.	- 학생과 익숙하지 않은 팀원이 위험 요소를 파악하고 성장을 지지할 수 있도록 함으로써 개인 간 네트워크를 형성하도록 한다. - 학생을 단순히 사례 혹은 숫자로 보지 않고 한 인간으로 보도록 한다.

대표적인 회의 안건의 예

1. 모두가 적절한 자세로 회의에 임할 수 있도록 회의의 목적을 검토한다.
2. 비밀유지에 대한 합의를 상기시켜 회의 중 언급된 내용은 외부에서 발설하면 안 된다는 것을 다시 한 번 분명히 한다.
3. 모두 지난 2주 동안의 출석 관련 서류를 검토한다.
4. 상담사는 회의 중 다루어질 학생들의 명단을 간단히 검토하고 추가 사항이 있는지 질문한다.
5. 상담사는 한 번에 한 학생만 살펴본다. 이때 의뢰서와 필요한 배경 정보를 공유하고 가능한 해결책에 대한 논의를 요청한다. 회의는 알파벳 순으로 진행되며 팀원은 회의가 진행될수록 피곤해지거나 부정적이 될 수 있다. 이는 순서에 따라 학생들이 다른 결과를 얻을 수 있는 가능성을 만든다. 회의 사이에 순서를 바꾸거나 다음에는 역순으로 시작하는 등의 균형을 맞추는 조치도 고려할 필요가 있다. 각 학생이 소개될 때, 기술 전문가들은 팀원들이 볼 수 있도록 학생의 프로파일을 프로젝터에 띄운다. 아웃리치 전문가는 잠재적인 문제를 파악하기 위해 출석표를 살펴본다.
6. 팀의 결정 사항을 서식에 기록하고 이를 의뢰자에게 보낸다.

해결중심적 학생지원팀 구성원의 발탁

모든 교직원이 이 팀에 참여하기를 원하거나 팀원이 될 수 있는 것은 아니다. 상담사, 사회복지사 그리고 아웃리치 전문가와 같은 팀원 중 일부는 학생들의 학업에 도움이 되지 않는 욕구를 다루거나 그러한 과정을 용이하게 진행시키는 데 있어서 반드시 필요하다. 해결중심 접근에 대한 훈련을 받은 과학 교사라도 이 팀에 참여할 수는 있지만 팀에 도움이 되기 위해서는 적절한 태도로 매 회의에 참석할 필요가 있다. 적합한 팀을 구성하는 데 있어서 직접적인 대화와 마음에서 우러나오는 합의가 필수적인데, 그래야 팀원들이 매 회의에 자발적으로 참석할 수 있고 생산적으로 기여할 수 있기 때문이다.

우선 팀원들은 비밀보장의 원칙에 동의해야 한다. 학생의 생활과 욕구를 살펴볼 때, 팀은 학생이 공론화되길 꺼릴지도 모를 극히 사적인 정보도 제출해야 한다. 모든 팀원은 회의 중 논의된 내용을 회의석상에만 국한시킬 것을 약속해야 한다. 어떤 교직원의 경우 업무상 비밀의 수준을 유지할 수 없을 수도 있기 때문에 지원팀에 적합하지 않을 수도 있다. 팀의 회의에서는 어떠한 주제도 논의 대상이 될 수 있다. 왜냐하면 불편한 주제라도 효과적인 해결에 도움이 될 수 있기 때문이다. 그러나, 기록으로 남겨야 할 경우, 팀의 논의가 기록에 적절하지 않거나 오히려 해가 되는 경우가 있을 수 있기 때문에 회의는 의도적으로 상세히 기록되지 않으며, 회의 내용은 비밀이 보장되어야 한다. 팀은 그들이 하는 많은 일이 조사와 관련된 것이지 사실 제공에 있지 않음을 유념하여야 한다. 팀은 회의석상에서 무엇을 기록할지 심사숙고해야 한다. 문서를 볼 사람이 누구인지, 향후 누가 이 문서에 접근할 것인지, 이 문서를 읽는 것이 학생의 목표 성취에 어떤 영향을 줄 것인지를 고려할 필요가 있다.

학생지원팀에 참가할 때 팀원이 고려할 또 하나의 요소는 팀에 참여하는 이유이다. 이것은 팀의 사명선언문을 참여자에게 명확하게 하고 이를 항상 핵심으로 존중할 수 있는지와 관련된다. 만일 한 개인이 교사들에게 더 나은 업무 환경을 만들기 위해 팀에 합류하기를 원한다면 이것은 좋지 않은 조합이 될 수 있다. 회의의 목적은 학생을 이해하고 돕는 것이지 수업 시간을 개선하고 사적 이

익을 증진하려는 것이 아니기 때문이다. 앞서 언급했듯이, 회의는 시간이 오래 걸리고 힘든 일이다. 회의 내내 자신의 사적인 걱정을 하고 있는 팀원은 논의되고 있는 학생의 욕구에 집중할 수 없을 것이다. 마찬가지로 학생의 개인적인 이야기를 들으면서 감정 처리가 어려운 사람이라면 해결지향적인 태도를 유지하기 힘들 수 있다. 팀의 일원이 되고자 동의하기 전, 모든 잠재적인 팀원은 회의가 어떻게 진행되고, 전략적인 사고와 해결구축을 위해 장시간 정서적으로 힘들 수 있는 시간에 대한 이해가 필요하다.

청소년의 미래가 위기에 처했을 때 그러한 힘든 이슈를 해결하고자 하는 팀에 합류하고자 하는 사람이라면 열정적인 사람일 가능성이 높다. 신중한 팀 구성은 다양한 문제를 다양한 방식으로 접근하는 열정적인 사람을 찾아내고 참여시키는 것이다. 상황에 대해 의견이 분분하거나 극명하게 다른 의견을 가진 개인으로 이루어진 집단이 협조적인 노력을 해야 할 때 갈등이 생길 가능성이 높다. 한 팀원이 매우 다른 생각을 할 경우 그것은 양쪽 모두에게 갈등을 일으킬 수 있다. 예를 들어, 한 팀원은 결과가 충분히 확실하지 않다고 생각할 수 있지만, 또 다른 팀원은 그것에 대해 관대할 수도 있다. 하지만 의견의 불일치는 의미 있는 대화로 이어질 수도 있으며, 주어진 상황에 최적의 해결이 될 수도 있다. 청소년을 돕기 위한 최선의 방법을 위해서 합의를 이끌고 책무를 다하는 것은 해결의 구축에 필수적이다. 의견이 다른 개인들이 해결책을 찾기 위해 목표에 집중하거나, 계속해서 학생중심적인 접근을 취할 수 있다면 팀은 의견 불일치에서 벗어나 과업을 순조롭게 진행할 수 있게 된다. 이는 훈련과 연습이 필요한 일이지만, 개인의 믿음을 강조하기보다는 팀에 더 큰 목표가 있다는 생각을 항상 염두에 두어야 한다. 팀 접근에 있어서 답은 항상 다양한 믿음의 혼재 속에 존재하며, 해결중심적 대화를 통해 해결의 실마리를 찾을 수 있다.

학생을 돕기 위해 해결중심적 학생지원팀 활용하기

회의에서 파악된 대부분의 문제는 교사의 의뢰에 기초한다. 대안학교 환경에서 학생들은 대부분의 시간을 교실에서 보내며 이는 교사가 학생의 성공적인 수행과 문제행동으로의 퇴보를 동시에 볼 수 있다는 것을 의미한다. 해결중심적 환경에서 관리자와 지원 인력은 교사들에게 학생이 평소와 달라 보일 때 이를 학생지원팀에게 알리도록 한다. 교사들은 의뢰서를 상담사에게 제출하고, 상담사는 이를 검토하고 주간 회의에 상정한다. 〈표 5-3〉은 의뢰서 양식의 예이다.

이 서식은 의뢰를 요청한 교사에게 팀이 동의한 조치 또는 해결책에 대해 소통할 수 있도록 하며, 추후 계획을 포함한 다음 단계를 보여 준다. 이는 교사가 학생의 진전 상황을 모니터링할 수 있는 시간 계획도 포함한다. 팀 회의에서 작성된 다른 기록과 마찬가지로 이 서식은 의도하지 않은 피해의 잠재적 원인이 될 수도 있다. 그렇기 때문에 서식은 공문서로서 처리되어야 한다. 학생에 대한 좌절감에 의뢰서를 작성하는 것은 유용하지 않으며, 마음을 상하게 하는 진술이나 부적절한 정보의 누설이 될 수도 있다. 좌절감이 열정과 관심으로부터 나올 수도 있지만 학생에 관한 서식을

〈표 5-3〉 의뢰서 양식의 예

상담사 의뢰서 양식

요청 일자/시간	요청자 이메일	학생 이름	학생 ID	상담사 (혹은 배정된 전문가)	필요 사항	추가 정보
2017/3/20	teacher@garza.org	켄드라 윌리암스	1234		수업 중 우울해 보임	학생이 오전 중 잠을 자고 복도에서 울고 있었음. 이 학생은 우울증 진단을 받은 적이 있음

상담사가 학생을 만난 날짜	시간	결과	추후 미팅	추후 미팅 일정	지원팀 의뢰	추가 정보
2017/3/30	3:00 PM	우울증과 학업 목표 논의	예	2017/4/6	예	학생을 안정시키기 위해 지원팀 회의에서 해결책을 찾을 때까지 계속해서 학생을 만날 예정임

작성할 때에는 모든 교직원이 신중해야 하며, 강점 관점을 따라야 한다. 간략히 서술하고 상황의 기본적인 사실에 충실해야 한다.

문서화와 서식은 필수적이지만 학생 서비스를 위한 의사소통은 비형식적이며, 각 개별 팀원의 욕구와 만족 수준을 바탕으로 한다. 팀원 중 몇몇은 상담사와 먼저 확인해 보는 것을 선호할 수 있지만, 또 다른 일부는 교장과 직접적인 접촉이나 피드백을 원할 수도 있다. 나머지는 서식을 우편으로 보내고 문서로 된 답변을 기다리길 원할 수도 있다. 해결중심적 환경에서 개별화된 의사 전달 방식은 핵심적인 역할을 한다. 체계에 대한 투자뿐만 아니라 모든 교직원의 협력을 도모하기 위해 팀원은 개인의 방식에 맞는 개별적 의

사소통을 요구하고 기대할 수 있다. 이것은 팀이 정보를 효율적으로 공유하기 위한 가능성을 최대화시키려는 의사소통과 서로를 알아가는 과정의 결과이다.

새로운 의뢰서를 제출하는 과정은 종종 학생이 상담사를 만나도록 하는 것을 포함한다. 이것은 해결책을 제시하거나 더 발전된 의미 있는 해결을 제공하기 위한 것이다. 이 회의는 주로 학생지원팀 회의 다음 날 진행되지만, 반드시 다음 번 팀 회의 전에 이뤄져야 한다. 훈육의 문제가 아니라면 상담사는 학생의 걱정과 문제 행동을 우선적으로 다뤄야 한다. 만일 상담사가 문제에 봉착하거나 문제를 좀 더 공식적으로 다루고자 한다면 행정 지원을 요청할 수 있다. 그렇지만 학생과 먼저 이야기를 나누게 되면 상담사는 학생과 교장 사이에 더 안전하고 호의적인 만남을 촉진할 수 있다. 이것은 상담사가 그 학생을 위한 안전지대를 만들어 줄 수 있기 때문이다. 맥락이 어떻든 간에, 교장의 입장에 따른 결과는 학생에게 중요한 의미가 될 수 있다. 상담사가 학생지향적인 환경에서 개방적인 의사소통을 진행함으로써 학생과 교장은 서로를 이해할 수 있는 관계를 쉽게 형성할 수 있으며, 그러한 관계 속에서 처벌보다는 지원과 해결을 제공할 수 있는 교장의 의도를 분명히 할 수 있다.

학부모를 팀원으로 초대하기

해결중심적 전략과 팀에 의해 제안된 중재안을 가지고 부모와 접촉하는 것은 궁극적으로 부모가 교직원의 역할과 동기를 새롭게 이해하도록 돕는 것과 비슷한 맥락이다. 학생이 해결중심 대안학교에 입학할 무렵 부모는 이미 많은 시간을 학교에서 보내고 학생의 행동문제에 관해 학교의 관리자와 이야기를 나눈 이후다. 회의에 참석 요청을 받을 경우, 부모들은 다양한 방식으로 반응한다. 따라서 모든 부모와 접촉할 수 있는 구체적인 지침과 준비는 거의 불가능하다. 어떠한 대안학교에서든 교직원은 가족의 구조와 상황이 학생마다 다양하다는 것을 익히 알고 있다. 어떤 부모는 자녀의 성공에 어떠한 도움이라도 주고 싶어 한다. 또 다른 부모는 자녀를 대신하여 적절하지 못한 개입을 하기도 한다. 몇몇 부모는 무기력감으로 자신은 할 만큼 했다고 생각하고 포기했을 수도 있다. 교직원과의 회의를 위해 학교에 들어서면서부터 부모는 그 과정에서 어떤 일이 벌어질지에 대해 이미 생각했을 가능성이 많으며, 교직원들과의 상호작용에 신중을 기하고자 할 수 있다. 그리고 부모는 자신들이 학생이었을 때 이미 부정적인 경험을 가지고 있을 수도 있다. 대부분의 경우 부모가 과거에 경험한 것은 그들이 자녀의 문제에 해결중심적으로 접근하는 데 도움이 되지 않을 수 있다.

교직원은 학생의 교육과 복지와 관련된 다른 모든 상호작용과 마찬가지로 부모와의 교류도 학생에 대한 공통된 관심을 중심으로 개인 간의 관계가 형성되어야 함을 명심해야 한다. 더 나은 결과에 대한 부모의 생각은 교사나 관리자의 생각과 다를 수 있다. 부모와 교사와의 만남은 서로에 대한 존중과 학생에 대한 헌신에 기초한다. 그러나 편견 없이 변화에 대해 논의할 수 있는 개방적이며 안전한 공간을 구축해야 협조적인 발전과 협의된 해결이 일어날 수 있는 관계에 이를 수 있다. 대화 방향의 변화가 학생을 위한 변화의 첫 단계가 될 수 있다. 부모와의 대화는 팀원이 미리 예상했던 것과는 다를 수 있다. 상호작용이 감정적이거나, 회의가 팀원이나 부모가 원하는 만큼 생산적이지 않더라도 이는 학생에게 도움이 될 수 있는 역동을 드러낼 가능성을 가진다. 짧은 회의라도 부모와 학생에게 관계 형성의 기초가 될 수 있음을 보일 수 있다.

예를 들어, 갓난 아이와 부모 집에서 함께 살고 있던 한 학생은 집에서 지내는 데 어려움을 겪었고, 이는 학업에도 지장을 주었다. 다음의 예는 대안학교가 그녀와 부모와의 관계에 어떻게 영향을 주었는지 보여 준다.

> 1부터 10의 척도로 본다면, 가자고등학교에 오기 전 저의 부모님과 저는 매우 낮은 점수인 3점에 있었습니다. 저는 학교에 가지 않았고 과다하게 약물을 했죠. 집에 가지도 않고 부모님에게 반항도 했습니다. 부모님은 제게 그런 행동을 하지 말고 학교에 가야 한다고 말씀하시곤 했습니다. 저는 "그건 내 선택이지 엄마나 아빠의 선택이 아니에요."라고 대꾸했습니다. 가자고등학교의 한 선생님이 제가 결석하고 늦게까지 일하는 것을 알아내고 저의 집에 대해서 물어보셨습니다. 저는 부모님과 잘 지내지 못하며 집에서는 안정감을 느낄 수 없다고 말했습니다. 그 다음 주에 상담사 사무실에서 저는 가족과의 회의를 원하는지에 대한 질문을 받았습니다. 여느 때였으면 아니라고 답했을 것이지만, 저는 가자고등학교의 교직원 선생님들을 신뢰했습니다. 그들은 저에 대해 신경을 써 주셨고, 저에게 해를 끼칠 것은 그 어떤 것도 권하지 않으셨습니다. 그래서 저는 부모님과 상담사와 함께 몇 차례 가족회의를 가졌습니다. 우리는 소통에 대한 얘기를 나눴고, 서로의 감정을 표현하기도 했습니다. 제 생각에는 우리가 어떻게 느끼며, 무엇을 원하는지를 서로에

게 말하는 방법을 배운 것 같아요.

　현재 저는 부모님과의 척도에서 9에 있습니다. 저는 아이가 있습니다. 두 살 된 아들과 안정된 생활을 하고 있으며, 책임감도 가지게 되었습니다. 부모님은 저의 임신 기간 동안 지원을 아끼시지 않으셨습니다. 가자고등학교에서 사람들을 만나지 않았더라면 모든 과정이 원활하지 않았을 것입니다. 예전 학교는 아주 형편없었죠. 학생들은 끊임없이 소리치고, 비명 지르고, 싸우고 물건을 부쉈습니다. 학생들은 거의 복도에만 있고 교실에는 들어오지도 않았죠. 그리고 선생님들은 무례하고 우리를 이해하려 하지도 않았습니다. 아이가 아파서 숙제를 늦게 제출했어도 선생님은 "변명이 될 수 없어. 점수에서 감할 거다."라고 말했죠. 저는 이런 방식이 정말로 무례하다고 생각했어요. 가자에서는 제출할 것이 있으면 저에게 더 좋은 방식으로 할 수 있는 여지를 주기 때문입니다. 가자고등학교는 느긋하고 편안한 학교입니다. 저는 집에서 더 이상의 분노나 스트레스가 없습니다.

　부모와의 생산적인 협업은 비밀이 보장된 열린 대화에서 시작된다. 비록 그 노력이 학생중심적이더라도 부모와의 대화는 학생에게 적대적이거나 어려운 관계를 유발할 수 있는 감정을 불러일으킬 수 있다. 비밀 보장의 회의는 부모의 좌절과 방어적 태도에 변화를 가져오는 데 도움이 되는 파트너와 같은 감정으로 전환될 수 있는 기회를 제공한다. 학교는 부모가 학생을 지지하기 위해 기꺼이 할 수 있는 것을 발견할 수 있도록 도움을 주는데, 이를 통해 학생의 상황에 가장 적합한 잠재적 해결책에 대해 알 수 있다. 종종 부모들은 이미 존재하는 해법을 가지고 있는데, 해결중심적인 기법을 이용해 이를 발견할 수 있다. 그러한 대화는 관련된 모든 이들이 같은 이해를 가질 수 있도록 하는 것으로, 그렇게 되면 합의까지는 아니더라도 실제 상황을 제대로 인식하게 되고, 이는 숨겨진 문제에 대한 해법을 찾을 수 있도록 해 준다. 이러한 변화는 이미 두려운 상황에 처해 있는 학생들이 기꺼이 받아들일 수 있고 안전한 상황을 만들어 준다. 교직원은 학생이 부모와의 회의를 편하게 받아들일 수 없거나 학생과 학교 사이의 관계에 위협이 될 수 있다고 판단되는 경우에는 이러한 과정을 진행하지 말아야 한다. 대신, 부모와 관리자들은 부모-자녀 관계가 일반적인 권위에 대항할 수 있도록 화합될 필요가 있다는 결론을 내릴 수 있으며, 이를 통해 관리자들은 부모가 자녀와 같은 입장에 설 수 있도록 하는 접근을 취할 수 있다. 이러한 전략적 접근은 권위의 문제로 어려움을 겪는 청소년과의 협력에 매우 유용하다.

관리자는 많은 유형의 부모-자녀 간 역동에 대한 안내자로서의 역할을 한다. 부모가 깊이 관여하고 선의로 행동하는 경우라도 관리자와 함께 하는 회의는 가족의 스트레스를 완화시켜 줄 수 있다. 다음 예에서 한 학생은 가자고등학교의 노력이 어떻게 가족 간의 긴장을 완화시켰는지 말해 준다.

1에서 10의 척도로 보면, 먼저 학교에서 엄마와 저의 관계는 5에 있었습니다. 학교는 저와 의견 일치가 전혀 없었으며, 엄마는 그저 공부에만 관심이 있는 사람이었습니다. 엄마는 박사학위가 있고, 누나도 대학을 갔죠. 엄마는 제가 공부를 잘하기를 원하셨고, 저는 쓸데없는 모든 산만한 요소를 다 가지고 있었죠. 엄마는 자신이 했던 것 때문에 저에게 아주 큰 기대를 가지고 있었습니다. 그러나 저는 암기와 쓰기, 수학에 어려움을 겪고 있었습니다. 우리는 성적이나 성적과 관련된 모든 것으로 많이 다퉜죠. 저는 과제를 제출하지 않고, 지각을 하고, 수업에도 빠졌습니다. 우리는 서로 매우 다르다고 생각했습니다. 그러나 교감선생님과 만난 후 엄마와 내가 얼마나 많이 닮았는지 알았죠. 예를 들어, 철학적으로 우리는 매우 닮아 있었습니다. 우리는 거의 같은 것을 믿고 있었고 같은 도덕성을 가지고 있습니다. 이제 우리는 더 많은 공통점을 지니고 서로의 비슷한 점과 차이를 볼 수 있게 되었습니다. 이제 우리는 척도에서 8점 정도입니다. 성적도 점점 좋아지고 있고, 이것이 많은 도움이 되고 있습니다. 가자에 온 이후 우리 둘의 관계가 좋아지고 있다고 생각합니다.

부모와의 만남은 회의의 결과와 관계없이 학생의 어려움과 잠재적 해결책과 관련하여 학생에게 실제가 어떤 것인지를 맥락화하는 중요한 시발점으로서의 역할을 한다. 그렇지만 하나의 접근이 모든 학생에게 똑같이 긍정적이거나 부정적인 결과를 가져오는 것은 아니다. 부모와의 협업은 학생의 생활을 더 완전하게 볼 수 있도록 하며 더 전체적인(holistic) 해결을 찾을 수 있도록 돕는다.

팀워크는 상당한 헌신적 자원을 요한다. 예를 들면, 가자고등학교에서 학생지원팀을 구성하는 팀원은 어떤 공립학교에서라도 근무할 수 있는 표준적인 지원 부서 인력들이다. 차이점이 있다면 학교에서 전일제로 근무하는 상담사의 수다. 텍사스주의 고등학교에서는 평균적으로 500명의 학생을 1명의 상담사가 담당한다. 가자고등학교의 경우 대략 학생 100명 당 1명의 상담사가 근무한다. 상담사가 학생의 요구를 다루는 데 투자하는 시간뿐만 아니라 다양성과 높은 수준의 욕구로 인해 이 비율은 해결중심 대안학교에 있어서 핵심 요소라 할 수 있다. 이러한 수의 상담사를 유지하는 것은 상당한 자원의 투입을 필요로 한다. 대안학교의 이러한 의도를 지원하기 위해 다른 학교에서 스포츠나 방과 후 프로그램에 쓰일 수 있는 기금을 이러한 일을 지원하기 위해 재배정할 수도 있다. 사회복지사가 있는 지역사회 프로그램도 지원을 제공하는데, 예를 들면, 학교공동체(Communities In School: CIS) 등의 단체가 학생들의 치료나 상담 같은 욕구를 충족시켜 줄 수도 있다. 외부 기관은 교직원에 대한 지원을 돕거나 학교의 모든 학생에게 제때에 적절한 서비스를 제공할 수 있도록 지원할 수 있다.

상담사에게 쉽고 빠르게 접근해 학생의 욕구가 적절한 시간 내에 충족되도록 하기 위해 해결중심 대안학교는 학교 내 상담 체계를 구축할 수 있다. 이런 유형의 접근법은 가자고등학교에서도 시행되고 있다. 한 학생이 상담사를 만날 필요가 있을 때, 그 학생은 교사에게 요청서를 제출해 줄 것을 부탁한다. 이 교사는 온라인에 접속해 공유된 서류 양식에 학생의 이름과 필요한 정보를 입력한다. 위급함의 정도는 다른 색으로 표시된다. 예를 들면, 학생은 수업 종료 전에 만남을 요청할 수도 있고, 학업 스케줄 조정을 위해 만날 필요가 있을 수도 있다. 상담사는 어느 학생이 우선되어야 하며, 어느 학생이 그 날이나 그 주 후반까지 기다릴 수 있는지 서류에 추가 사항을 표시할 수 있다.

상담사는 사무실에 두 개의 모니터를 두고 그중 하나는 전적으로 이 요청서만 나타나게 한다. 만약 상담사가 위급한 요청을 제시간에 다루지 못하면, 그 상황을 다른 상담사에게 의뢰해야 한다. 비상 상황이 발생하면 교사들은 요청이 전달되고 반응을 기다리는 체계를 기다릴 필요가 없다. 상담실에 있는 누군가 혹은 사회복지사에게 교실로 와서 학생을 필요한 장소로 데려가 줄 것을 직접 요청할 수 있다. 이 체계는 즉각적으로 반응하며, 학생들이 상담실에서 기다리며 수업시간을 놓치거나, 비상 상황 때문에 필요한 상담이 연기되는 것을 예방하기 위한 것이다. 학생들의 욕구는 어떠한 해결중심적 체계에서도 가장 중요하게 다뤄져야 한다.

가자고등학교의 상담사들은 약 350명의 학생을 맡고 있으며, 학기당 약 2,000건의 상담 요청을 받는다. 이 수치는 학교공동체(CIS)의 사회복지사나 진로진학 상담사와의 서비스나 상담 요청이 포함되지 않은 수다. 학교의 투자와 교직원의 노력 모두 매우 중요하다. 특히, 상담 서비스는 해결중심 대안학교의 기본적인 요소이며, 도움을 필요로 하는 학생들을 보살필 수 있는 가장 중요한 방법이다.

학생지원팀 활동 사례

레이(Ray)의 사진이 모니터에 올라왔을 때, 교감은 교직원들에게 그 학생이 그날 학교의 기물을 파손했고, 지난주 과제를 하지 않았다는 설명을 했다. 이전에는 출석도 잘하고 자기 진도에 맞는 목표도 완수했던 레이에게 이는 이상한 행동이었다. 레이의 경제학 교사는 3일 전에 갑작스러운 행동 변화를 눈치 채고 학생지원팀에 레이를 의뢰했다. 지원팀은 왜 학생이 교칙을 어겼으며, 어떤 해결이 학생에게 적합할지에 대한 해결을 찾는 임무를 수행했다.

레이의 현재 학업과 생활 태도를 논의한 후, 상담사는 레이의 아버지가 3년 간의 부재 후 귀가했다는 것을 알게 되었다. 곧 바로 레이의 급격한 행동 변화가 이해되기 시작했다. 팀은 레이의 욕구가 무엇인지, 또 어떤 해결책을 검토해야 할지 고심하기 시작했다. 레이의 성적과 출석을 살펴본 후 봄학기에 졸업하는 것이 레이에게 중요하다는 사실이 명백해졌다. 그러나 레이가 계속해서 결석을 하고 과제를 제출하지 않으면 그의 졸업은 늦춰질 것이다.

이제 팀은 레이의 행동에 관한 가능한 동기를 확인하고, 그의 목표를 이해했기에 대화의 초점을 해결책으로 전환했다. 문제를 논의하고 위험 요소에 집중하기보다는, 팀은 강점에 기반해 학업과 출석의 어려움을 극복하기 위해 과거에 레이가 했던 노력에 대해 얘기했다. 한 교사는 레이가 지난 봄 교실에서 점심을 먹었다는 점을 말했다. 점심시간 동안, 레이와 몇몇 학생은 과제를 더 일찍 혹은 제시간에 마칠 수 있었다. 교사는 레이가 런치 그룹에서 집에서 과제를 하는 것이 어렵다고 말한 것을 떠올렸다. 점심시간에 과제를 하는 것이 예전에 레이가 제시한 해결책이었기에 팀은 수업시간 전, 점심시간, 방과 후에 레이에게 과제를 할 수 있는 시간을 할애했다.

팀은 레이의 갑작스러운 행동 변화를 예의 주시하기로 했다. 레이는 갑작스러운 아버지의 등장으로 어려움을 겪고 있었지만, 팀의 목표는 그의 어려움 대신 그의 목표와 강점에 중점을 두고자 했다. 학생지원팀이 레이를 의뢰받은 것은 이번이 처음이었다. 레이는 다음 주에도 다시 의뢰될 가능성이 있었다. 그렇지만 팀의 목표는 해결지향적인 조치를 시험해 보는 것이기 때문에 레이가 다시 의뢰된다고 해도 그럴 법한 일이라고 결론 내렸다. 이 해결책이 효과가 없으면 또 다른 방법이 있을 것이다.

📖 주요 요점

- 다학제적인 접근은 팀원의 다양한 전문적 배경으로 인해 가능한 해결책을 늘릴 수 있다는 측면에서 해결중심 대안학교의 필수적인 부분이다.
- 문제를 예방하기 위해서 어떤 행동이 위험 요소에 해당하지 않거나 위기 상황이 아니라 하더라도 학교의 모든 교직원은 특이한 행동을 주시하고 정서적으로 학생을 지지해 줄 필요가 있다.
- 학생을 돕기 위해 지원과 지식을 제공하는 다양한 아이디어를 대화에서 나눌 수 있도록 많은 전문성을 가진 팀원이 지원팀에 속해야 한다.
- 지원팀의 초점은 개별적이다. 그들은 기존의 해결책과 학교, 부모, 지역 공동체가 제공할 수 있는 자원을 활용한다.
- 팀 회의는 현재 및 미래 지향적이다. 팀은 목표에 명확히 초점을 맞춘다. 이는 현재의 대화를 멈추고 모두가 회의의 목표를 반복해서 상기할 수도 있음을 의미한다.
- 비밀을 유지하고 학교 기록 정보에 대한 제한을 두어 팀원 간, 전문가와 부모 간 정보 전달의 양을 줄이는 것은 모두의 신뢰를 조성하는 것이다.
- 해결중심적 학생서비스팀은 상담과 정신건강 서비스 인력이 주도하며, 부모를 팀의 일원이 되도록 하기 위해 노력한다.

요약

이 장은 해결중심치료가 다학제적 팀 내에서 어떻게 활용되는지 보여 주고, 학생의 문제를 다루기 위해 학생지원팀을 어떻게 결성하는지에 대한 상세한 예를 제시한다. 해결구축적 팀 진행을 위한 기법의 구체적인 설명과 예시도 포함한다. 해결중심적 학생지원팀은 매주 만나며, 회의에 의뢰받은 학생에 대한 개별적 해결책을 구성할 수 있도록 해결구축의 대화에 기여할 수 있는 다양한 배경의 참가자로 구성되어 있다. 대화는 목표지향적이고 현재와 미래에 집중하며 구체적인 행동계획으로 결론을 내린다. 학생지원팀에 의뢰된 학생은 상담사의 관심을 받는다. 상담사는 학생에 대한 정보를 얻고 해결책을 강구하기 위해 팀 회의 전에 학생을 만난다. 이 다학제적인 접근은 해결중심 대안학교의 성공을 보장하는 필수 요소이다. 모든 교사는 해결중심 접근법을 훈련받고 이 팀과 함께 활동한다.

참고문헌

Franklin, C., & Guz, S. (2017). Tier 1 approach. Alternative schools adopting 해결중심치료 model. In J. Kim, M. Kelly and C. Franklin (Eds.). *Solution-focused brief therapy in schools* (pp. 52-3). New York, NY: Oxford University Press.

Franklin, C., Moore, K., & Hopson, L. (2008). Effectiveness of solution-focused brief therapy in a school setting. *Children & Schools, 30*(1), 15-6. doi:10.1093/cs/30.1.15

Murphy, J. J., & Duncan, B. S. (2007). *Brief interventions for school problems* (2nd ed.). New York, NY: Guilford Publications.

Streeter, C. L., & Franklin, C. (2002). Standards for School Social Work in the 21st Century. In A. Roberts & G. Greene (Eds.). *Social workers desk reference* (pp. 882-93). New York, NY: Oxford University Press.

6장

교육과정과 학습지도

사례

시작하기

해결중심 대안학교의 교육과정과 학습지도

상급생의 e-포트폴리오와 '스타워크' 졸업식

교사가 해결중심치료를 활용하는 방법

교육과정과 학습지도 적용 사례

요약

사례

가자고등학교[1])의 한 교사는 해결중심치료를 활용한 자신의 경험에 대해 다음과 같이 말했다.

　해결중심 대안학교에서 근무하면서 일상의 많은 도전뿐만 아니라 배움의 기회도 가질 수 있었습니다. 해결중심 접근을 활용하여 교실 안팎에서 생기는 다양한 상황에 새롭게 접근할 수 있었습니다.

　불안이 많았던 한 학생의 사례가 떠오릅니다. 그 학생은 수업에서 (어휘 문제와 관련된) 어려운 개념을 접할 때마다 불안해했습니다. 그렇지만 그 수업 내용이 학생에게 그리 어려운 수준은 아니었습니다. 오히려 학생의 불안을 다스리는 것이 문제가 되었죠. 학생은 자신의 불안감을 수업에 투사했고, 그로 인해 수업에서 다루는 개념의 이해도 어려워졌습니다. 저는 그 학생이 힘들어하고, 화를 내고, 아무것도 하지 않으려 하고, 심지어 학교를 그만두겠다는 으름장을 놓는 것까지도 지켜보았습니다. 처음에는 이러한 상황에 낙담할 수밖에 없었습니다. 하지만 그 후, 둘 다 이렇게 좌절하고 있으면 긍정적인 결과를 이끌어 낼 수 없다는 것을 알게 되었죠. 제가 학생의 불안을 치료할 수 없다는 것을 알지만, [적어도] 대수학과 관련한 수업에서는 학생의 대처 전략을 이끌어 낼 수 있도록 도울 수 있었습니다.

---

1) 이 장에서 제시된 예시는 대안학교에 다니는 학생들과 진행한 연구 인터뷰, 그리고 이 학생들을 가르친 교사들의 경험에서 발췌한 것이다. 인터뷰를 진행한 학생의 개인 정보를 보호하기 위해 이름을 비롯한 몇 가지 정보는 수정되었다. 몇몇 인터뷰는 오스틴 소재 텍사스대학교의 호그 정신건강재단(Hogg Foundation for Mental Health)의 도움을 받아 진행되었음을 밝힌다.

어떤 방법이 효과가 있을지 알아보기 위해, 저는 해결중심적 전략을 활용했습니다. 우선, 저는 학생이 침착하게 공부하고 있는 순간을 포착해 말했죠. "이 개념에 대해 공부를 잘 하고 있구나. 침착해 보이는데. 오늘은 여느 때와 어떻게 다르니?"라고 묻자 학생은 어휘가 어렵지 않아 개념을 잘 이해할 수 있었다고 대답했습니다. 저는 이런 분위기를 깨지 않으려고 계속해서 공부하도록 했습니다. 그 다음에는 학생이 저에게 어휘 문제를 도와달라고 했습니다. 학생이 좌절감을 느끼고 있다는 것을 알 수 있었죠. 그래서 저는 침착하게 이렇게 말했습니다. "넌 이전 문제들을 정말 잘 풀었어. 같은 개념인데 지금은 그게 어휘로 제시되어 있구나." 학생은 미심쩍은 표정으로 제게 말했습니다. "제가 문제를 더 복잡하게 만들어 더 어려워지는 것 같아요. 이해가 잘 되지 않아요." 저는 그 학생이 말한 내용을 더 알아보고자 했습니다. 우리는 학생이 스트레스 상황을 어떻게 다루는지, 그리고 어떻게 결과가 항상 좋지 못했는지에 대한 이야기를 나눴습니다. 그리곤 제가 질문을 했죠. "네가 어려움에 처했을 때, 괜찮은 결과가 나온 적은 언제였니?" 학생은 그런 때를 기억하지 못했습니다. 하지만 자신의 반응 때문에 더 악화된 상황에 대해서는 아주 자세히 이야기를 할 수 있었죠. 그래서 우리는 학생이 그렇게 반응을 하지 않았을 때 무엇이 더 좋아졌는지에 대한 이야기를 나눴습니다.

그리곤 우리는 풀어야 할 눈앞의 문제에 대해 논의하며, 어떻게 하면 학생이 좌절하지 않고 문제를 침착하게 풀 수 있을지에 대한 이야기를 나눴습니다. 우리는 호흡법이나 생각의 속도를 늦출 수 있는 방법을 활용했습니다. 아직 읽지 않은 문장들을 종이로 가리고 한 번에 한 문장에만 집중하도록 했죠. 우리는 함께 문제를 읽었고, 학생은 읽은 정보를 정리하며 문제의 값을 구하기 위해 필요한 요소들을 이해할 수 있었습니다. 그녀는 그것을 완벽하게 해낼 수 있었습니다! 후에 학생이 제게 말했습니다. "문제에 대해 지나치게 많이 생각하지 않고, 저 자신을 의심하지만 않는다면, 이 방법을 배울 수 있을 것 같아요." 우리는 매번 함께 앉아 같은 기법을 활용했고, 학생은 곧 자신이 익힌 것을 삶의 다른 영역에 어떻게 적용할 수 있을지에 대해서 논의할 정도가 됐습니다. 학생은 이후 더 좋아졌고, 감정을 폭발하거나 모든 것을 멈춰 버리는 상황을 많이 줄일 수 있게 됐습니다.

시작하기

대안학교에서 가장 효율적인 교육과정과 학습지도를 제공하기 위해서는 교실 구조가 가변적이고, 규모가 작아야 하며, 학생 개인의 특성에 맞는 개별화된 교육과정을 제공해야 한다(Alfasi, 2004; Aron, 2010; Watson 2011). 실제로, 작은 규모와 학생에 대한 접근을 개별화 하고자 하는 노력은 더 높은 학습 성취를 이끌며, 이는 증거기반 실천(evidence-based practice)의 대표적 특성이라고 할 수 있다. 소규모 개별적 접근법의 이점은 앞서 언급한 것처럼 교사가 학생과 앉아서 개별적으로 이야기를 나누며 학생의 학습이 용이하도록 돕는 개인 맞춤식 학습지도의 사례에서 찾아볼 수 있다. 대안학교의 교육과정과 학습지도는 교과 내용의 수준과 기준을 낮추는 등의 타협 없이 엄격하게 적용되어야 하는데, 그러한 방식의 타협이 위기 청소년에게 오히려 해가 될 수 있기 때문이다. 안타까운 현상으로 대안학교에서 학생이 학습 수준을 충족시키지 못할 때 그 이유를 저소득 계층이나 소수 인종에 따른 성취 격차 또는 학생 탓 등 개인적 특성에 기인하는 것으로 이해하는 경향이 있다 (Caroleo, 2014; Hahn et al., 2015). 그렇지만 연구에 따르면, 학습 면에 있어서 성공한 대안학교는 흥미로운 교육과정과 완전 습득 학습(mastery-based learning), 그리고 타 학교에 필적하거나 능가하는 대학입학 준비 프로그램 등의 특징을 갖추고 있다(Aron, 2010; Institute of Education Sciences, 2010).

또 다른 연구에 따르면 위기 청소년에게 가장 효율적으로 도움이 되는 학교는 지역공동체 학교(community schools)로서의 특성을 가진다. 이러한 경우 학교는 정신건강서비스와 더불어 사회봉사 시설을 갖추고 있으며, 포괄적 사회복지서비스(wrap around service)와 지역 공동체의 다양한 지원을 제공받는다(Bathgate & Silva, 2010). 이 장에서는 해결중심 대안학교에서 어떻게 교육과정과 학습지도를 다루는지를 논한다. 우리는 해결중심치료의 철학을 따르고 성취 수준에 대한 높은 기대, 철저하고 엄격한 학업 수행, 목표지향적 접근, 소규모의 개별화된 교실, 자기주도학습, 전문 학습지도 지원인력의 적절한 활용 등 여러 요소가 포함되도록 고안된 교육과정과 학습지도 접근법에 대해 다룰 것이다. 또한 상급생들의 e-포트폴리오와 '스타워크(Star Walk)'로 알려진 개별화된 졸업식에 대해서도 다룰 것인데, 이 두 가지는 개별화와 해결중심치료의 원칙이 어떻게 해결중심 대안학교의 학습지도 프로그램의 핵심으로 통합될 수 있는지를 보여 줄 것이다. 마지막으로, 교과과정과 학습지도에 교사가 어떻게 해결중심치료를 활용할 수 있는지에 대한 몇 가지 예시를 들 것이다.

해결중심 대안학교의 교육과정과 학습지도

해결중심 대안학교의 구조와 교육과정은 학생들이 자신의 학습에 대한 해결 방법을 구축하고 현재의 목표, 강점, 자원 그리고 동기를 활용하여 졸업이라는 목표를 성취 할 수 있도록 설계되었다. 교육과정과 학습지도는 다음의 요소를 중심으로 구성된다.

- 높은 기대와 엄격한 학업 기준
- 목표지향적 접근
- 소규모의 개별화된 학습법
- 자기주도학습
- 적절한 전문 학습지도 지원인력 제공

높은 기대와 엄격한 학업 기준

해결중심 대안학교에서 교사는 주어진 교육과정 내에서 교과과정과 학습지도에 상당한 자율권을 부여받으며, 더불어 어떠한 프로젝트와 과제를 교과과정 내에 포함할 것인지에 대한 결정을 할 수 있다. 그렇지만 이는 주(state) 차원의 표준 교육과정을 준수해야 하며, 여기에 편법은 있을 수 없다. 대안학교 학생이 교과과정을 제대로 이해할 수 없을 것이라는 가정으로 교과과정을 좀 더 쉽게 만들었다는 것을 학생이 알게 되면 이는 일반학교 학생과의 학습 격차를 더욱 벌릴 뿐이다. 대신, 해결중심 대안학교의 교사는 학생들이 이미 가지고 있는 능력을 확인하고 이를 구축하여 그들이 학업에 성공할 수 있도록 도움을 주고, 동시에 학생의 성취에 대한 많은 기대를 한다. 이러한 일은 무척 힘들고 도전적일 수 있지만, 교사는 학생이 학습 과정을 적극적으로 이끌 수 있도록 지원해 주는 파트너로서의 역할을 한다. 교육과정은 주 전체에서 활용하고 있는 동일한 인증 기준을 따른 학습 편제에 기초하고 있기 때문에, 입학생이나 전학생은 지난 학교에서 중단한 수업 부분에 해당하는 적절한 단원에서 학업을 다시 시작할 수 있다.

가자고등학교의 한 교사는 여러 학생들에게 어떻게 높은 기대와 엄격한 학업적 기준을 적용할 수 있었는지에 대해 다음과 같이 말했다.

> 제가 맡은 몇몇 학생은 무척 영리한 편이지만 도전적인 것에는 그다지 흥미가 없었습니다. 그래서 저는 그들이 자신의 역량보다 못한 흥미 위주의 글을 읽도록 허락하지 않습니다. 예를 들면 그들에게는 스티븐 킹(Stephen King)의 소설 같은 것은 읽지 못하게 하는 겁니다. 만약에 하나의 희곡을 읽어야 하는 경우 공부를 열심히 하지만 이해에 어려움이 있는 학생들에게는 3주의 기간을 줄 것이고, 다른 학생에게는 독서를 더 빨리 마칠 수 있도록 요구할 겁니다. 우리는 각 학생의 역량 수준을 살펴보고 이렇게 자문합니다. '이 학생들을 어떻게 도전할 수 있도록 할 것이며, 무엇으로 이들의 동기를 유발하고 유지하게 할 수 있을까? 서로 다른 수준에 있는 학생들을 어떻게 도울 수 있을까?'

이러한 접근법에서 타협되어서는 안 될 핵심 포인트는 교육과정 그 자체가 변경되어서는 안 된다는 것이다. 교육과정은 주 법령에 근거한 시험을 준비하며, 지침에 따라 정해진 시간 내에 시행되어야 한다. 그리고 학생들은 지정된 교과 내용을 이해했음을 증명해야 한다. 그렇지만 비록 교육과정 자체는 변경될 수 없을지라도, 교육과정을 전달하는 환경과 방법은 그렇지 않다. 만일 학생이 2월에 대학 입학을 위한 예비 미적분 수업을 마쳤다면, 그 학생은 주 전역에 있는 다른 학생들과 함께 치르는 시험을 준비하기 위해 5월에 2주간 복습과정에 참여할 수도 있다.

가자고등학교는 일반적인 학년제를 따르지만 여름학기에도 수업을 개설하여 학교를 연중 운영한다. 졸업을 위해서 학생들은 4학기 동안은 핵심 과목에 집중한다. 〈표 6-1〉은 가자고등학교의 대표적인 학습 시간표를 보여 준다.

〈표 6-1〉 가자고등학교 학습 시간표

1교시	9:00-10:00	수학
2교시	10:10-11:20	과학
점심시간	11:20-12:05	사회과
3교시	12:05-1:15	영어
4교시	1:15-2:25	선택 과목
5교시	2:25-3:35	선택 과목

가자고등학교는 교육과정과 졸업 필수 과목을 토대로 만든 교과과정과 세부 목표에 초점을 두고 체육 수업과 과외 활동은 폐지했다. 대신 학생들이 평생 즐길 수 있는 다양한 지역사회 스포츠 활동에 전념할 수 있도록 했다. 학교 자체의 스포츠 팀은 없지만,

학교를 상징하는 마스코트인 그리피스(Griffith)가 있다. 학생들은 서로 교류하며 사교할 수 있지만 정규 수업 시간 외에도 그럴 의무는 없다. 이를 통해 학교 내에서 볼 수 있는 학생 간 위계질서나 또래 압력과 경쟁적인 분위기를 없앨 수 있었다. 실제로 해결중심 대안학교의 특징 중 하나는 학생 모두를 똑같이 존중하기 때문에 학생 간 패거리 문화가 없다는 것이다.

가자고등학교에서는 학생들에게 방과 후 학습을 위한 과제를 내주지 않는다. 다만, 어떤 학생들은 교과목을 더 빨리 마치고자 스스로 과제를 선택하기도 한다. 개인별 맞춤형 진도는 신입생의 수시 모집을 더욱 용이하게 한다. 때문에 신입생은 격주로 열리는 신입생 오리엔테이션에 참석할 수 있다. 오리엔테이션과 입학과정은 2장에서 다루었다. 학생이 언제 입학하더라도, 그들은 학생중심의 개별화된 교육을 받을 수 있고, 이는 그들이 처음부터 다시 시작할 필요를 없앤다.

예를 들면, 어떤 학생은 6주차 대수학 II 수업이 진행되고 있는 10월 중에도 학업을 시작할 수 있다. 그 학생은 대수학 II의 첫 수업부터 다시 시작할 필요가 없으며, 현재 같은 수업을 받고 있는 다른 학생들과 같은 내용으로 시작할 필요도 없다. 자신의 개별 진도에 맞는 다음 단계에서 시작하면 된다. 〈글상자 6-1〉에 가자고등학교의 교육과정과 학습지도에 관한 핵심 요소가 예시되어 있다.

글상자 6-1

가자고등학교의 교육과정과 학습지도

연중 운영 학교

가자고등학교는 전통적 학년제를 따르며, 여름학기 수업을 개설하여 학교를 연중 운영하고 있다.

입학 등록

신입생은 격주로 열리는 오리엔테이션에 참석할 수 있다. 학생이 언제 학교에 입학하더라도, 그들은 학생중심의 개별화된 교육을 받을 수 있어서 처음부터 다시 시작할 필요가 없다. 예를 들어, 어떤 학생은 6주차 대수학 II 수업이 진행되고 있는 10월 중에도 학업을 시작할 수 있다. 그 학생은 대수학 II의 첫 수업부터 시작할 필요가 없으며, 현재 같은 수업을 받고 있는 다른 학생들과 같은 내용으로 시작할 필요도 없다. 자신의 개별 진도에 맞는 다음 단계에서 시작하면 된다.

다학점 과정

가자고등학교에서는 모든 과목이 같은 학점으로 운영되는 것이 아닌 다음과 같은 다학점 과정을 적용한다. 즉, 정부조직 0.5학점, 법원제도와 실천 1학점, 야외체육 활동 0.5학점, 그리고 사회과 특별주제탐구 0.5 학점 등을 총 2.5학점으로 통합한 과정이다. 이 과정을 수강하는 학생들은 비상상황 대처법, 생존기술, 심폐소생술 및 응급처치, 환경파괴 방지훈련 그리고 형사소송과 같은 다양한 공동체 활동과 풍부한 경험을 쌓을 수 있다.

블렌디드 학습지도

수업은 온라인(학교 컴퓨터 활용) 방식과 교실 수업 모두 가능하다. 대안학교 학생이 이용할 수 있는 기술적인 도구들은 지역의 모든 학교와 같은 기본적인 컴퓨터와 소프트웨어로 구성되어 있다. 각 온라인 수업의 내용은 주 또는 지역 교육청의 가이드라인과 같은 기준을 따른다.

온라인
가자고등학교의 온라인 수업은 지역의 다른 공립학교 학생들이 졸업을 위해 학점을 보충하거나 더 빠른 취득의 기회도 제공한다. 또한, 가자고등학교의 온라인 수입은 주에서 시행하는 필수시험을 내비할 수 있는 복습 사료를 제공한다. 비록 학점은 제공되지 않지만 이러한 과정을 통해 학생들은 시험을 준비하기 위한 복습 자료를 얻을 수 있다.

무 과제
가자고등학교에서는 학생들이 수업 후 공부를 더 할 필요가 없도록 집에서 할 수 있는 과제를 내주지 않는다. 하지만 몇몇 학생은 선택한 교과목을 더 빨리 끝내기 위해 스스로 과제를 선택하기도 한다.

목표지향

교육과정과 학습지도를 위한 해결중심 대화는 학생의 교육과정에서 나타나는 문제에서 시작될 수 있지만, 그럴 경우라도 대화의 초점은 즉시 학생의 목표로 전환되어 학생이 어디로 가기를 원하는지, 그리고 그 목표에 도달하기 위해 교직원이 어떻게 필요한 방법을 제공할 수 있는지에 중점을 두고 진행된다. 다음 사례에서 한 교사는 수업에서 발전이 없는 한 학생에게 목표에 중점을 둔 대화의 방식으로 어떻게 도움을 주었는지 보여 준다.

처음에 제 학생은 변명이 많았고, 다소 투덜대는 성향에 출석에도 문제가 있었습니다. 우리는 학생이 학업을 마치는 데 필요한 몇 가지 전략을 함께 살펴보았습니다. 학생은 일 년 반 동안이나 같은 학기를 다니고 있었습니다. 학생의 학업 포트폴리오를 살펴보고 우리는 성공적으로 해냈던 과제와 학습에 대한 얘기를 나눴습니다. 우리는 그 차이가 어디에서 나왔는지에 대한 기준평가(benchmark assessment)를 실시했습니다. 제가 활용했던 전략을 다시 살펴보니, 문제나 어려움에 대해 말하고, 잘 설정된 목표를 발전시키는 방식을 조합한 형태였습니다. 학생의 출석이 여전히 문제이기는 했지만, 우리는 목표(여름학기가 끝날 때까지 미국사와 정부조직/경제학을 마침)에 대해 논의했고, 학생은 목표를 이루기를 간절히 원했습니다. 학생과 이야기를 나눈 결과 그녀에게 잘 맞는 교육 방식을 찾아낼 수 있었습니다. 학생은 전통적 방식의 과제를 선호하는 반면, 컴퓨터 과제는 어려워했습니다. 이제 그 학생은 질문도 하고 수업시간에 매번 발전하는 모습을 보입니다. 이는 이 학생에게 획기적인 전환점이었습니다.

학업 목표는 합의를 통해 정해진 기간 내에 달성 가능한 작은 목표로 구성된다. 가자고등학교의 교사들은 이러한 목표가 선택한 기간 내에 학업 내용을 습득할 수 있도록 하는 일종의 합리적 데드라인과도 같은 것이라고 했다. 가자고등학교가 목표설정과 진전을 평가하는 방법은 SMART 목표 학습지로, 이는 학업 목표에 대한 학생의 발전을 평가하는 데 사용된다. SMART 목표 학습지는 목표설정에 대해 논의한 4장에서 소개했다. 또 몇몇 교사는 학생들이 교과 학점과 관련하여 자신이 얼마나 발전했는지 확인하기 쉽도록 캘린더를 활용하기도 한다. 학생과 교사 모두 졸업과 관련하여 학생이 어떻게 학습 내용을 습득하는지에 대한 지속적 평가를 위해 캘린더를 사용한다. 해결구축의 대화를 나누는 동안, 교사는 학생들이 개인적으로 세운 목표에 대해 얼마나 발전을 이루었는지 평가할 수 있도록 캘린더를 참고 자료로 이용한다. 다음에서 두 교사는 이러한 예를 잘 보여 준다.

한 교사는 욕구가 많은 학생에 대한 지도의 어려움을 다음과 같이 말했다.

> 제가 다루어야 할 가장 어려운 일은 어떤 학생들에게는 발전이 없다는 것입니다. 매번 효과가 있는 답을 가지고 있다면 좋겠지만 그렇지 못한 것이 현실이기도 합니다. 가장 효과가 있는 것은 여전히 그들에게 졸업까지의 일정이 적힌 캘린더를 주고, 과정을 마치는 데 필요한 과제와 시험을 완수하도록 하는 것입니다. 그들에게 잘 해낼 수 있다고 말해 주는 것과 이해가 어려운 것이 있을 때에는 항상 도움을 받을 수 있다는 확신을 주는 것입니다. 그리고 성공을 위해서는 노력이 필요하며, 성공에는 많은 혜택이 있다는 것을 알 수 있도록 해 주는 것입니다.

또 다른 교사는 다음의 사례에서 학생이 캘린더를 사용하여 자신의 목표를 향해 나아갈 수 있도록 초점을 맞출 수 있었던 경험에 대해 말했다.

> 과제를 제때 제출하지 않은 에이든(Aiden)이라는 학생이 있었습니다. 그를 학생지원서비스에 의뢰하기 전 이전에 연수를 받았던 해결중심 기법 중 하나를 활용해 볼 수 있겠다고 생각했

습니다. 복도에서 에이든에게 요즘 어떻게 지내고 있는지 물어 보았습니다. 그는 불평도, 나쁘다고도 말하지 않았습니다. 그래서 저는 그가 과제를 제때 제출하지 않아서 걱정이 되어 물어봤다고 말했습니다. 무거운 침묵이 흘렀습니다. 그래서 저는 그가 움직여 발전할 수 있도록 어떻게 도울 수 있을지에 대해 물어보았습니다. 다시 침묵이 흘렀습니다. 저는 그에게 언제 졸업하기를 원하는지 물어보았습니다. 그는 그런 생각은 해 보지도 못했다고 말했습니다. 저는 그때 캘린더를 꺼내며 "자, 우리가 어디 쯤에 있는지 살펴보자."라고 말했습니다. 그러고 나서 한 주에 하나의 과제를 캘린더에 표시하기 시작했습니다. 잠시 후 그는 지금의 속도로는 [제때 졸업하기에] 너무 오랜 시간이 걸린다는 것을 깨닫게 되었습니다. 여기서 저를 가장 놀라게 한 것은 그가 컴퓨터 때문에 집중이 안 되기 때문에 수업 중에는 더 이상 컴퓨터를 사용하지 않겠다고 말한 것이었습니다. 제 입으로 굳이 그런 이야기를 꺼낼 필요조차 없게 된 것이었습니다. 저는 이것이 학생에게 효과가 있는 접근이라는 것을 바로 알 수 있었습니다.

소규모의 개별화된 접근

소규모의 교실 환경은 교과 내용을 익히는 데 유용한 개별화된 학습지도를 용이하게 한다. 가자고등학교의 경우 학급 규모는 여름 학기에는 학급당 12명 정도이며, 정규 학기에는 학급당 15~20명 정도이다. 교사 1명과 보조교사 1명이 학급을 관리하고, 강의를 진행하거나 필요한 학급 안건을 다루는 경우가 아닌 때에는 촉진자로서의 역할을 하는 교사가 교실 앞에 서 있지 않는다. 대신 학생들은 책상이나 컴퓨터에 앉아 각자 학습을 진행하며, 헤드폰을 쓰고 공부를 하는 학생도 있다. 그동안 교사와 보조교사는 학생들 사이를 지나 다니며 손을 든 학생들의 질문에 답을 해 준다.

한 교사는 학생들의 수학 학습능력을 향상시키기 위해 어떻게 소규모의 교실을 이용하여 교육과정을 개별화할 수 있었는지에 대해 말했다.

> 스페인어를 모국어로 사용하는 학생들이 있었습니다. 수학 교재는 스페인어와 영어 등 두 가지 언어로 출판되어 있기에, 이런 경우 그들에게 스페인어 교재를 사용할 수 있다고 알려 줍니다. 스페인어 교재와 영어 교재를 동시에 사용하는 학생들의 경우 스페인어로 시험을 치를 수도 있습니다. 그런 방식으로 그들의 성적이 놀라울 정도로 향상되었습니다. 더 큰 규모의 교실이었다면 제가 언어에 대한 학생들의 어려움을 잘 찾아낼 수 있었을지 모르겠습니다. 아마 그 학생들은 조용히 있었을 수도 있고, 잘 해내지 못했을 수도 있습니다. 우리 교사들이 학생들의 개인적인 상황을 잘 모르기 때문에 간과하고 넘어가게 되는 경우가 많다고 생각합니다. 모든 교사는 학생들의 욕구에 맞추도록 교육과정을 개별화하고자 하는 마음으로 수업에 참여합니다. 그렇지만 학생 수가 너무 많을 때 이는 어려운 일일 수 있습니다.

교사들 또한 여러 교과 영역에서 잘 하고 싶어 하는 학생 개개인을 돕기 위해 교과과정을 개별화하며, 이로 인해 학생들과 종일 다양한 수준에서 수업을 진행해야 한다. 따라서 교사들은 사고가 유연해야 하며, 자신의 교과 영역에 대한 전문성을 갖추고, 어느 순간에도 광범위한 질문에 답할 수 있어야 한다.

이러한 방식의 학생 지도는 어려워 보일 수도 있다. 그러나 실제로는 매우 창의적인 과정이며, 이에 많은 교사가 흥미를 보인다. 광범위한 지식과 기법을 활용하는 수업 기회는 교사에게도 고무적인 것이다. 가자고등학교에서 교사의 깊이 있는 교수 역량은 교과과정의 계획 단계부터 필요하다. 교과과정은 필요한 전문 교과의 양에 따라 개인별 또는 학과별로 완성될 수 있다. 다른 전통적인 학교들처럼 교사들은 차별화된 교과 지도를 용이하게 하는 전략과 교수 방법을 서로 공유한다. 그리고 전문 교육 코디네이터는 교사를 보조해 필요에 따라 특별한 학습 과제를 조정하는 역할을 한다. 교과과정에 대한 설명은 학생을 안내하는 방식으로 작성되어야 하지만, 그 어조는 학생들의 질문을 이끌어 낼 수 있을 정도여야 한다. 그렇지만 교과에 대한 이해가 전적으로 학생에 달렸다는 것으로 전달되어서는 안 된다. 교사들이 교과과정에 익숙해지고 기술적으로 능숙해지면, 학생들의 교과목 이수에 대한 도움에 좀 더 자신감을 갖게 될 것이다. 2장에서 언급하였듯이, 교과과정과 학습지도에 대한 전문교사(a specialized teacher)는 학교의 유용한 자원으로서 해결중심 대안학교의 리더십 팀에서 활동하며, 성공적인 교과과정의 작성을 촉진한다.

자기주도학습

자기주도 교과과정은 일반학교의 교육과정과 마찬가지로 목적, 목표, 내용으로 구성되어 있다. 유일한 차이점이 있다면 학생들이 수업의 목표를 이행하고, 내용에 대한 이해도를 증명할 수 있는 데 필요한 시간을 할애한다는 것이다. 해결중심 대안학교의 학생들은 수업의 이해에 필요한 개인 시간이 30명 규모 학급의 학생들보다 훨씬 적다. 예를 들어, 가자고등학교에서는 학습 내용을 이해한 개인 학생에게 나머지 학생들에게 필요한 추가적 학습을 더 요구하지 않는다. 학생이 수업에 지루함을 느끼거나 흥미를 잃기 때문이다. 또한 학생이 과제를 완성하지 못하거나 완전히 이해하지 못했을 경우라도 다음 진도를 나가도록 요구하지 않는다. 학생은 다음 진도로 넘어가기 위해, 학습이 다 이루어졌음을 증명해야 한다. 이후, 학생은 교사와 함께 목표를 향해 얼마나 향상되었는지 검토하고, 그 다음 수업 단원을 선택하여 새로운 목표를 세운다. 만약 학생이 교과 내용을 더 잘 이해하기 위해 더 많은 시간과 다양한 접근이 필요하다면, 교사는 그 학생과 더 오랜 시간을 보내면서 비판적 사고를 끌어낼 수 있는 질문을 하거나, 심화 교육과정의 핵심 부분을 학습할 수 있도록 학습 역량을 발전시키고자 할 것이다.

한 단원의 시작을 프레이밍(framing)하는 것은 자기주도학습 과정에서 필수적이다. 교사들은 학생들에게 시작점을 제시하고, 학생들과 함께 작업하면서 학습이 완성될 때까지 예상되는 시간 프레임을 정한다. 그리고 학생들에게 선택하거나 우선권을 갖도록 하는 기회를 제공한다. 전체 학급이 같은 책을 읽고 그 수업의 일반적인 이해를 끌어내야 할 경우, 어쩔 수 없이 몇몇 학생은 그러한 경험을 좋아하거나, 또는 싫어할 수도 있다. 어떤 학생은 책을 읽겠지만, 다른 학생은 그렇지 않을 수도 있다. 또한 몇몇은 그 과정이 다 끝나고 나서도 불만족스러울 수 있다. 하지만, 예를 들어 교사가 학생에게 다음 과제에 서로 대조적인 두 편의 소설이 포함될 것이라 말해 주며 학습 성과에 대한 측정 기준을 설명하면, 두 소설을 통해 학생들은 필수 기준을 충족하면서도 수업의 재미와 의미를 찾을 수 있다. 어떤 학생은『주홍글씨』를 읽는 과제를 완수하는 것보다,『스타워즈』와 함께『프랑켄슈타인』을 연계해서 읽는 과제에 더 창의적이고 신속하게 반응할 것이다. 교과과정 구성에 학생을 참여시키는 것은 개인적인 가치와 동기를 지속적으로 증가시키며 동시에 몰입과 흥미를 불러일으킨다.

전문 학습지도 지원인력

모든 학생의 성공을 보장하기 위해, 해결중심 대안학교에서는 전문화된 학습지도 지원인력을 활용한다. 가자고등학교는 많은 수의 상담 지원 스태프를 고용하며, 이들을 학생과 연계해 입학에서 졸업까지 밀착해서 관리한다. 중퇴 예방 프로그램인 학교공동체(Communities In School: CIS)는 사회복지사를 비롯해 추가 상담과 학습 보조, 성적 관리 등의 서비스를 제공한다. 예를 들면, 가자고등학교는 지역사회의 자원봉사자, 멘토, 강사 등과 연계하며, 또 텍사스대학교 사회복지학과와의 파트너 관계도 유지하고 있다. 학습 목표를 성취하기 위해 필요한 자원을 학생에게 조달하도록 하는 대신 가자고등학교는 외부의 자원을 교내에서 활용할 수 있는 환경을 조성했다. 학교는 사회복지사나 정신건강 전문가들이 학생의 스트레스 등에 대한 개인상담을 진행하거나 집단상담을 진행할 수 있는 치료 공간도 제공한다.

전문 학습지도 지원인력은 추가적인 도움을 필요로 하는 학생의 지원에 유용하다. 상담사는 전문 학습지도 지원 스태프로서의 역할도 수행하는데, 이들의 독특한 역할은 졸업이라는 목표에 대해 추가적 지원이 필요했던 한 학생과 나눈 다음의 대화에서 살펴볼 수 있다.

상급 학년으로 올라가기를 꺼리는 한 학생과 상담을 진행하며 우리는 매주 점검을 하고 목표를 설정하고 있습니다. 그는 제시간에 등교하려는 노력을 하고 있어, 저는 학생이 정시에 오는 것만으로도 성공을 상상해 볼 수 있도록 도움을 줄 뿐만 아니라, 그의 향상도 축하해 줍니다. 최근에 그 학생과 같이 한 활동은 제가 졸업가를 흥얼거리는 동안 그는 눈을 감고 졸업 모자와 가운을 입고 있는 상상을 하는 것이었습니다. 그의 지각은 반으로 줄었고, 그에게 가장 힘든 수업 중 하나는 이제 끝내기 전까지 단 두 단원만 남았습니다.

이와 비슷하게, 출석을 향상시키기 위해 추가적인 도움이 필요했던 학생과의 작업에 대해 한 사회복지사는 다음과 같이 말했다.

저는 출석과 관련하여 교사들로부터 한 여학생에 대한 서비스 의뢰를 받은 후 그녀를 만났습니다. 학생을 만났을 때, 학교에 결석한 이유를 들을 수 있었습니다. 학생의 문제는 대체로 가정과 일에 관련된 것이었습니다. 부모님은 돌아가셨고, 학생은 자신의 푸드스탬프(food stamp: 식비지원제도)를 나눠써야 하는 다른 가족과 함께 살고 있었습니다. 학생은 집세를 내고 함께 살고 있는 다른 세 가족을 부양하기 위해 일을 두 개나 해야 했습니다. 저는 척도질문을 활용해서 학교와 일을 병행하는 것이 얼마나 힘든지 양적으로 표시하도록 했습니다. 몇 주간의 과정을 통해 우리는 척도질문의 점수를 높이기 위해 과거의 성공에 초점을 맞추어 함께 전략을 세웠습니다. 학생은 일보다 자신과 학업에 우선순위를 두게 되면서 발전을 보이기 시작했습니다. 학생은 이를 통해 자신의 신뢰를 악용하는 사람들과는 더 이상 관계를 맺지 않겠다는 삶의 교훈을 배웠다고 말했습니다.

상담사, 사회복지사 그리고 타 정신건강 전문가들은 교실에서 어려움을 겪고 있는 학생들을 돕기 위해 교사들과 함께 학생서비스팀으로 활동한다(학생서비스팀에 대한 내용은 5장에서 논의했다). 교사는 사회복지사에게 학생을 의뢰할 수 있지만, 여전히 교실에서 교사로서의 역할을 수행할 수 있다.

수업을 시작할 때, 학생은 썩 좋아 보이지 않았고, 영어 과목을 공부하길 원했습니다. 이야기를 조금 나누자 그는 자신의 기분을 말할 수 있었고, 가족의 문제에 대해서도 언급했습니다. 그렇지만 상담사를 만나고 싶어 하진 않았습니다. 저는 학생에게 역사 과목 과제의 읽기 부분에 더 집중하고, 월요일에 있을 질문 시간에 답할 수 있도록 알리는 내용을 메모지에 적어 주었습니다. 그리고 저는 밖으로 나가 사회복지사에게 의뢰하기 위해 학교공동체(CIS)에 연락을 했습니다. 교실로 다시 돌아와서 학생에게 어떻게 현재의 상황을 한 단계 향상시킬 수 있을지 물었습니다. 그는 그냥 계속 읽기를 원한다고 답했습니다. 20분 동안 영어책을 읽고 나서 세계사를 공부하고, 시사 문제에 관한 학급토론을 마치면 괜찮겠다고 말했습니다. 저는 시사 문제 시간에 먹을 간식이 준비되어 있다고 말해 주었습니다. 학생은 영어책을 한 15분 정도 읽고 나서 혼자 세계사 공부를 했습니다. 그러더니 기분이 좀 나아졌습니다. 기분이 좋아지니 좀 더 생산적으로 변할 수 있었습니다. 그리고 나서 그는 사회복지사를 만날 수 있었습니다. 이후 학생은 시사 문제 수업 시간에 적극적으로 참여할 수 있었습니다.

상급생의 e-포트폴리오와 '스타워크' 졸업식

가자고등학교의 상급생들은 모든 기록이 누적되는 e-포트폴리오를 남긴다. 이는 고등학교에서의 활동과 성과를 돌아보게 하고, 그들의 미래와 졸업 후 특별한 목표를 기대할 수 있도록 한다. e-포트폴리오는 우수한 교과활동, 지역봉사활동, 진로진학 탐구, 목표설정, 추천서, 졸업 에세이, 이력서 등을 포함한다. 학생들은 다음에서 설명할 개인 졸업식인 '스타워크(Star Walk)' 행사의 하나로 그들의 e-포트폴리오를 가족, 친구, 교사에게 전한다. 상급생의 e-포트폴리오는 기술 선택 과목이나 말하기 요소 또는 독립된 학점으로 인정된다. 〈글상자 6-2〉에 두 학생의 졸업 에세이가 예시되어 있다.

글상자 6-2

상급생 에세이 사례

상급생 졸업 에세이 A

오랜 시간 내가 겪었던 날들은 비현실적이었다. 나는 행복한 현실을 꿈꾸곤 했다. 나는 고등학교를 졸업하고 대학에 가는 환상을 가졌다. 스스로 밝은 미래를 상상했다. 그러나 현실에서 나는 심각할 정도로 우울했다. 가까스로 학교를 가거나 잠자리에서 일어났고, 미래는 전혀 바라볼 수도 없었다. 나는 몇 년 전에는 불가능했던 것을 오늘 이 자리에서 하고 있다.

내 이름은 매리 케이트(Mary Kate)다. 나를 모르는 분은 내가 도서관에서 책을 읽고 있거나, 새로운 미술 프로젝트를 위해 미술실에서 작업하고 있는 것을 봤을 수도 있다. 나는 날에 따라 매우 외향적이거나 반대로 아주 내성적이기도 하다. 학교에 가지 않을 때는 공부를 하거나 카페에서 그림을 그리거나 글을 쓰거나 책을 읽으며, 거의 매번 커피를 너무 많이 마신다.

여러분은 잘 모를 수 있지만, 내가 기억하는 한, 나는 예전부터 우울증에 시달렸다. 2학년 중반에 나의 우울증은 가장 나쁜 상태에 도달했다. 현실은 뒤틀려 있었고, 더 이상 삶의 이유를 찾을 수 없었다. 그렇지만 나는 포기할 수 없었다. 나의 가족에게 그럴 수는 없었다. 왜냐하면 그런 일의 충격이 얼마나 오랫동안 남게 되는지 나 스스로 체험해 보았기 때문이다. 나는 내 삶에 큰 변화가 필요하다는 결심을 했다.

나의 삶에 해가 되는 사람들과의 관계를 끊고 새로운 출발을 위해 가자고등학교에 등록했다. 이전 학교에서 나는 그저 많은 학생 중 하나로, 쓸모 없고, 거의 모든 선생님에겐 곧 중퇴할 학생일 뿐이었다. 가자고등학교의 캠퍼스에 처음 발을 들여 놓았을 때 나는 깜짝 놀랐다. 학교에서 그렇게 환대를 받거나 편안함을 느낀 적이 없었다. 내 인생 처음으로 학교에 가고 싶어졌다. 그러나 처음 여기 왔을 때 나는 분명히 어려움을 겪었다. 여기선 누구도 공부를 강요하지 않았고, 내가 공부를 하지 않는다면 나 자신이 뒤처지게 될 뿐이었다. 정말 많이 미루고 미룬 끝에 비로소 내 자신을 부추기기 시작했다. 당연히 시간은 내가 원하는 것보다 더 오래 걸렸지만 그래도 괜찮다. 내가 제대로 배우고 좋은 성적을 받는 데 필요한 시간이었기 때문이다. 가자고등학교와 최선을 다 하도록 나를 후원해 주신 훌륭한 교직원이 없었다면 오늘의 나는 없었을 것이다. 한 분 한 분 모두에게 감사드린다.

상급생 졸업 에세이 B

내 이름은 문(Moon)인데 여러분이 나를 알지도 모르겠다. 오늘 나는 가자고등학교의 새로운 졸업생이 된다. 2015년 11월 15일은 내가 여기 처음 온 날이다. 15번째 생일이었을 뿐만 아니라 2학년이 시작되는 날이었다. 첫날 이후로 나는 이 학교와 학교가 허용하는 모든 것에 몰입하고자 노력했다. 나는 가자의 거의 모든 스태프와 친구가 되었다. 그렇지 않았다면 그들은 나의 상담사와 선생님이 될 수 없었을 것이다.

나는 여기 온 이후 정말 특별한 친구들을 사귀었고 그들 모두를 사랑한다. 25번이나 학교를 옮긴 후로는 몇 학교를 다녔는지 셀 수조차 없었다. 나는 여러 곳에서 살았고, 이곳은 내가 살았던 도시와 학교로서 가장 오래된 곳이다. 나는 내가 얼마나 잘 적응하며, 관찰적인 사람인지 알게 되었다. 나는 이야기를 쉽게 하고, 잘 들으며, 신의가 깊고, 내 안에 엄청난 자신감이 있다고 말하고 싶다.

나는 진실, 연민, 결단력, 친절함을 나의 가치로 여긴다. 내가 하는 모든 일에 이러한 가치를 포함시키려 노력한다. 내 목표는 편안한 삶을 사는 것이다. 나에게 편안함이란 예술, 음악, 문예, 창작, 사회운동 등을 실천하는 삶이다. 선의로 세상에 기여하는 것도 내가 원하는 것이다. 힘들겠지만 그럴 만한 가치가 있을 것이라는 것도 잘 알고 있다.

내가 절대로 여기까지 올 수 없을 거라는 생각을 여러 번 했었다. 그랬다면 난 죽어 있을 것이다. 그렇지 않아 기쁘다. 가자는 내가 아직 살아 있는 이유이다. 진심이다. 내가 가자에 오지 않았더라면, 내가 이곳의 선생님들과 스태프들을 만나지 않았더라면, 오늘 이 자리에 없었을 것이다. 이곳에 다니는 동안, 나는 매일 아침 일어나 학교에 갈 생각에 설렜다. 또한 나의 성공에 놀라워하는 사람들을 보는 것도 신나는 일이었다. 가자는 나의 안전한 천국이자 집과 가족이었다.

나는 전일제로 일하면서 성전환 수술을 받기 위해 돈을 모을 계획이다. 그러고 나서 룸메이트로 아주 좋은 친구와 지낼 나만의 공간을 얻을 것이다. 자동차로 미국 횡단여행을 하고 유럽, 볼리비아, 일본 등 많은 다른 나라에 배낭여행도 갈 것이다. 이제 얼마 후 나는 일도 하고 나의 새 삶을 즐기며, 오스틴커뮤니티칼리지(ACC)도 다닐 계획이다.

예전 나의 상담사였던 아마리(Ms. Amari) 선생님께 감사를 보낸다. 선생님이 아니었다면, 가자를 다닐 생각도 못했을 것이다. 트레비스 고등학교 1학년 때 선생님을 만난 것은 최고의 일이었던 것 같다. 가자에 오기 전 해야 할 것과 입학할 수 있는 가장 빠른 방법을 알려 주어서 감사드린다. 나 자신을 사랑하는 방법을 배울 수 있도록 해 주었고, 성공에 필요한 모든 지원을 해 준 가자에 감사하다. 나는 내가 원하는 대로의 나다. 나는 여전히 나를 사랑하는 법을 배우고 있고, 그것에 만족한다.

스타워크는 6월의 졸업식과 함께 치러지는 개인 졸업식이다. 가자고등학교의 학생들은 자기주도학습을 하기 때문에 학기 중에 졸업하는 것이 흔하다. 가자고등학교는 학생의 성과를 축하하기 위해 봄학기까지 기다리기보다 스타워크라는 제도를 만들었다 (Franklin & Streeter, 2003; Kim, Kelly, & Franklin, 2017). 스타워크에는 교장, 가족, 친구, 학생이 선택한 학교 스태프들이 참석한다. 졸업생이 e-포트폴리오를 공식적으로 소개한 후 식이 진행된다. 교장이나 다른 교직원이 학생이 졸업이라는 목표를 달성하기까지 도움이 된 특별한 장점과 자질 그리고 향후 목표를 언급하면서 스타워크는 시작된다. 이후 학생에게 가자고등학교의 상징을 새긴 '가자 스타(Garza Star)'로 알려진 유리로 만든 별 문양 트로피를 수여한다. 사진 촬영 후, 학생은 참석자들을 이끌고 강당을 내려간다. 음악이 연주되고 교직원과 다른 학생들은 박수로 환호하고, 풍선을 날린다. 참석자들은 팔짱을 끼고 통로를 만들어 학생이 그 사이로 지나갈 수 있도록 해 준다. 학생이 학교의 여러 곳을 행진하는 동안 아프리카 드럼이 연주된다.

스타워크는 스스로 세운 목표를 완수할 수 있었던 학생의 능력과 성취를 축하하는 행사이기 때문에 해결중심치료의 변화 기법과 맥락을 함께 한다. 이것은 강점과 역량을 강조하고, 학생이 이룬 성과에 대해 학교, 가족, 지역사회로부터 칭찬을 받을 수 있는 자리다. 이러한 의식을 통해 학생의 개인적 특성과 동기를 축하해 줄 수 있다.

교사가 해결중심치료를 활용하는 방법

사회복지사와 상담사가 학생을 돕기 위해 해결중심치료의 변화 기법을 활용하는 사례는 많다. 하지만 교사가 수업에서 해결중심치료를 활용하는 예는 그렇지 않다(예: Metcalf, 2003). 우리가 아는 한 교사들이 대안학교에서 위기 청소년에게 해결중심치료를 어떻게 적용하는지를 실제적으로 보여 주는 사례는 거의 없다. 그런 이유로 다음에서는 교사가 교실 내에서 해결중심치료를 이용하는 방법에 대한 몇 가지 예를 다루고자 한다. 다음의 사례는 가자고등학교의 교사들이 직접 작성하여 제공한 것이다.

예외와 과거의 성공

월요일 아침, 첫 시간. 학생들이 등교한다. 몇몇은 웃고 있으며,

또 몇몇은 졸린 눈으로 몸을 끌듯 들어온다. 모여서 서로 인사를 하고 수학 수업을 시작하는 데 필요한 다양한 물품을 찾는다. 공부할 시간이라는 것을 알지만 학생들은 이를 최대한 미루려고 애쓴다. 곧 앉아서 수업을 시작한다.

수지(Susie)는 수학 문제를 노려보고만 있다. 나는 아침 인사를 하면서 그녀에게 다가간다.

그녀는 시무룩한 어조로 대답한다. "이 문제를 이해할 수 없어요."

나는 "이해를 못한다고?"라고 말하며, "그러면 이해를 못하는 부분이 정확히 어디인지 한 번 보자. 네가 아는 것을 내게 말해 주렴. 우리 모두는 어떤 것에 대해 알고 있고, 우리는 그것으로부터 성장하는 거지. 넌 지난번에 이것과 아주 비슷한 문제를 해결하는 방법을 내게 보여 주었어. 아주 잘 했었어. 그 문제를 풀 때 무엇을 했고, 그 전략을 어떻게 이 문제에 적용할 수 있을지 생각해 보자."

수지는 문제 풀기를 멈추고 참고가 되었던 문제를 다시 살펴보기 시작했다. 그녀는 문제의 풀이 단계를 다시 자세히 살펴보고 눈이 커졌다. 무언가 깨달은 순간이 온 것이다.

"맞다." 수지가 말했다. "방정식의 값을 0으로 만들어서 변수를 찾아내는 게 이제 기억나네요. 알겠어요, 저 참 바보같네요."

"수지야, 그렇게 생각하지마. 앞으로도 그럴 필요 없어. 너는 확신이 없어서 도움을 요청했어. 도움이 필요하다는 것을 알고 그것을 찾으려고 한 것만으로도 대단한 거야. 넌 필요한 정보를 다시 생각해 내고 스스로 문제를 풀었어. 네가 필요로 했던 것은 자신감과 안내를 요청하는 질문이었어. 나머지는 네가 해낸 거야."

이 상황에서 나는 동기 부여를 위해 학생의 정서를 활용했다. 즉, 그녀가 좌절했을 때 과거의 성공을 떠올리게 함으로써 그 감정을 누그러뜨린 것이다. '예전에 그것을 성공했을 때에는 어떻게 했니?'라는 질문이 그것이었다. 그것을 어떻게 이루었고, 그 과정을 다시 시도해 보는 것이 그녀가 시작할 수 있도록 돕기 위한 나의 조언이었다. 일단 자신이 성공하기 위해 무엇을 했는지 깨닫는 순간, 그녀는 더 이상 스트레스를 받거나 좌절하지 않았다.

또 다른 교사는 예외질문을 사용한 예를 나눴다. 다음은 교사와 학생의 대화에서 발췌한 내용이다.

교사: 안녕, 조던(Jordan). 우리 잠깐 얘기 좀 할 수 있을까?

학생: 물론이죠.

교사: 너의 지각에 대해 알고 있는지 궁금하구나. 지난 두 달 동안 14번이란다. 수업에 있었던 시간은 40분 정도밖에 되지 않는구나. 그게 너의 진전에 영향을 미치고 있어서 걱정이다. 나는 네가 이 과정이 너무 오래 걸린다고 생각해서 낙담하는 걸 원치 않아.

학생: [잘 알고 있다는 듯이] 버스가 늦었어요. 늦게 탔어요. 아침에 일어나는 데 문제가 있고, 부모님이 먼저 나가세요. 알람 소리를 못 들어요. 잠도 잘 못 잤어요.

교사: 그러면 네가 학교에 정시에 왔을 때에는 어떤 변화가 있어 그렇게 할 수 있었니?

학생: 더 일찍 일어나 버스를 타요. 엄마가 아침을 준비하시면서 내가 다시 잠들지 못하게 해 주시는 게 도움이 돼요. 생각해 보니 더 일찍 잠드는 것도 그렇네요.

교사: 그렇구나. 너는 그런 차이를 만드는 게 무엇인지 신중하게 생각을 하는 것 같구나. 그러면 네가 지각하지 않도록 도움이 되었던 적극적인 방법은 뭐라고 생각하니?

학생: 정말, 엄마한테 아침 식사를 만들어 주시는 덕분에 내가 준비를 하게 되고 그래서 기분도 더 좋아진다고 말해야겠네요. 버스도 타게 되고요. 아침에 더 일찍 일어나야 한다는 건 알지만 그래도 잠을 잘 못 잤을 때에는 그게 무척 힘들어요.

교사: 잠자리에 드는 정확한 데드라인을 정하는 게 가능할까? 전화를 끄고, TV도 끄고. 그 결과가 어떤지 볼 수 있을까? 침대 옆에 펜과 종이를 두고 그 결과를 기록할 수 있겠니? 너의 출석을 변화시킬 수 있는 다른 특별한 선택이 또 있을까?

학생: 엄마에게 새로운 알람시계를 사 달라고 하는 거요. 전자레인지에 데워서 버스에서 먹을 수 있는 간편식을 사 달라고 하거나, 엄마가 나갈 때 방문을 열어 놓고 뉴스를 켜 놓으라고 얘기할게요. 일찍 일어나게 될 거예요. 뉴스를 듣는 건 싫어요. 정말 짜증나요! 시간이나 노력에 대해 기록할 메모지를 옆에다 놔둘게요. 성과를 기록하는 건 좋은 생각인 것 같아요. 효과가 없는 게 무엇일지 더 잘 이해할 수 있겠군요.

교사: 그래. 정말 좋은 생각이구나. 언제 시작할 수 있겠니? 내가 어떻게 도와줄 수 있을까? 무엇이 효과가 있는지 한 주나 두 주 후에 함께 확인해 볼 수 있을까?

기적질문

"미적분 예비 수업을 듣는 학생 중 한 명이 과정을 중도에 그만두길 원했다. 그녀는 이 수업을 세 달째 듣고 있었지만 어려운 교과과정과 내적 동기의 부족으로 인해 거의 진전이 없었다. 그녀의 중도 탈락을 막고 있는 건 어머니의 만류뿐이었다. 학생이 말했다. '이번 봄에(역자 주: 어머니의 의견이 필요 없는) 열여덟 살이 되면, 저는 수업을 최소한으로만 들을래요. 그래서 미적분 예비 수업은 그만둘 거예요. 저는 여기서 하는 공부에 많이 신경 쓰지 않아요. 수학을 좋아하지만 제가 이렇게까지 열심히 해야 할 가치가 있는지는 정말 모르겠어요.'

나는 그녀가 진전이 없고 그녀에게 동기 부여를 하지 못한 것에 대해 좌절감을 느꼈다. 교사인 나는 문제를 볼 수 있는 반면, 학생은 그렇지 못했다. 그녀에게는 이미 자신만의 해결책이 있는 것 같았다. 몇 달 기다리다 중도 탈락!

마침내 대화 도중에 학생에게 판타지 질문(fantasy question: 변형된 기적질문)을 할 수 있었다. '만약 네가 손가락으로 딱 소리를 낸 후 원하는 것이 이뤄지게 할 수 있다면, 가자고등학교에서 다음 몇 달이 어떠면 좋겠니? 그리고 학교를 마치고 나면 무엇을 할 계획이니?' 그녀는 동기가 생겨 수업시간에 더 열심히 할 수 있기를 원한다고 했다. 학교를 마치면 4년제 대학에 가서 공학이나 생물학을 전공하기를 원했다. 수학이 쉽다고 생각했지만 대수학 II 과목에서 힘든 한 해를 보냈으며, 미적분 예비 수업은 마치기도 너무 힘든 것처럼 보였다.

그런 내용들을 새롭게 파악한 후, 나는 이 학생이 대학에서 수학이 많은 비중을 차지하는 전공을 공부하기 전에 미적분 예비 과정을 마치는 게 중요하다는 것을 알게 하거나 적어도 최선을 다할 수 있도록 이끌 수 있었다. 우리는 학생의 발전 속도를 높이고 자신감을 더 많이 줄 수 있는 해결책을 찾기 위해 다시 만났다. 그녀는 내가 전에 언급했던 아이디어를 내놓았다. 즉, 도움을 더 자주 요청하기, 수리적 사고를 높일 수 있도록 과제 발표력 향상시키기, 집에서 필기와 같은 쉬운 과제 수행하기 등이다. 하지만 이번에는 그녀가 자신의 생각을 가지고 있었기 때문에 성공할 것이라 확신했다. 지난 3주간 이 학생은 이전 두 달에서보다 더 많은 진전을 보였다. 여전히 18세가 되면 최소 학점만 선택할지도 모른다고 말하고 있지만, 가자고등학교에 있는 동안 나와 일주일에 한 번 방과 후 수업에 참여할 만큼 충분히 학습에 신경을 쓰고 있다."

학생의 목표에 초점 두기

"12월 이후로 나는 두 학생이 과제를 제때 내고 있는지 집중적으로 관리하고 있다. 특히 이것은 해결중심 과정의 '목표설정'에 초점을 맞춘 것이다. 원래의 문제는 두 학생 모두 평균에 훨씬 못 미치는 진전을 보인다는 것이었다. A 학생은 노트북을 쓰느라 수업시간에는 거의 공부를 하지 않았다. B 학생은 공부를 하는 것처럼 하루를 보냈지만, 결국 아무것도 하지 못했다. 이들에게 효과가 있는 것은 다음과 같은 방법이었다. 학생이 자신의 다음 번 과제를 정하고 필요한 요건들을 살펴본다. 나는 학생이 언제로 마감 기한을 정할지 물어본다. 마감 기한에 대해 합의를 하고 만일 기한을 어기면 그들은 0점이나 부분 점수만 받고 다음 단원으로 넘어가는 것이다. 학생들은 자유롭게 과제를 다시 제출하거나 원한다면 집에서 낮은 학점을 보충할 수도 있다. 이후 나는 두 학생의 변화 속도에 깜짝 놀랐다. 즉각적이고, 눈에 띌 정도의 변화였다. 덕분에 우리의 상호작용은 더 긍정적으로 변할 수 있었다. 나의 수동공격 성향도 줄었다. 우리는 '합의'를 했고, 양쪽 모두 그것을 개인적인 감정으로 받아들이지 않기로 했다. B 학생은 마감 기한을 잘 지켰다. 그는 마감 기한을 넘기는 적이 없었다. A 학생은 필요할 때 부분적으로 과제를 제출했고, 성적은 대체로 우수했다. 전반적으로 이러한 노력이 성과가 있었던 것 같다. 12월 이후 두 학생의 성적은 거의 네 배 정도나 올랐다."

척도질문

"학생들과 대화를 하고 해결중심 접근을 활용할 때 나는 더욱 신중을 기했다. 나의 개인적인 목표는 척도질문을 써 보는 것이었다. 학생들이 성공적인 행동을 보여 줬을 때 무엇이 달랐는지 묻는 건 어렵지 않았다. 하지만 나는 이전에 척도질문을 활용하지 않았다. 어떤 이유에서인지 몰라도 내게는 척도질문이 자연스럽지 않았다. 해결중심 대화에 관한 전문성 개발 교육을 받은 후, 나는 학생들과 해결을 구축할 수 있도록 척도질문을 활용해야겠다고 계획했다. 그 이후로 나는 몇몇 대화에 척도질문을 사용했다. 가장 최근에는 성적은 좋지만 대수학 II-B 과목에서 진도가 늦은 캐서린(Catherine)의 예를 들겠다. 그녀에게 대수학 II 숙제를 마치는 속도의 점수를 1에서 10의 척도에 매겨 보라고 요청했다. 그녀는 5라고 평가했다. 그리고 나서 어느 정도의 속도로 나아가길 원하는지 물었을 때 10이라고 답했다. 우리는 그것을 실현하기 위한 모든 가능한 방법에 대해 브레인스토밍을 했다. 매우 생산적인 대화였고, 그 이후로 캐서린의 대수학 II의 점수는 계속 향상되었다.

척도질문이 자연스럽게 나오지 않는다는 것을 알게 된 순간 나는 깨달음을 얻었다. 그것에 대해서 많이 생각해야 하고 학생과의 대화에서 활용할 수 있도록 준비가 필요하다는 것을 알게 된 것이다. 대화 도중에 '버벅거리지' 않기 위해 핵심 내용을 기록하고 질문을 미리 적는 것이 도움이 된다는 것도 알았다. 내게는 정말 더 많은 연습이 필요하다. 척도질문을 활용하는 노력을 앞으로도 계속할 것이다."

학생의 역량에 기반한 해결구축

한 미술 교사가 그의 구체적인 경험을 이야기하며, 자신의 수업에서 해결중심치료를 활용하는 것이 어떤 방식인지를 설명해 주었다. 다음의 사례는 학생 평가에서뿐만 아니라 학생의 역량을 향상시키기 위해 해결중심치료를 어떻게 활용했는지에 대한 예를 제공한다.

"가자고등학교의 해결중심 접근은 각 촉진자(교사)가 어느 학생이 잘 하고 있으며, 무엇이 아직 경험하지 못한 해결에 도움되는지 발견할 수 있도록 해 주는 하나의 수단이 된다. 예를 들어, 새로운 학생을 만날 때, 졸업을 위해 다른 선택과목을 필요로 하는 그 학생에게 아래의 대화와 같이 해결중심질문을 할 수 있는 기회를 가진다.

학생: 미술 시간은 얼마나 오래 걸리나요? 예전 선생님은 저의 그림
을 싫어하시고 제가 원하는 것을 허락하지 않으셨어요.

교사: 그래, 내가 질문 하나 할게. 드로잉, 회화, 조각, 도예 등 모든
스튜디오 실습 중에서 무엇이 향상되었으면 하니?

학생: 드로잉이에요. 제 드로잉은 형편없어요. 제 그림은 마치 막대
그림(stick figure)처럼 보여요.

교사: 괜찮아. 나도 막대그림을 즐겨 그린단다.

[해결중심 접근은 문제가 해결되면 삶이 어떻게 달라질 것인
지에 대한 질문을 많이 한다. 이러한 질문에 대한 답이 서서히
펼쳐지게 되면, 교사와 학생은 그들이 목표로 삼은 그림을 그
리기 시작한다. 이것이 명확할수록 진정한 목표의 성취는 더
욱 가능해진다.]

교사: 그러면 이미 네가 알고 있는 것에 집중해 보자. 혼자 어떤 그
림을 그리니? 과제가 아니라 재미로?

학생: 얼굴을 많이 그려요. 그렇지만 말씀드렸듯, 그렇게 잘 그리지
는 못해요.

교사: 좀 보여 줄 수 있니?

(학생은 볼펜으로 수학책의 여백에 그린 다양한 표현의 얼굴
낙서를 보여 준다.)

교사: 와, 내가 그린 막대그림보다 훨씬 나은데! 목탄으로 그림 그려
본 적 있니? 너는 기초 실력이 있구나. 목탄으로 그리면 얼굴
에 볼륨감과 음영이 생기겠어.

학생: 예전 선생님은 절대 그것을 사용하지 못하게 했어요. 준비가
안 됐다고 했어요.

교사: 글쎄, 너의 예전 선생님을 공격하려는 것은 아니지만, 난 그

점에는 동의할 수 없어. 내가 너한테 새 종이와 목탄을 주면 한 번 해 볼 수 있겠니?

학생: 물론이죠. 그런데 엉망이 되지 않을까요?

교사: 그럴 수도 있지만, 다 너한테 달려 있어. 한 번 시도하고 확인해 보자.

[나는 그 다음에 다양한 혼합 기법을 이용하여 목탄으로 그림에 가치를 더하는 시범을 간단히 보여 주었다. 10분 후, 학생은 자신의 공책에 있는 얼굴 그림을 이제는 훨씬 더 많은 볼륨감과 음영이 보이게 다시 그려 냈다.]

교사: 와! 어떻게 그렇게 했니? 봐, 엉망이 되지도 않았네! 그렇게 조금 더 연습하면 사람 얼굴은 금방 제대로 잘 그려 낼 거라 믿어. 이 과정에 대해 어떻게 생각하니?

학생: 재밌었어요. 예전 학교에서는 드로잉을 많이 하지 않았어요. 전 학교의 선생님은 장신구를 좋아하셔서 그런 종류를 주로 했어요.

교사: 장신구에 대한 너의 생각은 어땠니?

학생: 다른 사람이 했을 때는 근사했어요. 저도 시도는 해 봤지만 제 적성은 아니었어요. 출석이 좋지 않아 지시 사항을 잘 듣지 못했어요. 완성된 것이 거의 없고 선생님은 저와 제 친구들에게 야단을 많이 치셨어요.

교사: 저런, 그런 경험을 했다니 안타깝구나. 그럼 드로잉에는 집중을 하고 싶니?

학생: 네, 진심으로요. 그런데 제 친구처럼 그릴 수는 없어요. 그 친구 드로잉은 정말 좋아요.

교사: 너도 잘 하는 거야. 둘이 서로 다른 사람이니까 차이점을 봐야

지. 드로잉은 단지 표면에 표시를 하는 거야. 그 표시가 모양, 형태, 생각을 나타내는 거란다.

학생: 그러면, 그것뿐인가요? 그러면 성적은 어떻게 받을 수 있나요?

교사: 그러면, 내가 질문 하나 할게. 만일 네가 너만의 프로젝트를 구성할 수 있다면 어떨 것이 될까?

(긴 침묵)

학생: 목탄으로 하는 그림이 마음에 들어요. 목탄으로 사람을 더 잘 그리도록 집중해 보고 싶어요.

교사: 그래. 드로잉 과정에서 인물 드로잉이 핵심 요소인지 알고 있었니? 그건 얼굴 그리기로 시작하는 거야.

학생: 좋아요. 그러면, 저는 이미 시작한 거네요.

교사: 그래. 이제 미술 성적을 어떻게 내는지 물어봐 줄래?

학생: 앤드류스(Mr. Andrews) 선생님, 미술 성적은 어떻게 주시나요?

교사: 자, 내가 너한테 네가 완성한 작품에 성적을 매길 수 있는 기회를 준다고 생각해 봐. 그건 내가 하는 것과 차이가 있을 것 같니?

학생: 그러면 제 작품에 제가 100점도 줄 수도 있나요?

교사: 물론이지. 하지만 작품이 그럴 만한 가치가 있어야겠지. 그렇다면 방금 그린 너의 드로잉에 몇 점을 줄 수 있겠니?

학생: 잘 모르겠어요. 아마 78점 정도 줄 수 있겠네요.

교사: 정말? 그렇게 낮게? 이렇게 해 보자…. 우리 점수 평가 기준을 같이 살펴보자.

[몇 분 후 우리는 학생의 작품에 93점을 주었고, 그 점수를 강화하기 위해 학생에게 일련의 반영질문에 답하도록 했다.]

교사: 이제 너의 목표를 잡아보자. 우선 얼굴 드로잉에 대해 더 많은 논의를 할 거고, 그리고 나서 조금 더 복잡한 인물상으로 옮겨 갈거야. 어떠니?

학생: 좋아요!

대학과목 선수이수제(Advanced Placement: AP)에서 쓰고 있는 방식을 접목한 이런 유형의 해결구축 대화는 시간이 갈수록 학생들의 작품을 더 잘 평가할 수 있도록 내게도 도움을 준다. 1부터 6까지의 성적 등급으로 된 채점 기준으로 1이 가장 낮고 6은 가장 높은 점수이다. 이는 AP 채점자(AP시험의 전문 평가자)가 미술 작품 포트폴리오를 검토할 때 사용하는 기준과 유사하다. 각 채점 기준은 '이 프로젝트를 향상시킬 수 있는 힘이 있다면, 무엇을 다르게 할 수 있는가? 그 이유는 무엇인가?'와 같은 해결중심 질문을 포함한다. 이런 질문들은 1에서 6까지에서 나온 숫자나 성적을 뒷받침한다. 배정된 프로젝트마다 학생들은 채점 기준을 정한다. 검토해 보고 나서, 그 평가에 동의하면 나는 바로 그 점수를 그대로 기록한다. 그 이후로 계속 학생들로부터 놀라울 정도로 공정한 피드백을 받고 있다."

교육과정과 학습지도 적용 사례

낮은 성적, 출석 불량과 심한 따돌림으로 키이라(Keira)는 전 학교를 중퇴했다. 키이라는 학습 장애로 인해 도움을 거의 받지 못하는 대형 교실에서 진도를 따라가기가 어려웠다. 키이라에게는 졸업과 학교 과제를 수행할 수 있는 능력이 있었지만 난관 극복에 필요한 개별화된 관심을 받지 못했다. 게다가 키이라는 성전환 여성이었다. 이전 학교에서 여성복을 입고 화장을 하면서 전환을 시작했다. 새로운 이름으로 불리기를 원했지만, 많은 교사와 친구들은 혼란스러워했고 성전환 학생을 두려워했다. 그 결과 키이라는 심한 괴롭힘을 당했고, 그로 인헤 학습과 학업 성취에 어려움 겪게 되었다.

키이라는 열다섯 살 때 해결중심 대안학교 1학년으로 등록했다. 이전 학교의 학업 포트폴리오에 따르면 저조한 출석과 낮은 성적으로 인해 그녀는 1학년을 마치지 못한 것으로 되어 있었다. 교장과 등록 인터뷰를 하는 동안 키이라는 가자고등학교의 서류에 있는 자신의 이름이 예전 이름이 아닌 것을 보고는 놀랐다. 교장은 키이라를 편하게 해 주었고, 학교에서 걱정되는 부분이 무엇인지 물었다. 그녀는 따돌림과 학업을 따라가는 것이 걱정이라고 말했다.

"알겠어." 교장인 웹 박사(Dr.Webb)가 말했다. "그런 건 당연한 걱정이지. 하지만 여기 가자고등학교에서는 네가 유일하게 특이한 학생이 아니고 유일한 성전환 학생도 아니야. 우리 캠퍼스에는 이전 학교에서 괴롭힘을 당한 학생들과 함께 한 오랜 역사가 있단다. 여기서는 그런 문제가 없을 거야. 스태프와 학생들은 네가 누구인지에 대해 문제 삼지 않을 거야. 그렇지만 학업에 관해서는, 평가 시험을 치르고 너의 학습 정도를 알아 볼 거야. 학과 수업은 자기주도로 진행될 것이라서 이곳에서 너는 네게 필요했던 관심을 받게 될 거야."

키이라는 웹 박사의 답변에 확신을 갖게 되었고, 오후에 평가 시험을 치렀다. 시험 후 교사들은 키이라에게 기초 지식에 약간의 허점이 있다고 설명했고, 그로 인해 그녀가 수학이나 과학 같은 과목을 잘 하기 어려웠다고 했다. 다음 주에 키이라는 수업을 시작했다. 키이라가 등록을 했을 때는 늦은 6월이었고, 가자고등학교 건물은 조용하고 평화로웠다. 곧 그녀는 가자고등학교에서 발전을 보였다. 소홀했던 기초 지식부터 다시 시작하였고, 교사들과 개인적인 시간을 가질 수 있었다. 키이라는 그녀의 목표에 부응하였고, 교사와 스태프들로부터 칭찬을 받았다. 가자고등학교에서 그녀는 성전환 여성으로서의 정체성을 존중받은 덕분에 학업에 집중할 수 있었다.

키이라는 이제 졸업을 앞둔 3학년 학생이다. 종종 또래들이 웹 박사와 입학 인터뷰를 위해 오는 것을 보거나, 학생들의 개인졸업식인 스타워크 때 축하를 해 준다. 스타워크를 지켜볼 때 키이라는 흥분되어 어쩔 줄을 모른다. 곧 그녀도 가자고등학교의 강당을 걷게 될 것이다.

📑 주요 요점

- 해결중심 대안학교에서 교육과정과 학습지도는 개인중심적이고 학생의 학업에 목표를 둔다.
- 교사들은 능력이 있고 교과 영역과 더불어 해결중심치료에도 능숙하다.
- 교사들은 소규모 교실에서 학생들을 지도하고 각 학생마다 교육과정을 개별화한다.
- 교육과정은 자기주도적이나 항상 교육 당국의 기준을 충족 또는 초과해야 한다.

- 학습지도는 학생에게 일정한 성적을 받게 하는 것이 아니라 반드시 학습 목표에 숙달하도록 하는 것이다. 교사들은 학생이 이미 가지고 있는 학습 기법을 배워 어느 교육과정이든 성공적으로 이행할 수 있도록 도와준다.
- 상담사와 사회복지사도 학습지도팀에 통합되어 있다.
- 해결중심 접근은 학생과의 개인적 관계뿐만 아니라 상담과 지원서비스 같은 부분에 교사의 많은 투자를 요한다.
- 학교 일정은 1년 단위로 운영되며, 학생의 학업에 초점을 맞춘다.
- 입학과 졸업은 일 년 동안 반복되고, 오리엔테이션은 격주로 진행된다.
- 학생이 이수 학점을 모두 마치면 스타워크로 알려진 훌륭한 개인 졸업식이 열린다. 이 의식은 학생의 학업 성취와 졸업 이후의 목표를 축하한다.
- 교사들은 학생들의 학업 향상을 돕기 위해 교실 내에서 해결중심 기법을 활용할 수 있다.

요약

이 장은 해결중심 대안학교에서 교육과정과 학습지도를 어떻게 수행하는지에 대한 예를 보여 준다. 해결중심치료의 원칙을 따르고 목표지향적이며 개별화되고, 자기주도적인 교육과정에 대해 논의한다. 또한 이 장에서는 학사일정, 다학점 및 블렌디드 수업 형식, 그리고 학생의 성취를 돕는 데 필요한 전문 학습지도 지원인력과 같은 학교의 일상적인 운영에 대해 논의하고 있다. 이 장은 또한 상급생의 e-포트폴리오를 통해 학생의 강점과 성취를 축하해 주기 위해 개인별로 어떻게 접근할 수 있는지 흥미로운 사례를 통해 보여 준다. 또한 해결중심치료의 변화 원칙이 어떻게 스타워크라는 개인 졸업식에 적용되는지도 보여 준다. 마지막으로, 교사들이 학생을 지도할 때 어떻게 과거의 성공과 예외에 기반하고, 기적 질문과 척도질문 그리고 학생의 역량에 기반해 해결을 구축할 수 있는지에 대한 해결중심치료 기법의 다양한 활용 방법을 예시를 통해 보여 준다.

참고문헌

Alfasi, M. (2004). Effects of learner-centered environment on academic competence and motivation of at-risk students. *Learning Environments Research,* 7(1), 1-2. doi:1023/B: LERI.0000022281.4968.4e

Aron, Y. (2010). *An overview of alternative education programs: A compilation of elements from the literature.* Washington, DC: Urban Institute.

Bathgate, K., & Silva, E. (2010). Joining forces: The benefits of integrating schools and community providers. *New Directions for Youth Development,* 63-3. doi:10.1002/yd.363

Caroleo, M. (2014). An examination of the risks and benefits of alternative education. *Relational Child & Youth Care Practice,* 27(1), 35-6. doi:9542835

Franklin, C., & Streeter, C. L. (2003). *Creating solution-focused accountability schools for the 21st century: A training manual for Garza high school.* Austin: The University of Texas at Austin, Hogg Foundation for Mental Health.

Hahn, R. A., Knopf, J. A., Wilson, S. J., Truman, B. I., Milstein, B., Johnson, R. L., …, Moss, R. D. (2015). Programs to increase high school completion: A community guide systematic health equity review. *American Journal of Preventive Medicine,* 48(5), 599-08. doi:10.1016/j.amepre.2014.12.005

Institute of Education Sciences. (2010). *Alternative schools and programs for public school students at risk of educational failure: 2007-8.* National Center for Education Statistics. Retrieved from: http://nces.ed.gov/pubs2010/2010026.pdf

Kim, J. S., Kelly, M., & Franklin, C. (2017). *Solution-focused brief therapy in schools: The 360-degree view of practice and research* (2nd ed.). New York, NY: Oxford University Press.

Metcalf, L. (2003). *Teaching toward solutions.* Williston, VT: Crown House Publishing.

Watson, S. (2011). Somebody's gotta fight for them: A disadvantaged and marginalized alternative school's learner-centered culture of learning. *Urban Education, 46,* 1496-525. doi:10.1177/0042085911413148

해결중심 대안학교의
지속 가능성과 성공의 유지

사례

시작하기

성공의 유지를 위한 조직문화 형성

전문성 개발을 위한 훈련

문제의 해결과 계속된 성장

연구와 평가의 중요성

지역 공동체의 인정

해결중심적 교내 커뮤니티를 유지하는 방법

요약

사례

가자고등학교의 아바디(Ms. Abadi)[1] 상담사는 긴장하고 있었다. 입원시설에서 치료를 받고 잠시 동안 휴식을 취하던 한 학생이 다시 학교에 등록했기 때문이다. 트로이(Troy)라는 이름의 이 학생은 약물 남용과 식욕부진, 그리고 때때로 생명에 지장이 있을 만큼 심각한 섭식장애를 앓고 있었다. 이 학생의 복합적 증상과 문제의 심각성은 입원 치료를 요했다. 두 달간의 입원으로 학교에 출석할 수 없었지만, 이제는 약물 복용을 중단하고, 몸무게도 되찾았으며, 섭식장애도 조절할 수 있을 정도가 되었다.

상담사는 학생의 호전에 기뻐했고, 그가 학교에 돌아왔을 때 긍정적 변화를 향한 그의 진전을 지지하고 싶었다. 그녀는 학생이 재발하지 않고 무사히 졸업할 수 있도록 돕고 싶었다. 이를 위해 그녀는 트로이가 다시 등교하기 전 그의 부모와 만나서 얘기를 나눌 수 있도록 그들에게 연락을 취했다. 트로이에게 최선의 지지를 제공하기 위해서 상담사는 그가 치료과정에서 어떻게 좋아질 수 있었는지, 약물 중단의 유지에 도움이 되는 것은 무엇인지에 대한 정보를 알 필요가 있었다.

아바디 상담사는 가자고등학교에서 상담사로 5년간 근무했으

---

[1] 이 장에서 제시된 예시는 대안학교에 다니는 학생들과 진행한 연구 인터뷰, 그리고 이 학생들을 가르친 교사들의 경험에서 발췌한 것이다. 인터뷰를 진행한 학생의 개인 정보를 보호하기 위해 이름을 비롯한 몇 가지 정보는 수정되었다. 몇몇 인터뷰는 오스틴 소재 텍사스대학교의 호그 정신건강재단(Hogg Foundation for Mental Health)의 도움을 받아 진행되었음을 밝힌다.

며 학생 개인뿐만 아니라 가족과의 관계구축에도 능했다. 그녀의 유머, 접근 가능성, 사려 깊은 행동은 학생들로 하여금 자신이 가치 있는 사람임을 느낄 수 있도록 했다. 학생에게 도움이 되기 위해 그들과 긍정적 관계를 유지하는 것이 아바디 상담사가 생각하는 가장 중요한 점이었다. 그녀는 학생이 지속적으로 성공을 유지할 수 있도록 하기 위해 그들의 강점과 미래의 행동에 초점을 두고 협력하며 이를 위해 그들과 강한 라포를 구축할 필요가 있다고 믿었다. 그녀는 학생의 과거보다는 가능한 한 미래에 초점을 두는 것이 필수적이라는 것을 알았다.

아바디 상담사는 트로이를 돕는 것에 많은 관심이 있었고, 이를 위해 그와 강한 관계를 맺고 있었다. 때문에 그녀는 그가 학교를 떠나 다른 곳에서 지내야 했던 시간을 견디기 힘들었다. 학생이 입원 치료를 받아야 할 정도로 극심한 어려움을 겪는 것을 보는 것은 그녀에게 매우 힘든 경험이었다. 부모와의 만남에서 트로이가 아직도 반나절 정도는 병원 치료를 받아야 하고, 학교에는 오후에만 출석할 수 있음을 알 수 있었다. 트로이와 부모에게 그의 출석률에 특히 신경을 써 달라고 부탁을 했는데, 이는 입원 치료를 받기 전 약물을 하는 동안 그가 학교에 점점 더 많이 결석하는 패턴을 보였기 때문이다. 트로이는 아직도 큰 위기에 처해 있음이 틀림없어 보였고, 아바디 상담사는 부모가 그에 대해 얼마나 많은 걱정을 하고 있는지도 볼 수 있었다. 그들과의 만남 이후 그녀는 큰 압도감을 느꼈고, 어려움을 겪는 트로이의 상황에 대해 슬픔을 느꼈다.

아바디 상담사는 교장실을 찾았다.

"잠시 말씀 좀 나눌 수 있을까요?" 그녀가 물었다.

방금 트로이의 부모님과 만나고 왔어요. 트로이는 반나절은 병원에 가고 반나절만 등교할 수 있다고 합니다. 아직 회복초기 단계인 것으로 보여요. 트로이와 부모님이 아직도 힘든 경험을 계속하고 있음을 볼 수 있었습니다.

아바디 상담사가 학생의 상황에 대해 설명하는 동안 그녀의 에너지 상태는 매우 낮았다. 평소 그녀는 에너지가 많고 활달한 사람이었기 때문에 이는 매우 이례적인 모습이었다. 그렇지만 그녀는 학생의 호전에 대한 긍정적인 기대를 유지하는 것이 그의 성공을 위해 얼마나 중요한지 잘 알고 있었다.

교장은 이러한 변화를 눈치채고 "알겠습니다."라고 말했다.

제가 학생의 상황에 대해 알 수 있도록 도와주시고, 또 학생과 계속해서 좋은 관계를 유지해 주셔서 감사해요. 그 학생에게 많은 지지가 필요할 것이라는 데 동의합니다. 학생에 대한 상황을 학교공동체(CIS)의 사회복지사들에게 즉시 알릴 필요가 있을 것 같습니다. 그의 담당 교사들과도 만나 봐야 할 것 같습니다. 선생님께서 학생서비스팀과 학교공동체(CIS) 의뢰를 하시고, 담당 교사들에게도 이메일을 보내 주세요. 저도 그 모임에 참석할 수 있도록 저에게도 함께 이메일을 보내 주시고요. 트로이를 도울수 있도록 미리 계획을 세우는 게 좋겠어요. 저도 선생님을 돕겠습니다. 특별히 걱정되는 부분이 있으면 알려 주세요. 선생님이 이 가족과 오랜 동안 협력해 오셨고, 이 부분에 대해 제일 잘 아시는 분이라는 것을 알고 있습니다.

교장과의 만남 이후 아바디 상담사는 안도감을 느꼈다. 그녀는 그 순간 지지와 인정이 필요했고, 자신이 이 학생을 계속해서 지지할 수 있는 능력 있고 사려 깊은 상담사라는 자신감이 필요했다.

시작하기

대안학교에서 위기 청소년과 지속 가능한 해결중심 접근을 실천한다는 것은 교사와 상담사 등의 지원들도 위기를 접하고 스트레스를 겪을 것이며, 학생의 성공을 돕는 과정에서 종종 퇴보도 견뎌야만 함을 의미한다. 이것은 위기 청소년을 돕는 과정의 한 부분이다. 교사와 상담사들에게 이러한 과정은 가끔 실망과 자신의 능력을 의심하도록 하며, 그러한 과정에서 겪는 좌절의 경험은 어쩌면 일상적인 것일 수도 있다. 스트레스와 피로, 소진을 느끼는 것이 전혀 이상하지 않은 상황에서 학생의 강점에 근거하여 실천한다는 것은 힘든 일이다. 교장으로부터 아바디 상담사가 받은 종류의 정서적 지지와 팀워크는 대안학교에서 위기 청소년을 돕는 과정에서 성공을 만들어 내고 이를 유지하는 것에 필수적이다. 1장에서 논의했듯이, 해결중심치료는 다양한 치료자 간 협업을 통해 탄생했다. 이들은 아동기에 많은 문제를 경험한 아동·청소년과 가족을 돕기 위해 단기이지만 효과적인 접근을 찾아내기 위해 협력했다. 이렇듯 해결중심치료를 활용하는 대안학교에서 협력과 팀워크의 중요성은 이 책의 전반에 걸쳐 강조된 것이다. 5장에서는 위기 청소년이 성공을 경험할 수 있도록 돕고, 학교에서 중도 탈락하는 일을 미연에 방지하는 중요한 방법으로 다학제적 팀을 어떻게 구성할 수 있는지에 대해서 다루었다. 다양한 배경을 가진 전문가로 구성된 팀은 서로의 지식과 기술을 나누며 학생과 해결을 구축하는 공동의 목표를 위해 협력한다. 교장을 비롯한 학교의 관리자는 팀 워크와 해결중심 실천을 유지할 수 있는 학교 조직을 만드는 것에 책임이 있다. 이는 학교의 모든 구성원이 학생의 성공이라는 공동의 비전과 가치를 지향할 수 있도록 돕는다.

이 장에서는 해결중심 대안학교를 계속해서 유지할 수 있는 방법에 대해 다루고자 한다. 선행연구는 조직의 문화가 해결중심치료와 같은 증거기반의 개입이 활용되고 유지되는 것에 중요한 요인임을 보여 준다(Glisson & James, 2002; Jaskyte & Dressler, 2005). 이 장에서는 지속 가능한 학교 조직의 주요 특징과 어떻게 학교의 모든 구성원이 공동의 사명과 가치를 나누고, 주인의식을 가지며 전문가로서의 자기 개발에 노력할 수 있는지에 대해 설명한다. 또한 학교의 관리자를 비롯한 리더십이 전환될 때의 대처 방법에 대해서도 다룬다. 이는 리더십의 전환이 제대로 이뤄지지 않을 때 학교의 해결중심 실천이 타협되거나 파기될 수 있기 때문에 매우 중요하다. 마지막으로, 자기 성찰과 계속된 성공을 위해서 필요한 지속적 평가와 자료 수집의 중요성에 대해서도 다룬다.

성공의 유지를 위한 조직문화 형성

교직원이 위기 청소년을 돕기 위해 학교 전체의 문화가 이들의 실천 접근을 지지하는 것이 중요하다. 학교의 분위기와 조직문화에 대한 논의가 서비스 제공자에게 직접적으로 적용되지 않는 것처럼 보일 수도 있으나, 긍정적이고 기능적인 업무 환경은 교사와 상담사가 학생에게 좋은 서비스를 제공하도록 하는 데 매우 중요한 역할을 한다. 즉, 학교의 조직문화는 학생의 학업 결과와 정서 상태에 직접적인 영향을 미친다.

예를 들면, 학교의 행정팀은 학교 전체뿐만 아니라 교직원이 전문가로서 자기 개발을 할 수 있도록 지원하는 것과 같은 많은 역할을 수행한다. Franklin, Montgomery, Baldwin과 Webb(2012)은 교직원에게 증거에 기반한 실천에 대한 훈련을 제공할 때 도움이 되는 조직의 특징에 대해 언급했다. 다음에 설명되는 이러한 특징은 조직문화를 만들고 대안학교에서 해결중심 실천을 유지하는 것에 중요하다.

교직원의 자율성과 주도성을 촉진하는 조직문화의 출현은 교직원과 학생 간의 긍정적 상호작용을 격려한다. 이러한 형태의 조직문화는 서로에 대한 지지와 인본주의적 기준에 의해 교직원이 자신의 잠재성을 충분히 개발할 수 있는 자기실현적 활동을 장려한다. 이러한 특징은 2장에서 해결중심적 사고의 한 부분으로 논의했다. 해결중심적 사고는 교사와 상담사 등이 어려움에 처한 청소년과의 위기 상황에서 효과적으로 반응할 수 있도록 하는 교내 커뮤니티를 발전시킨다. 가자고등학교에서도 이러한 형태의 문화를 찾아볼 수 있다. 가자고등학교는 그 지역에서 가장 문제가 많은 학생들을 교육시키는 어려운 임무를 수행하고 있다. 그럼에도 교직원에게는 새롭고 창의적인 개입을 할 수 있도록 상당한 정도의 자율성과 지지가 제공된다. 사실, 학교의 리더십은 해결중심 전문가들이 이 학교에 개입하기 전 이미 해결중심 접근이 학교의 운영에 적합할지에 대해 고려하고 있었다(Kelly, Kim & Franklin, 2008).

분권적이고 협력적인 관리 구조는 일상적 학교 업무에서 공동의 의사결정과 창의적 아이디어에 대한 개방성을 촉진한다. 해결중심치료는 협력적이고 역량강화적인 관계를 활용하는데 이러한 관계는, 3장에서 논의했듯이, 어려움을 겪는 학생의 성공을 확보하는 데 중요한 부분이다. 지위 체계가 분명하여 이에 따른 권위의 정도가 다르고, 관리자가 모든 결정을 주도하고 직원에게는 상명하달식으로 전달하는 중앙집권적인 관리 구조와는 다르게 해결중심 대안학교는 위기 청소년의 졸업이라는 목표와 앞으로의 삶을 준비할 수 있도록 돕기 위해 해결의 구축에 초점이 있는 협력적 의사결정 과정을 반드시 유지해야 할 필요가 있다. 가자고등학교의 프로그램 개발 초창기에 교장은 학교의 계속된 발전을 위해서 다양한 인적 자원과 협력하였다. 교사, 학생, 부모, 지역 공동체 구성원, 연구자, 그리고 학교의 자료를 관리하는 직원까지도 학교 운영의 전반에 참여적인 방법으로 활발하게 개입할 수 있도록 도왔다. 학교가 점점 더 발전하며 긍정적인 동료 문화가 만들어졌고, 학교 운영에 학생도 더 많이 참여하게 되었다.

현재 가자고등학교의 교장은 교직원이 학생에 대한 전문가라는 관점을 가지고 있다. 교장은 교사를 가자고등학교의 해결중심 접근을 따르는 유능한 전문가로 이해하고 신뢰한다. 따라서 한 사람의 교직원이 교장에게 제안을 하거나 문제에 대해 말할 때 그들의 피드백을 진지하게 받아들인다. 관리자가 직원의 요구나 의견을 진지하게 취급하지 않을 때 조직에는 큰 문제가 발생한다. 학생에게 직접적인 서비스를 제공하는 교직원은 일선에서 일하며 제일 처음으로 학생에게 무엇이 효과가 있고 또 없는지에 대해 안다. 행정팀이 교직원의 욕구를 만족시키지 못할 때 이는 학생에 대한 서비스에 직접적인 영향을 미친다. 조직과 직원에 대한 이러한 형태의 이해는 체계론적 관점에서 매우 중요하다.

조직에는 위험을 감수하는 도전정신을 지지하기 위한 유연함이 필요하다. 이 장의 서두에서 소개한 트로이와 같은 위기 청소년을 돕기 위해 해결중심 대안학교는 시간적인 측면에서, 학생의 학습 방식에 대한 선택적인 측면에서, 또 자신만의 속도로 학습하고자 하는 학생의 욕구에 맞출 수 있도록 창의적이면서도 학문적인 측면에서 엄격함을 잃지 않는 교육과정을 제공할 수 있을 정도의 조직적 유연함을 갖추어야 한다. 이러한 교육과정과 학습지도에 대해서는 6장에서 논의했다. 가자고등학교에서 교사는 학생의 욕구에 맞는 교육과정과 학습지도를 위한 새로운 아이디어를 탐색해 볼 수 있도록 격려된다. 더불어, 조직은 교직원의 도전정신을 지지하는데, 예를 들면 다중진단이나 아직 치료 중인 학생을 돕기 위해, 학생의 가정과 교도소를 방문할 필요가 있을 때, 또 일반적인 지역사회 아웃리치 등의 상황을 포함한다. 지역 공동체에서 행해지는 이러한 종류의 일은 교직원이 학생을 위한 대변인이 될 수 있는 기회를 제공하며, 위기 청소년을 돕는 것에 도움이 되지 않는 유연하지 않은 교육 정책과 협력할 수 있는 효과적인 방법을 발견할 수 있도록 한다.

위기 청소년을 돕는 교사가 된다는 것은 기본적으로 이들에 대한 정서적이며 지적인 관심이 있음을 의미한다. 그러한 점을 생각할 때 가자고등학교의 행정팀은 교사들이 교육과정과 교실에서 학생을 가르치는 방법에 대해 창의적일 수 있도록 돕는다. 모든 교사가 해결중심치료의 기법을 알고 있지만 행정팀은 각각의 교사가 이에 대해 다른 방식을 가지고 있으며 또 기법을 다르게 활용한다는 것을 이해한다. 가자고등학교에서는 학생을 교육하는 방법에서, 그리고 그들에게 정신건강에 대한 서비스를 제공함에 있어 같은 접근이 존재한다고 믿지 않는다. 획일적 방법으로는 각 교직원의 개인적 강점이 빛을 발하지 못한다. 이런 이유로 가자고등학교에서는 도전정신과 이를 위한 유연성에 대한 여지가 있으며, 이는 학생뿐만 아니라 교사의 성공을 이끈다.

새롭고 창의적인 접근을 실천하기 위해서는 반드시 적절한 자원이 필요하다. 돈이 모든 것을 해결할 수 있는 것은 아니지만, 조직 본연의 사명을 수행할 수 있기 위해서는 반드시 적절한 예산이 필요하다. 해결중심 대안학교를 운영하는 것도 마찬가지이다. 학교가 성공적으로 운영되기 위해서는 위기 청소년에게 특별한 서비스가 제공되어야 하며, 이는 반드시 적절한 재원을 요한다. 가자고등학교의 초대 교장은 최첨단의 창의적 학교 캠퍼스를 만들 수 있는 재원이 조달되지 않는다면 학교를 설립하는 도전을 하지 않을 것이라는 것을 교육당국에 분명히 전했다. 학생에게 동등한 교육을 받을 수 있는 자원을 제공하지 않는다면 이들은 일반학교의 학생에 비해 열등한 서비스를 받게 되며, 이는 이들이 이미 경험한 교육적 성취의 차이를 영속시키는 결과를 가져온다. 가자고등학교의 경우 다행이 지역 교육청의 전폭적 지지를 받으며 증거에 기반한 실천을 제공할 수 있는 첨단의 학교를 만들 수 있도록 충분한 재원을 조달받았다. 텍사스대학교의 연구자들도 호그 정신건강재단(Hogg

Foundation for Mental Health)으로부터 학교에서 해결중심치료를 교육에 적용하고 연구할 수 있는 기금을 지원받았다.

새로운 실천법을 학습할 수 있도록 지원하는 슈퍼비전, 자문 그리고 지속적인 기술 지원이 필요하다. 조직은 일종의 학습 환경이기도 하다. 조직의 사명을 추구하기 위해서 교직원에게 필요한 기술과 지식은 시간이 가며 진화하고 변화한다. 직원에게 질 높은 슈퍼비전과 계속적인 기술 지원을 제공하는 조직의 직원은 일반적으로 조직의 사명에 더 헌신하며 만족감을 느낀다. 해결중심치료와 같은 새로운 실천 방법에 대해 배우고, 기술을 연마하는 것은 지속적인 학습을 요하는 일이다. 교사, 상담사, 사회복지사 등이 일반적으로 활용하는 기법과 같이 이들의 해결중심치료에 대한 기법도 계속해서 정교화되고 완성되어야 한다. 대안학교에서 해결중심적 접근을 유지하는 데는 이의 실천과 헌신을 요한다. 따라서 교직원에게는 해결중심치료에 대한 양질의 슈퍼비전과 더불어 필요에 따라 개인적 자문과 기술적 지원이 필수적으로 제공되어야 한다.

초창기 가자고등학교는 해결중심 코치가 상주하며 해결중심적 실천에 대한 훈련을 제공받는 혜택을 누렸다. 학교가 계속해서 성장하며 스스로 해결중심 접근에 대한 전문성을 발전시켰고, 또 좀 더 숙련된 교사는 신입 교사가 해결중심적 실천에 관한 이해와 숙련도를 개발할 수 있도록 훈련과 지지를 제공했다. 이러한 방법은 지지적인 공동체를 만들었고, 학교의 모든 측면에서 해결중심적 실천이 적용될 수 있도록 했다.

사명과 가치

위기 청소년을 교육하고 해결중심치료를 계속해서 학습하고 실천하기 위해서는 기관의 계속된 노력이 필요하다. 이러한 노력을 유지하기 위해서 해결중심 대안학교는 관련된 가치와 사명에 의해 유지되고 작동하는 기관이어야 한다. 사회복지서비스 조직과 유사하게 사명에 의해 작동하는 대안학교는 기관의 사명이라는 렌즈를 통해 일상의 실천을 평가하고, 학교의 구성원 모두는 지향하는 방향으로 나가기 위해 학교의 가치를 받아들여야 한다. 가자고등학교의 사명을 표현하는 다음의 문구는 이러한 종류의 헌신과 초점을 반영한다. "곤잘로 가자 독립고등학교는 상호 존중의 분위기에서 역량을 강화시킬 수 있는 학습공동체를 조성하여 학교의 모든 구성원이 학습하고, 성장하며, 현재와 미래의 목표를 성취할 수 있도록 도전받는 곳이 될 수 있도록 상호 신뢰를 쌓는다."

사명선언문을 지키는 동시에, 2장에서 언급했듯이, 관리자, 교사, 상담사, 사회복지사 등의 교직원과 학생을 포함한 모든 구성원은 가자고등학교의 명예강령에 의해 다음과 같은 주요 가치를 실천하고 따라야 한다.

- 항상 개인적 명예를 지키고 정직하자.
- 갈등 대신 평화를 선택하자.
- 자신과 타인을 존중하자.

위기 청소년을 돕기 위한 이 책의 접근은 그들의 강점에 기반하고 목표에 초점을 둔다. 이는 관리자에게도 마찬가지로, 학생에 대한 접근과 같이 직원에 대해 강점에 기반하고 목표에 초점을 두기를 청한다. 4장에서는 목표, 희망, 성공에 대한 긍정적 기대에 기초한 팀워크가 어떻게 긍정적 변화를 지지하는 조직문화를 만들고 모두에게 도움이 되는 환경을 조성하는지에 대해 다뤘다. 가자고등학교의 현 교장인 웹 박사도 교직원과 학생 모두를 위해 안정성과 예측 가능성을 갖춘 긍정 조직을 만들고자 노력하고 있다.

역량강화된 학습자 공동체 만들기

이 책의 전반을 통해 논의했듯이, 해결중심 대안학교는 관계와 공동체 위에 구축되며, 학교의 정체성과 성장을 위해서는 계속적 학습을 위한 지지가 필요하다. 학생은 성장과 발전의 여정을 시작한 것이며, 이는 교직원도 마찬가지이다. 학교가 기능적이고 발전하는 공동체가 되기 위해서 모두는 자신이 성장하고 발전하고 있다고 느낄 필요가 있고, 학교와 해결중심적 실천을 향한 주인의식과 헌신도 반드시 필요하다. 가자고등학교의 한 상담사는 다음과 같이 말했다.

우선은 헌신이 필요합니다. 학교에 대한 헌신이죠. 이 학교는 학생을 짧은 기간 보내 놓고 효과가 없으면 또 다른 곳으로 보내는 그런 곳이 아닙니다. 이곳은 학교 그 자체입니다. 이곳은 일부 학교처럼 다른 건물 내에 함께 위치할 수도 없습니다. 캠퍼스에 있는 모든 학생은 돌봄을 받아야 하고 그것이 우리 체계의 일부입니다. 그것이 제일 중요합니다. 자체의 학교 건물을 확보하기 위해 투쟁할 의향이 없다면 해결중심 대안학교를 시작할 생각은 안 하시는 것이 좋습니다.

전문성 개발을 위한 훈련

2장에서는 해결중심치료를 실천하기 위해서 계속적인 전문성 개발과 그러한 기회가 마련되어야 함의 중요성에 대해 논의했다. 위기 청소년을 돕기 위한 해결중심적 사고방식과 효과성을 높이기 위해 교직원은 정신건강에 관한 훈련을 통해 도움을 받을 수 있다. 가자고등학교와 같은 해결중심 대안학교에서는 인구학적 자료, 졸업률, 평균 학점, 출석 점수, 대학 진학률, 그리고 학생, 교직원, 부모의 의견이 교직원의 전문성 개발을 위해 어떤 훈련이 제공되어야 할지를 결정한다. 학습 기관으로서의 학교, 또 교직원의 전문성 개발과 같은 개념은 어느 학교에나 적용될 수 있는 것이다. 예를 들면, 대부분의 교직원이 백인인 상황에서 유색인종의 학생이 학교에 다니고 있다면 문화적 다양성을 포함하는 실천과 같은 형태의 전문성 개발을 위한 훈련이 필요하다. 가자고등학교의 한 백인 여교사는 다음과 같이 말했다.

흑인 남학생들이 내게 무엇인가를 원한다는 것을 알고는 있지만 제가 백인 여성이고 학생들과 성장배경도 다르기 때문에 뭘 어떻게 해야 하는지 잘 모르겠어요. 제가 해야 할 일을 어떻게 해야 하는지 잘 모르겠어요. 제가 학생들에게 최선을 다하지 못하는 것을 알고 있어요. 전 교육 체계 안에서 인종이 어떤 역할을 하는지에 대해 좀 더 배우고 싶고, 왜 그렇게 많은 흑인 학생들이 실패의 나락으로 떨어지는지를 알고 싶어요. 학교 행정팀이 이 주제에 대해 계획하고 있는 전문성 개발 훈련을 기대하고 있습니다.

다문화 실천에 대한 기술은 학교의 모든 교직원이 학습하고 향상시켜야 하는 것이다. 3장에서는 관계구축의 중요성과, 교사와 상담사, 사회복지사가 어떻게 관계구축의 기술을 배울 수 있는지에 대해서 논의했다. 만일 교사가 학급에서 자신의 업무 수행에 대해 만족하지 못한다면 이것은 행정팀이 교사에게 강점에 기반한 전문성 개발에 대한 지지를 제공할 수 있는 개입의 기회가 될 수 있다. 해결중심 대안학교에서 교사는 자신에 대해 두려움과 실망감을 느끼는 것이 아니라 기쁨과 성공을 느낄 수 있어야 한다. 전문성 개발은 비판적이거나 규정화된 실천이 아니라 성장과 창의성 개발의 기회가 되어야 한다.

가자고등학교에서 리더십 팀은 전문성 개발과 학교의 성장을 위해 다양한 출처에서 얻은 정보를 활용한다. 만일 교사, 상담사, 지역 공동체의 어떤 기관에서 일군의 학생이 졸업에 어려움을 겪고 있다고 말한다면 가자고등학교의 관리자는 이 문제의 해결을 위해 전문성 개발을 시도한다. 예를 들면, 가자고등학교에는 안정되지 않은 거주 환경에서 지내거나 노숙을 하는 학생들이 꽤 있다. 왜냐하면 이미 노숙자였거나 거리에서 살고 있는 학생들이 가자고등학교로 의뢰되는 경우가 많기 때문에 현 교장은 노숙청소년에 대해 더 알 수 있도록 청소년 기관, 경찰서 등과 함께 협업한다. 공동체의 요청에 대한 이러한 반응은 학습 기관으로서 수행해야 하는 기능이기도 하다. 학생을 돕기 위한 이러한 노력은 더 많은 지역 공동체 간 협동을 가능하게 하고 또 적절한 자원을 생성한다.

전문성 개발을 통해 교사와 상담사 등은 노숙을 했던 학생은 좀 더 느리게 진행되는 교육과정과 교사의 점검과 같은 학교의 안정된 일상 과정, 그리고 지금 현재의 목표에 대한 초점과 기대 등이 도움이 된다는 것을 알게 되었다. 이러한 학생은 때때로 다급한 위기를 겪기 때문에 현재 일어나고 있는 진전과, 작고 측정 가능한 목표에 초점을 맞추는 대화가 졸업이라는 큰 목표를 향해 나아갈 수 있도록 돕는다. 과거나 장기적 미래에 초점을 두는 것 대신 교사와 상담사는 학생이 만드는 매일의 진전을 다루고, 졸업으로 가는 먼 길을 좀 더 작고, 즉각적으로 이룰 수 있는 목표로 나눈다. 전문성 개발 훈련은 모든 교직원이 서로 비슷한 수준에 도달할 수 있도록 돕는 역할을 한다. 이를 통해 학생들은 교직원과의 상호 관계 과정에서 일관성을 경험한다. 학교에서 경험하는 분명한 경계와 안정감은 학교 밖에서 혼란스럽고 불안정한 삶을 사는 학생들에게 큰 도움이 된다. 학생의 특별한 욕구를 다루기 위한 훈련 없이 이러한 학생에게 서비스를 제공하고 그들의 학업 목표를 이룰 수 있게 돕도록 기능하는 것은 어려운 일이다.

불안정한 주거로 힘들어했던 셸리(Shelly)라는 가자고등학교의 학생은 전문성 개발을 통해 향상된 교사의 교육 접근을 알아보며 다음과 같이 말했다.

선생님은 정말로 학생을 염려하고, 우리가 원하는 만큼 가까이 다가갈 수 있을 정도로 교사와 학생의 비율이 낮습니다. 모두 우리에게 달렸어요. 그렇지만 이런 체계가 모두에게 효과가 있는 것은 아니죠. 여기서는 뭔가를 하려는 동기가 있어야만 해요. 예를 들면, 한 선생님은 제 상황이 별로 좋지 않다는 것을 아셨어요. 어느날 엄마와 저는 살던 집에서 쫓겨났고, 그 일로 제가 울면서 학교에 등교를 했거든요. 우린 쉼터에서 살아야 했어요. 선생님은 교실에서 저를 데리고 나와 얘기를 나눠 주셨어요. 한 번밖에 들은 적 없는 다른 수업의 선생님도 저의 수업과 목표에 대해 관심을 가져 주셨어요. 선생님은 제가 졸업을 향해 나아갈 수 있도록 정말로 염려하셨어요. 전 천천히 가고 있지만 매일, 매주, 졸업에 가까워지는 작은 진전을 만들고 있어요. 제가 앞으로 나아가고 있다는 것을 아는 것은 제게 안정감과 안전함을 느끼게 해요.

문제의 해결과 계속된 성장

해결중심 대안학교를 유지하는 것에는 리더십 팀과 교직원이 공동의 비전을 나누고 정체성을 발전시키는 과정이 필요하다. 학생을 직접 교육하고 상담하고 서비스를 제공하는 것은 교사와 상담사의 역할이지만, 학교를 유지하는 것에 필요한 금전적 재원과 공동체 내에서의 평판을 만드는 일은 리더십의 몫이다. 가자고등학교의 모든 교직원은 서로 다른 정도에서 해결중심치료의 원칙을 사용하지만, 졸업을 향해 학생이 나아갈 수 있도록 돕는다는 측면에서 같은 목표를 가지고 있다. 그럼에도 새로운 프로그램이 지역 공동체 내에서 안정되고 인정받기 위해서는 시간이 필요하다. 가자고등학교에도 그동안 많은 문제가 일어났고 이를 학교 차원에서 해결해 나가는 학습의 과정을 거쳤다. 예를 들면, 가자고등학교는 연중 운영되기 때문에 학생이 자신에게 적합한 유연한 학습 계획을 세울 수 있다. 그러나 교직원이 이러한 학생의 학습 계획 범위와 한계를 고려하는 학교의 유연성에 적응하는 데는 시간이 필요했다.

해결중심 대안학교에서 일어나는 흔한 문제 중 하나는 다른 학교들처럼 한 캠퍼스에 다른 기관이 같이 입주할 수 있다는 것이다. 이러한 경우에 생길 수 있는 위험은 '우리' 대(vs) '그들'과 같은 대결구도와, 이미 많은 문제를 가지고 있는 학생들에게 정서적인 혼란을 줄 수 있다는 것이다. 유사한 문제로서, 위기 청소년을 졸업시키고 또 그 이후 대학 등으로의 진학을 목표로 하는 창의적이지만 엄격한 학문적 기준을 가지고 있는 해결중심 대안학교는 해결중심적 접근에 반하는 철학적 기반을 가지고 있는 프로그램과 함께 하기 어렵다. 성공을 유지하기 위해서 해결중심 대안학교는 반드시 해결중심적 사고체계에 대해 훈련받은 자체만의 행정팀, 교직원 그리고 학생 집단이 필요하다.

가자고등학교는 학교의 역사가 깊어 가며 이러한 필요성을 알게 되었고, 처음 지역 교육청 산하 징계위원회와 같은 건물에 입주했던 경험에서 교훈을 얻었다. 가자고등학교의 학생과 교직원에게 해결보다는 학생의 징계에 초점이 있는 훈육적 모델을 가지고 있는 위원회와 함께 공간을 공유한다는 것은 해결중심적 사고방식을 유지하는 것에 도움이 되지 않았다. 이것은 해결중심학교로서 학교의 지속성과 성장을 방해했다. 결국, 가자고등학교는 온전히 자신만의 학교 건물로 옮길 수 있었고, 이를 통해 해결중심적 사고방식에 헌신하고자 하는 목표에 훨씬 성공적일 수 있었다. 이는 초대 교장이 높은 기준을 설정하고 학교만의 별도 건물을 갖기 위해 투쟁했기 때문에 가능했다. 학교의 정체성과 운영에 필요한 자원에 관한 높은 기준을 세울 수 있었던 교장의 능력은 교사와 다른 직원들 또한 높은 기준을 설정하고 자신의 능력을 최대한 발휘할 수 있도록 했다.

리더십의 변화에도 유지되는 성장과 지속성

일단 해결중심 대안학교가 지역 공동체 내에 들어서고 위기 청소년에게 수준 높은 교육을 제공하는 기능을 수행하게 되면 학교의 리더십은 관리자 등의 변화에도 불구하고 학교를 유지하는 것의 중요성에 대해 인식해야 한다. 이를 위해 학교의 사명과 가치, 또 해결중심적 실천을 유지하면서도 교육당국의 정책과 인적 자원의 변화 등에 대한 선제적 사고와 계획이 필요하다.

새 교장으로의 변화는 매우 어려운 전환일 수 있으며, 이는 해결중심치료에 대한 헌신을 유지함에도 큰 도전이다. 2008년 봄 10년간의 리더십을 뒤로 한 채 초대 교장이었던 볼드윈 교장은 가자고등학교에서 은퇴했고, 리더십은 웹 박사로 이양되었다. 볼드윈 교장은 대안학교의 설립에 기초가 되었던 해결중심적 조직문화를 만들고 유지하는 것을 중요하게 생각했기 때문에 새로운 교장 후보를 모집하고, 고용하고, 훈련을 제공하는 것에 중요한 역할을 맡았다. 볼드윈 교장은 대안학교의 해결중심적 문화 유지의 중요성을 가장 크게 염두에 두었고, 새로운 교장이 해결중심적 실천을 유지하고 교직원이 계속해서 새로운 활력을 얻을 수 있는 학습 기관으로 이끌 의지가 필요하다는 것을 알고 있었다. 이는 새로운 교장이 해결중심치료의 기술을 습득하는 것을 포함하는 계속적인 학습을 포용할 의지가 있는 인물일 필요가 있음을 의미했다.

교장 선발의 과정을 설명하며 볼드윈 교장은 다음과 같이 말했다.

가자고등학교가 외부인의 눈에는 쉬워 보일 수 있지만 이는 아주 복잡한 조직입니다. 학생이 조직에 맞추어야 하는 다른 대부분의 학교와는 달리 가자는 계속해서 진화하는 조직이며, 이를 위해 학생의 욕구에 기초해 계속해서 자체의 미세한 조정이 필요합니다. 가자고등학교의 학생들은 일반적인 학교 체계의 구조에서 성공적이지 못했습니다. 따라서 가자고등학교에서 제공하는 구조는 이와는 다를 필요가 있었습니다. 새로운 교장은 모든 학생을 사랑하고 존중할 필요가 있습니다. 새로운 교장에게는 교육과정에 대한 깊은 이해를 할 수 있는 학문적 배경이 필요했고, 또 의사결정의 과정에서 '안 될 이유는 뭐야? 한 번 해 볼 수 있지 않을까?'라는 도전적 질문을 스스로에게 할 수 있는 의지가 필요했습니다. 모든 결정은 각 학생에게 최선의 결과가 무엇인지에 초점을 두고 만들어져야만 합니다. 무엇보다 새로운 교장은 모든 사람이 강점을 가지고 있고, 학교가 해야 할 일은 학생 스스로 자신의 강점을 발견할 수 있도록 돕는 것이라는 것을 반드시 믿어야만 합니다. 저는 종종 가자고등학교의 학생들을 '상처받은 영혼'이라고 말했습니다. 가자고등학교의 학생은 스스로와 자신의 결정에 대한 존중을 되찾기 위한 돌봄과 역량의 강화가 필요합니다. 해결중심접근은 학교의 이러한 모든 특징의 핵심입니다(Franklin et al., 2012, p. 22).

볼드윈 교장은 학교 리더십의 변화에도 불구하고 해결중심적 실천을 유지하기 위해 새로운 교장이 학교의 이러한 문화를 받아들일 필요가 있음을 인지했고, 웹 박사가 교장으로 채용되는 과정과 리더십의 전환에 깊게 관여했다. 볼드윈 교장은 이제 은퇴했지만 현재의 교장인 웹 박사뿐만 아니라 학교와 지금도 계속해서 지속적인 관계를 맺고 있다. 볼드윈 교장은 초대 창립 교장으로서 존중되며, 학교 도서관에는 그녀의 이름이 붙어있다. 그녀는 지금도 교내 커뮤니티로부터 존경받고 있다. 학교의 설립에 관여했던 초대 교장과 연구자들, 그리고 해결중심 훈련가들이 여전히 자문을 제공하고 지지적인 역할을 수행하고 있지만 현 교장인 웹 박사 또한 해결중심치료의 전문가로 직원들과 더불어 해결중심 접근에 대한 계속적인 기관 내 훈련을 이끌고 있다. 이러한 형태의 유지는 적절한 계획과 더불어 학교의 문화를 유지하고 해결중심적 실천을 가능하게 했던 헌신적 리더십 변화의 과정 없이는 불가능한 것이었다.

연구와 평가의 중요성

성공적인 대안학교는 반드시 증거에 기반하고, 또 관계에 기초한다. 학업성취도평가(SAT), 성적, 출석률과 졸업률 같은 자료는 학교조직이 잠재적으로 더 성장해야 할 부분에 대해 알려 주기 때문에 이러한 경험적 증거와 자료를 학교 운영에 활용하는 것은 매우 중요하다. 또한 조직은 관계적이고 학생중심적으로 운영될 필요가 있다. 앞선 장들에서 논의했듯이, 교사와 상담사는 학생의 욕

구에 대한 전문적 지식을 가지고 있다. 평균 성적과 학업성취도 같
은 자료만으로는 조직에서 진정 어떤 일이 일어나고 있는지 알기
어렵다. 결과적으로 양적 자료(성적, 출석률, 졸업률)와 질적 자료
(교직원과 학생의 피드백)가 함께 교직원의 전문성 개발과 조직 변화
의 근거로 활용되어야 한다.

   다음의 두 가지 측면에서 경험적 자료와 학생중심 접근의 조합
이 중요하다. ① 학교의 분위기에 대한 성찰과 해결중심적 실천을
활용하기 위해, 그리고 ② 이러한 실천을 계속해서 향상시키기 위
해서이다. 현재까지 가자고등학교에 대해 다섯 개의 연구과제가
수행되었다. 이러한 연구들은 대안학교가 어떤 방식에서 조금 더
학생중심적으로 변하고, 또 계속해서 성공적일 수 있었는지를 보
여 준다. 연구의 결과는 학교의 성장을 유지하고, 지역사회 내에서
긍정적인 평판을 얻도록 했으며, 해결중심적 실천의 발전에도 기
여했다.

   가자고등학교에 관한 첫 번째 연구는 85명의 학생과 학교에서
얻은 성과 자료를 포함한다(Franklin, Streeter, Kim, & Tripodi, 2007).
실험연구와는 달리 이 연구의 자료는 학생이 생활하는 교실과 캠
퍼스 안에서 얻은 실제적인 것이었다. 연구의 표본은 그 지역의 인
구학적 특성, 즉 계층, 성, 인종, 학년 등을 반영한 것이다. 이 연구
는 가자고등학교와 일반학교를 학교 프로그램의 성공 여부를 보
여 줄 수 있는 수강 학점, 출석률, 졸업률 등 세 가지 측면에서 비
교했다. 연구 결과는 연구자와 교직원에게 이러한 세 가지 지표에
대한 해결중심적 학교의 잠재적 영향에 대한 통찰을 제공했다. 연
구 결과는 가자고등학교에 다니는 학생들이 일반학교의 학생들

보다 더 많은 학점을 취득했음을 보여 주었다. 이러한 연구 결과
는 ① 해결중심 대안학교가 성공적일 수 있고, 또는 어떤 면에서는
일반학교보다 더 성공적일 수도 있다는 점, ② 많은 도움이 필요
한 위기 청소년도 일반학교의 학생만큼 성취할 수 있다는 것을 인
정하는 자료로서 중요하다. 가자고등학교에 다니는 위기 청소년
은 재능이 떨어지지도, 또 성공을 이룰 수 있는 능력이 부족하지도
않다.

이 연구는 다른 한편으로 가자고등학교 학생들의 성취 속도를
일반학교의 학생집단과 비교했다. 연구 결과는 가자고등학교의 학
생들이 일반학교의 학생에 비해 졸업에 더 많은 시간이 소요됨을
보여 주었다. 이러한 결과는 가자고등학교에서 유연한 학사 과정
과 더불어 자기주도 교육과정의 필요성을 지지하는 것이다. 그렇
지만 가자고등학교 학생의 경우 일반학교 학생에 비해 시작이 늦
었지만 더 많은 학점을 이수했고, 이를 위해서 더 큰 유연함과 더
많은 개인적인 관심을 요했다. 이러한 연구 결과를 이해하기 위해
가자고등학교에 다니는 학생은 일반학교에서 전학을 오거나, 퇴학
을 받은 학생임을 기억하는 것이 중요하다. 그들이 가자고등학교
로 옮겨 왔을 때에 그들은 이전 학교에서 여러 가지 이유, 예를 들
면 약물 남용, 정신건강 문제, 임신 또는 육아 문제 등으로 인해 학
업적 성취를 이루거나 졸업을 할 수 없는 상태에 있었다. 그러므
로 이러한 연구 결과는 가자고등학교가 일반적인 학교 맥락에서
성공적이지 못했던 학생을 졸업시키는 것에 성공적이었음을 보여
준다.

두 번째 연구는 학교의 사명과 가치에 대한 교직원 및 학생들의

인식을 탐색한 것이다(Streeter, Franklin, Kim, & Tripoli, 2011). 이 연구 프로젝트의 목적은 교직원과 학생들이 학교의 가치에 대한 인식을 검토하도록 돕고, 이를 학교 창립 당시에 근거한 이론 및 개념과 비교할 수 있도록 돕는 것이었다. 이 연구에는 14명의 학생과 37명의 교직원이 두 번의 포커스그룹 회기에 참여했다. 연구 질문은 "학생이 교육적 목표를 달성할 수 있도록 돕는 대안학교의 특징은 무엇인가?"였다. 이에 대한 답으로 182개의 문장을 얻을 수 있었다. 개념도(concept mapping)의 방법론을 활용하여 학생과 교직원은 자신들이 답한 182개의 문장을 주제별로 구분하고, 또 각 문장에 대해 각 5점 척도로 구성된 고유성, 중요도, 해결중심 접근에 대한 충성도 등 세 가지 개념을 이용해 점수를 부여하도록 했다. 이러한 분류와 점수 부여 과정을 통해 15개의 서로 다른 주제를 발견할 수 있었다. 즉, 관계, 전문적 환경, 학교 전체의 존중적 분위기, 강점 기반, 공동체에 소속됨, 학생 간 상호작용, 역량강화적 문화, 첨단기술, 조직적 기반, 학교 크기와 학사 구조, 입학과 졸업, 학생의 성공을 돕는 자원, 미래의 삶에 대한 준비, 학생의 성공, 계속된 향상 등이다(Streeter et al., 2011). 이러한 연구 결과는 가자고등학교의 교직원이 그들이 행하는 현재의 실천이 어떻게 학교의 해결중심적 접근에 적합한지 평가할 수 있도록 도왔으며, 또한 행정가들은 교직원이 학교 프로그램의 어떤 점을 가치 있게 생각하는지 알 수 있도록 도왔다. 이러한 정보는 큰 변화보다는 이미 효과가 있는 것을 확대하는 것에 초점이 있으며, 가자고등학교에 대해 학생과 교사가 가치를 두고 있는 것을 강화시키는 데 활용되었다.

가자고등학교의 발전을 이끄는 데 활용된 세 번째 연구는 학생의 내러티브(narratives)에 기초했다(Lagana-Riordan et al., 2011). 33명의 가자고등학교 학생에게 학교에서의 경험에 대해 묻고 그들의 목소리에 귀기울였다. 참여학생 중 많은 수가 백인(54.6%)이거나 히스패닉계(39.9%)였고, 반 이상이 여학생(57.6%)이었다. 연구의 초점은 가자고등학교에서의 만족도를 이전 학교에서의 경험, 가족의 역사와 관계, 동료 학생과의 관계적인 측면에서 비교해 보는 것이었다. 학생과의 인터뷰에서 네 가지 대주제가 발견되었다. 즉, ① 성숙도와 책임감의 향상, ② 대안학교 구조의 이점, ③ 사회적 이슈와 그것이 삶에 어떻게 작용하는지에 대한 이해도, 그리고 ④ 교사, 동료 학생들과의 긍정적 관계 등이다. 학생들은 해결중심 대안학교의 분위기가 교사와 동료 간 이해와 지지, 그리고 더 많은 개인적 관심을 제공한다고 답했다. 또한 연구 참여자들은 학교의 유연성과 역량강화적 책임감에 대한 기대가 자신의 성공에 가장 중요하다고 말했다.

이전 학교에서 경험했던 어려움에 대한 인식과 관련된 몇 가지 주제도 발견되었는데, 이는 교사와의 문제, 안전에 대한 대책 미흡, 지나치게 엄격한 권위적 분위기, 부적절한 학교 구조, 동료 학생과의 문제 등을 포함했다. 연구 참여 학생들은 동료 학생과 교사로부터 심판받는 듯한 느낌을 받았었다고 표현했다. 또한 이들은 이전의 학교가 효과적 학습의 촉진에 필요한 개별적 관심이나 안전을 제공하지 못했다고 느꼈다. 학생들의 내러티브는 가자고등학교의 관리자와 교직원에게 학생에게 무엇이 중요하고, 또 무엇이 그들에게 학업과 학교에 있는 시간을 즐길 수 있도록 하는지에 대한 통찰을 제공했다. 학생중심의 접근을 유지하기 위해 가자고등학교의 관리자는 학생의 출석률이나 졸업률에만 의존하지 않는 것이 중요한데, 이러한 통계는 결국 무엇이 이들을 학교에 나오지 않도록 하는가에 대한 정보를 제공하지 못하기 때문이다.

　네 번째 연구의 질문은 다음과 같았다. 수업 중 자해 등의 위협 행동을 하는 위기 청소년에게 교사는 어떻게 해결중심치료를 활용하는가?(Szlyk, 2017). 이 연구를 위해 10명의 교사가 개별적 인터뷰에 참여했고, 이 중 4명은 학생의 정신건강과 자해행동에 대한 주제에 관한 집단토의에도 참여했다. 참여교사들은 무단결석, 약물 남용, 자살 생각, 자해 등이 학생에게 나타나는 가장 빈번한 행동적 문제라고 했다. 그럼에도 교사들은 이러한 문제에 거의 일상적으로 노출되어 있지만 정서적 어려움을 표출하고 환경적 위험에 처한 학생과의 상호작용 방식에 대한 자신감과 침착함을 보였다. 교사들은 또한 학생과 강한 관계를 구축하는 것에 대해 강조했는데, 이것은 교실에서 일어나는 학업과 정서적 문제를 해결하는 과정에서 가장 중요한 기초적 기능을 수행한다고 말했다.

　이 연구의 결과는 특히 교사가 어떻게 학생들의 학업과 정서적 욕구에 초점을 맞출 수 있는지를 보여 준다. 이 연구는 교사가 위기 청소년에게 얼마나 중요하며, 교사들이 학생의 성장과 독립을 위해 어떻게 돌봄을 제공하는지 탐색했다. 이 연구는 어떤 형태의 교사와 교육철학이 위기 청소년에게 효과가 있는지에 대한 통찰을 제공했다. 이 연구는 또한 관리자에게 전문적 경계(professional boundaries)와 더불어 교사가 학생에게 활용하는 해결중심 기법에 대한 정보도 제공했다. 교사가 교실에서 강렬한 도전에 자주 노출될 때 관리자는 교사가 그러한 학생들을 교육하고 돕는 것에 자신감을 느끼는지 또는 소진의 감정을 느끼는지에 대해 알아야 한다. 이 연구는 관리자가 학교의 교사에 얼마나 관심이 있는지, 또한 교사는 학생에 대해 얼마나 관심을 갖는지에 대해서도 알려 주었다.

다섯 번째 연구는 학생들이 제때 졸업을 하는지 또 대학에 들어가는 학생은 얼마나 되는지를 4년에 걸쳐 측정했는데, 이는 가자고등학교의 효과성에 관한 것으로서 학교의 프로그램을 이끄는 자료로 활용되었다(Franklin, Streeter, Belcuig, Webb, & Szlyk, 2017). 연구는 1,398명의 학생에게 '위험요인, 인종, 민족과 성 등의 학생 특성이 졸업과 대학입학에 중요한 역할을 하는가?'를 살폈다. 이를 통해 가자고등학교의 관리자는 만일 교육적 형평과 평등의 원칙을 적절히 수행한다면 가자고등학교의 모든 학생이 성공할 수 있는지에 대해 알고 싶었다. 연구 결과 일반적으로 학생을 졸업시키고 대학에 입학시키는 것에 대한 효과성을 확인할 수 있었는데, 연구 결과에서 중요한 점 중 하나는 히스패닉계와 흑인 남학생의 졸업과 대학 입학이 백인 학생만큼 높지 않았다는 것이었다. 이러한 결과는 일반적인 학교에서도 흔한 문제이지만, 이 자료는 가자고등학교의 교직원들이 이러한 학생들이 지역 공동체 내에서 겪는 억압과 차별을 고려하여 이들을 도울 수 있는 새로운 방법을 고안하도록 도움을 주었다. 예를 들면, 불법이민자의 자녀인 히스패닉계 남학생들의 경우 거주에 수많은 제약을 겪으며 자신과 부모가 언제든 추방당할 수 있다는 두려움에 시달린다. 이러한 학생들은 학교로부터 그들의 법적인 권리와 학교에 있는 동안 자신을 어떻게 보호할 수 있는지에 대한 조언을 원했다. 흑인 남학생들은 다른 학교에서 감시를 당하거나 쫓겨난 경험 때문에 경찰에게 오히려 보호

받지 못하거나 학교에서 제적당할 두려움과 같은 종류의 스트레스를 경험한다. 이러한 경험은 학생이 교사를 신뢰하지 못하고 그들과 의미 있는 관계를 맺지 못하거나, 부가적인 노력 없이는 학교의 문화에 합류하고 싶은 마음이 들지 않게 한다. 이 연구에서 배운 중요한 점 중 하나는 이들 소수 인종 학생들이 겪는 차별과 억압에 대해서 경청하고, 이를 확인하며, 이것이 사회에서 접해야만 하는 그들의 현실이라는 것을 인정하지만 적어도 가자고등학교에서는 혼자 그러한 경험을 겪을 필요가 없다는 것을 알려 주는 것이다.

백인 교사들이 백인으로서의 특권을 인정하고, 해결중심치료를 활용해 학생이 자신의 삶의 전문가라는 것을 알리고, 학생을 교육하고 돕는 것에 있어서 필요한 것을 각 학생으로부터 배울 의향이 있다는 것을 학생에게 알리는 것이 중요하다. 가자고등학교의 교직원들은 사회정의를 강조하며, 학생이 사회에서 마주할 차별과 혐오에 준비될 수 있도록 지역 공동체의 행사와 사회활동에 적극 참여할 것을 격려한다.

지역 공동체의 인정

지역 공동체 내에서 대안학교의 위상을 유지하기 위해서 학교의 성공과 교직원의 노력을 인정하고 보상하는 것이 중요하다. 교육청과 지역사회의 인정은 이러한 측면에서 중요하다. 성공을 알리는 자료가 더 많을수록 학생과 교직원에게 도움이 되는데, 긍정적 결과를 보여 주는 자료는 학교의 정체성과 자존감을 높이기 때문이다. 가자고등학교의 학생과 교직원은 지역사회와 주 또는 전국 차원에서 그들의 노력과 성공을 인정받고 있으며, 학교는 항상 이러한 성취를 외부에 알리고자 한다. 2016년 2월에 가자고등학교의 체스팀은 지역 경연에서 우승을 차지했고, 몇몇 학생은 개인상도 받았다. 가자고등학교는 2013~2014년도 교내 커뮤니티 및 학생 참여율 등 모든 부분에서 훌륭한 점수를 받았다. 2015년 웹 교장은 지역사회 내에서 올해의 교장상을 수상했다. 최근에는 학교의 두 교직원이 표창을 받았는데, 한 상담사는 삶을 바꾸는 대학(Colleges That Change Lives: CTCL)으로부터 '2015 삶을 바꾸는 상담사 상'을 수상했다. 지역 교육청의 웹사이트는 사회 과목 교사의 블렌디드 교육과정에 대한 설명과 함께 그를 소개하기도 했다. 이러한 자료와 노력에 대한 외부의 인정은 교직원과 학생이 학교의 성공을 축하하고 해결중심 대안학교가 지속될 수 있도록 돕는다.

해결중심적 교내 커뮤니티를 유지하는 방법

해결중심 대안학교의 성공은 그것이 만들어 내는 해결중심적 교내 커뮤니티를 통해서 유지된다. 이러한 공동체는 학생, 교사, 상담사, 사회복지사 등의 교직원, 지역의 교육 지도자, 부모, 지역 사회의 지지자 등을 포함한다. 이 책의 전반에서 논의했듯이, 전문성 개발과 계획된 지역 공동체와의 행사는 교내 커뮤니티를 계속해서 새롭게 하고 이는 해결중심적 캠퍼스 구축에 활용된다. 예를 들어, 2장에서 논의한 '믹싱데이(Mix It Up Day)'와 같은 행사는 티칭 토러런스(Teaching Tolerance Organization: TTO)에 의해 촉진된 전국적 운동으로 학생들이 점심시간에 주로 함께하는 친구들이 아닌 다른 친구들과 '섞여' 앉아 서로를 "알아내고, 질문하고, 사회적 교제의 범위를 넘어서도록"(Teahcing Tolerance) 격려한다. 웹 박사는 이 날을 가자고등학교의 발전과정에 기여한 모든 사람이 함께할 수 있는 친교의 날로 정했다. 모든 사람이 이러한 성공적이고 희망적인 환경을 함께 만든 퍼즐의 조각들처럼 서로를 한 인간으로 존중하기 위해 함께 모이는 날이다. 가자고등학교는 이러한 전국적 행사에 참여하며 학생, 교직원, 지역사회의 지지자들은 이 날을 학교 캠퍼스에서 '서로에 대한 미움이 사라진 날(no room for hate)'로 선언하였다. 이 날은 가자고등학교의 성공을 현실로 만든 모든 사람이 함께 모이는 날이다.

함께 핫도그를 먹으며 교제를 즐기는 것은 다양한 생각을 가진 사람들이 함께할 수 있는 기회를 제공한다. 이 날 웹 박사는 핫도그를 먹으며 학교의 관리인 레오나드(Leonard) 씨나 가자고등학교의 학생이 머물고 있는 노숙자 쉼터의 사례관리자와 대화를 나누고 있을 것이다. 수학교사와 볼드윈 초대 교장은 학생들과 함께 게임을 하고 있을 것이다. 해결중심 개입을 학교에서 실천할 수 있도록 도운 텍사스대학교의 프랭클린 박사도 학생들과 대화를 나누고 있을 것이다. 교명을 허락해 준 전 교육감인 곤잘로 가자 박사(Dr. Gonzalo Garza)와 학교의 이사들도 이 날은 동료로서 함께 빵을 나눠 먹는다. 가자고등학교의 설립 첫날부터 함께한 교사들은 뒤쪽에 앉아서 위기 청소년을 돕기 위한 학교를 어떻게 만들어 올 수 있었는지, 그리고 그것을 위해 그들이 어떻게 싸웠는지, 어떻게 학교의 건물이 리모델링되어 복도를 걷던 학생들의 눈이 실망에서 희망과 자신감으로 바뀌었는지, 어떻게 그들이 전문가로서 존중받고 배려받으며 매일 학교로 다시 돌아올 수 있는지에 대해 기억할 것이다. 그리고 항상 그렇듯 해결중심적 사고로 돌아와 이 행사의 관심과 존중은 다시 오픈 마이크 행사에서 연설을 하거나, 시를 낭독하거나, 노래를 하거나, 모두에게 격려의 말을 전하고 있는 학생들을 향할 것이다.

📑 주요 요점

- 해결중심 대안학교를 유지하는 것에는 교장과 리더십 팀이 스트레스, 피로와 소진이 보통의 반응인 상황에서라도 강점에 기반한 해결을 찾고자 할 것을 요한다.
- 해결중심 대안학교를 유지하는 데 교직원의 자율성과 교직원 간 또는 교직원과 학생 간 긍정적이고 주도적인 상호작용을 촉진하는 조직문화가 중요하다.
- 해결중심 대안학교는 함께 하는 의사결정과 혁신에 대한 개방성을 격려하는 분권적 조직 구조를 요한다.
- 해결중심 대안학교는 유연성을 가지고 도전정신을 지지해야 한다.
- 해결중심 대안학교를 유지하기 위해서는 학교 자체의 건물이 필요하고, 학교의 사명과 가치가 유지될 수 있도록 지역 공동체 내에서 인정받아야 한다.
- 전문성 개발은 학교에 대한 교직원의 헌신과 해결중심 접근을 유지하기 위해 필수적이다.
- 계속해서 해결중심 대안학교를 유지하기 위해 리더십과 교직원이 해결중심 대안학교로서의 분명한 비전과 정체성을 나누는 것이 필요하다.

- 리더십의 변화과정에서 해결중심 대안학교로서의 사명과 해결중심 접근을 이해하고자 하는 후보자를 찾는 것이 필요하다.
- 해결중심 대안학교는 증거에 기반하여 운영되며, 학교의 효과성을 평가하고 모니터링하고자 하는 계속된 노력이 필요하다. 이러한 자료는 피드백을 제공하며 학교의 성장과 실천을 위해서 활용된다.

요약

이 장은 효과적인 해결중심 대안학교를 유지하는 방법에 대해서, 그리고 이것이 가능하도록 하는 학교의 조직 요소에 대해서 설명했다. 사명과 가치에 대한 존중, 전문성 개발 그리고 체계 내 모든 이의 성장의 중요성에 대해서도 설명했다. 학교의 해결중심적 실천이 다른 길로 빠지지 않도록 하는 리더십 전환의 방법에 대해서도 논의했다. 마지막으로, 계속된 평가와 자료수집의 중요성에 대해 논의했는데, 이는 자기성찰과 계속된 성공을 위해서 필수적이다. 가자고등학교가 해결중심치료의 실천을 향상시키기 위해 어떻게 연구를 활용했는지에 대해서는 다섯 개의 연구를 통해 소개했다.

참고문헌

Franklin, C., Montgomery, K., Baldwin, V., & Webb, L. (2012). Research and development of a solution-focused high school. In C. Franklin, T.

Trepper, W. Gingerich, & E. McCollum (Eds.) *Solution-focused brief therapy: A handbook of evidence-based practice* (pp. 371-89). New York, NY: Oxford University Press.

Franklin, C., Streeter, C. L., Belcuig, C., Webb, L., & Szlyk, H. (2017). An evaluation of on-time graduation rates and college enrollment in a solutionfocused alternative school for at-risk students. Manuscript submitted for publication.

Franklin, C, Streeter, C. L., Kim, J. S., & Tripodi, S. J. (2007). The effectiveness of a solution-focused, public alternative school for dropout prevention and retrieval. *Children and Schools, 29*, 133-44. doi:10.1093/cs/29.3.133

Glisson, C., & James, L. R. (2002). The cross-level effects of culture and climate in human services teams. *Journal of Organizational Behavior, 23*, 767-94. doi:10.1002/job.162

Jaskyte, K., & Dressler, W. W. (2005). Organizational culture and innovation in nonprofit human service organizations. *Administration in Social Work, 29*, 23-1. doi:10.1300/J147v29n02_03

Kelly, M. S., Kim. J. S., & Franklin, C. (2008). *Solution-focused brief therapy in schools: A 360-degree view of research and practice.* New York, NY: Oxford University Press.

Lagana-Riordan, C., Aguilar, J. P., Franklin, C., Streeter, C. L., Kim, J. S., Tripodi, S. J., & Hopson, L. M. (2011). At-risk students' perceptions of traditional schools and a solution-focused public alternative school. *Preventing School Failure, 55*(3), 105-14. doi:10.1080/10459880903472843

Streeter, C. L., Franklin, C., Kim, J. S., & Tripodi, S. J. (2011). Concept mapping: An approach for evaluating a public alternative school program. *Children & Schools, 33*(4), 197-14. doi:10.1093/cs/33.4.197

Szlyk, H. (2017). Fostering independence through an academic culture of social responsibility: A grounded theory for engaging at-risk students. *Learning Environments Research*, (4), 1-5. doi: 10.1007/s10984-017-9245-x

찾아보기

인명

ㄱ
김인수 4, 6, 23

B
Baldwin, V. 88, 254
Berg, I. K. 117

C
Connie, E. E. 33

D
de Shazer, S. 23
DeJong, P. 117
Dupper, D. 73

F
Franklin, C. 3, 4, 5, 6, 10, 73, 108, 117, 254
Froerer, A. S. 33

G
Guz, S. 3, 10

H
Hopson, L. 73, 117

K
King, S. 212

M

Montgomery, K. 117, 254

S

Streeter, C. L. 3, 10

W

Webb, L. 3, 5, 10, 242, 254

Wittgenstein, L. 30

내용

A

AP 채점자 241

E

e-포트폴리오 210, 226, 229

S

SFBT 3

SMART 목표 151

SMART 목표 학습지 217

Solution Focused Brief Therapy 3

strengths based team 5

ㄱ

가자고등학교 4, 5, 6, 7, 82, 85,
　90, 98, 115, 120, 130, 141,
　151, 154, 156, 161, 180, 199,
　201, 207, 212, 221, 223, 226,
　235, 249, 265, 270, 275, 279

가자고등학교의 온라인 수업 216

감정적 지지 132

강박장애 진단 54

강점 6, 7, 9, 45, 51, 55, 75, 119,
　120, 124, 128, 131, 136, 156,
　158, 211, 250

간접 칭찬 158

척도질문 158

강점관점 29

강점기반 125, 132

개념도 271

개별적 관계 53

개별적 접근법 209

개인 맞춤식 학습지도 209

개인 졸업식 226, 229

개인별 맞춤형 진도 214

개인적 특성 230

고등학교 과정 127

곤잘로 가자 독립고등학교 23, 259

공립 대안학교 21

공립학교 199, 216

관계 형성 9, 118, 121, 122, 175

관계구축 기법 136

관계성질문 107

교과 영역 220

교과 지도 221

교과과정 26, 213, 220, 221

교내 커뮤니티 83, 254, 268, 276

교수 방법 221

교수 역량 221

교육 분야 10

교육 접근 263

교육 지도자 276

교육 철학 12

교육 행정가 4

교육감독관 88

교육과정 14, 53, 71, 88, 103, 209,
    210, 211, 212, 213, 216, 256,
    263

교육과정 전문가 96

교육당국 266

교육적 지지 프로그램 86

교육지원 프로그램 110

교육행정 관리자 89

긍정 조직 260

긍정적 경험 161

긍정적 기대 158

긍정적 변화 249

긍정적 인식 161

긍정적 정서 143

긍정적인 피드백 132

기술 지원 258

기적질문 106, 107, 144, 233

ㄴ

낙제 11, 147

노숙청소년 262

ㄷ

다중진단 256

다차원적 고통 94

다학제적 14

다학제적 팀워크 176

단기가족체계적치료 28

단기가족치료센터 24

대안교육 21, 88

대안교육 프로그램 22

대안학교 4, 5, 7, 9, 10, 56, 84, 88,
    123, 161, 164, 185, 209, 252,

259

대안학교 구조 272

대안학교 입학 162

대처능력 43, 155

대학 입시 74

대학과목 선수이수제 241

대학입학 준비 프로그램 210

동기 부여 91, 232

ㄹ

라포 117, 120, 128

라포 형성 118, 121, 122, 123, 130, 136

리더십 92, 253

리더십 팀 74, 221, 264, 278

ㅁ

마그넷 스쿨 84

마음챙김 43

명예강령 105

모니터링 58,

목표 107, 117, 119, 130, 134, 143, 144, 146, 158, 211

목표 달성 145

목표 성취 93, 190

목표설정 144, 217, 235

목표설정 질문 106

목표지향적 접근 210, 211

문제대화 42, 51

문제중심적 반응 44

문제패턴 59

문제해결 41

문제해결 능력 143

문제해결 접근 39, 40, 62

문제행동 56

미래중심적 9

미래지향적 119, 144, 177

미래지향적 사고 118

미래지향적 접근 24

미래지향적 질문 106

믹싱데이 83, 276

ㅂ

반성적 사고 77

방과 후 수업 235

방과 후 프로그램 200

방과 후 학습 214

방어적 태도 197

변형된 기적질문 234

브레인스토밍 38, 237

블렌디드 교육과정 276

비밀보장의 원칙 190

비밀유지 189

ㅅ

사립 차터스쿨 91

사명선언문 183, 190, 259

사회경제적 9

사회구성주의 28, 29

사회복지사 5, 10, 13, 30, 31, 38, 72, 92, 118, 181, 188, 201, 223, 251

사회복지서비스 조직 259

사회복지학과 97

사회봉사 시설 210

사회적 불평등 10

사회적 이슈 272

사회적 행동 단계 144, 145

사회정의 275

사회활동 275

상담 서비스 201

상담 지원 스태프 223

상담사 4, 13, 21, 30, 31, 103, 109, 118, 130, 159, 188, 189, 193, 194, 201, 249, 252

상담접근 29

상호작용 9, 55, 81, 123, 143, 151, 153, 195, 196, 236

상호작용 방식 82, 273

선제적 사고 266

선택적 대화 30

선행연구 22, 25, 253

성격적 결함 43

성장과정 79

성적 관리 223

성취 격차 210

소년보호소 60

소년사법 22

소년원 73

소수 인종 25, 210

슈퍼비전 258

스타워크 210, 226, 229

스타차트 10

스트레스 9, 40, 164, 208, 232, 252

ㅇ

아동기 79

아동보호서비스 35, 78

아동복지 23

아동학대 35

아웃리치 188

아웃리치 전문가 189

알코올 중독 101

애착 관계 122

약물 과다 복용 101

약물 남용 100, 249, 273

약물 중독 78

언어게임 30

역량강화 51
역량강화적 255
역량강화적 책임감 272
연결질문 145
예외질문 46, 96, 130, 131, 134, 148, 154, 232
오리엔테이션 97, 214
워크숍 98
위기 청소년 3, 4, 5, 6, 9, 10, 23, 27, 41, 74, 88, 110, 210, 252, 253, 256, 259, 270, 273
위탁 가정 141, 162
위험군 100
위험요인 274
의사결정 102
의사소통 194
이사회 89
인구학적 자료 261
인구학적 특성 269
인내심 121, 132, 145, 155
인식 154, 119
인식적 전환 30
일반 고등학교 86, 89, 154
일반 교육 체계 163
일반학교 7, 71, 94, 110, 221, 257, 269, 270
임상실천 22

입원 치료 249, 250
입학 관리자 105
입학 허가 161, 162
입학과정 214

ㅈ

자각 121
자기 주도적 교육과정 157
자기성찰 279
자기주도 교과과정 221
자기주도적 교육과정 7, 107
자기주도적 접근 방식 103
자기주도학습 210, 221, 229
자료 사무원 97
자살 충동 72
자원 7, 34, 51, 75, 211
자원봉사자 223
자율성 254, 278
자퇴 186
자해 108, 273
저소득 계층 210
전략적인 사고 191
전문 교육 코디네이터 221
전문 학습지도 지원인력 210, 223
전문가 13, 92, 98, 187
전문가 훈련과정 83
전문교사 221

전문성 261

전문성 개발 261, 263, 278

전문적 경계 273

정서적 문제 273

정신건강 26, 100, 108

정신건강 문제 10

정신건강 전문가 87, 176, 225

정신건강서비스 73, 210

정의 119, 130

정학 통지 78

조울증 108

조직문화 254

존중 81, 99

졸업 129, 157, 158, 164, 174, 223,
　　263, 274

졸업률 5, 87, 268, 269, 273

좌절 133, 134, 135, 197, 232

주요우울장애 154

중도 탈락 234

중도 탈락 예방 프로그램 9

중심단어 128

중앙집권적 255

중퇴 71, 91, 100

중퇴 예방 상담사 86

중퇴 예방 전문가 92

중퇴율 88

증거기반 253

증거기반 실천 209

지역 공동체 84, 86, 108, 210, 256,
　　266, 275, 276

지역 공동체 학교 210

지역 교육청 87, 103, 276

지역 교육청 산하 징계위원회 265

지역 교육청 임상심리사 179

지역사회 아웃리치 256

직업적 성공 21

진로진학 상담사 92, 99, 201

집단토의 273

ㅊ

차터 스쿨 21

참여교사 273

척도 166, 196, 198

척도질문 46, 125, 146, 151, 224,
　　237

초대 교장 88

촉진자 186, 237

출석률 5, 165, 273, 268, 269

치료적 기법 33

ㅋ

카타르시스 42

컨설팅 98

코칭 98

ㅌ

퇴학 58

투사 207

트라우마 9, 87, 121

티칭 톨러런스 83

팀워크 174, 187, 199, 252

ㅍ

판타지 질문 234

패거리 문화 214

포괄적 사회복지서비스 210

푸드스탬프 224

ㅎ

학교 개혁가 87

학교 밖 7

학교 사회복지사 4, 21, 24

학교 상담사 5

학교공동체 72, 200, 223, 225, 251

학교사회복지 25

학사 구조 271

학생 90, 118, 145, 192, 208, 223, 249, 259, 276

학생중심 접근 122, 269

학생지원팀 93, 105, 109, 177, 178, 182, 185, 187, 202

학습 계획 265

학습 과정 151, 212

학습 과제 221

학습 동기 174

학습 방식 256

학습 성취 209

학습 수준 209

학습 장애 9, 134, 164, 241

학습 커리큘럼 87

학습 환경 90

학습공동체 259

학습지도 14, 210, 216, 219, 256

학습지도 접근법 210

학습지도 지원인력 223

학습지도 프로그램 210

학업 계획표 106

학업 과정 173

학업 목표 127, 217, 263

학업 부진 84

학업 수행 210

학업 스케줄 178, 200

학업성취도 269

학업적 공백 134

학업적 기준 212

학업적 목표 105

해결구축 38, 39, 41, 44, 52, 76, 77, 82, 104, 107, 115, 150,

159, 176, 191

해결구축 대화 146, 153, 159, 175, 241

해결구축 접근 43, 62

해결중심 174

해결중심 고등학교 96

해결중심 과정 235

해결중심 기법 120, 126, 218, 273

해결중심 대안학교 23, 53, 75, 78, 80, 86, 88, 90, 96, 102, 110, 115, 126, 127, 161, 164, 173, 210, 211, 221, 253, 256, 260, 262, 265, 270, 278, 279

해결중심 대화 166

해결중심 실천 253

해결중심 전문가 96

해결중심 접근 141, 174, 178, 237, 252, 255, 268

해결중심 접근법 120

해결중심 질문 107

해결중심 훈련 92, 268

해결중심의 대화법 97

해결중심적 105, 195, 197

해결중심적 개입 27, 119

해결중심적 관계 118, 124

해결중심적 교내 커뮤니티 276

해결중심적 교육 98

해결중심적 대안학교 52

해결중심적 대화 107, 192

해결중심적 문화 유지 266

해결중심적 변화 원칙 77

해결중심적 변화과정 53

해결중심적 사고 121, 278

해결중심적 사고방식 261, 265

해결중심적 사고체계 265

해결중심적 실천 26, 266, 279

해결중심적 원칙 56, 59, 61, 78

해결중심적 전략 208

해결중심적 접근 방식 110

해결중심적 질문 45, 107

해결중심적 캠퍼스 구축 276

해결중심적 태도 74, 76, 77, 78, 80, 83, 98, 186

해결중심적 학교공동체 14

해결중심적 환경 193

해결중심치료 3, 4, 5, 6, 9, 10, 13, 22, 25, 27, 29, 31, 32, 41, 45, 52, 54, 62, 63, 82, 83, 119, 144, 154, 175, 207, 210, 237, 252, 253, 258, 259, 266, 273, 279

해결중심치료 기법 117

행동문제 84, 94, 165

행동패턴 43, 55

행정 관리자 89, 103
헬리콥터 부모 40
협력적 관계 115, 117
협력적 리더십 83
협력적 사고방식 175
협력적 학생지원팀 174, 176

호그 정신건강재단 257
호스피스 서비스 71
활동지향적 184
활동항진증 29
훈육적 모델 124

저자 소개

Cynthia Franklin(Ph.D., LCSW) 박사는 미국 텍사스주 오스틴 소재 텍사스대학교(The University of Texas at Austin)의 스티브힉스 사회사업대학원(Steve Hicks School of Social Work) 스타인버그/스펜서 가족(Stiernberg/Spencer Family) 정신건강 석좌교수로, 해결중심치료의 세계적 전문가이다.

Calvin L. Streeter(Ph.D.) 박사는 미국 텍사스주 오스틴 소재 텍사스대학교의 스티브힉스 사회사업대학원 메도우 재단(Meadows Foundation Centennial) 석좌교수이자 농촌지역 삶의 질 향상을 위한 사회활동 전문가이다.

Linda Webb(Ph.D.) 박사는 미국 텍사스주 오스틴 소재 곤잘로 가자 독립고등학교(Gonzalo Garza Independence High School)의 교장으로, 해결중심치료를 활용한 교육과 도시 지역 학교의 생태 변화에 대한 공헌을 인정받아 세계적인 명성을 얻고 있다.

Samantha Guz(MSSW, LSW)는 미국 텍사스주 오스틴 소재 텍사스대학교의 스티브힉스 사회사업대학원의 졸업생으로 학교에서 위기 청소년을 대상으로 활동하는 사회복지사이다.

역자 소개

최중진(Choi Jung Jin, Ph.D., M.S.W.)
미국 캔자스대학교 사회복지학 박사
현 경기대학교 휴먼서비스학부 청소년전공 교수
　해결중심가족상담전문가 슈퍼바이저(해결중심치료학회)
　한국가족치료학회, 해결중심치료학회 편집위원장

〈주요 저서 및 논문〉
『해결지향 사회복지실천』(공역, 학지사, 2012)
『해결중심 집단상담』(공역, 학지사, 2013)
『통합적 해결중심치료』(공역, 학지사, 2014)
「Insoo Kim Berg의 해결중심단기치료에 대한 미시분석」(공동 연구, 가족과
　가족치료, 2017)
「청소년자살과 해결중심치료: Berg의 사례에 대한 미시적 사례분석」(공동 연구,
　청소년학연구, 2019)

백종환(Baek Jong Hwan, M.A.)
경기대학교 청소년학 박사 수료
현 백종환교육연구소 소장

〈주요 저서 및 논문〉
『긍정의 에너지 인성으로 소통하라』(공저, 미디어숲, 2012)
『명문대가 좋아하는 포트폴리오는 따로 있다』(공저, 미디어윌, 2013)
『진로를 위한 자기혁명, 나는 미래다』(공저, 가람북스, 2015)
「포트폴리오를 활용한 진로교육프로그램의 효과성분석 연구」(경기대학교, 2012)
「Insoo Kim Berg의 해결중심단기치료에 대한 미시분석」(공동 연구, 가족과
　가족치료, 2017)
「해결중심집단상담이 초기 청소년의 사회적 유능감과 정서조절 능력에 미치는
　영향」(공동 연구, 청소년학연구, 2019)

정은지(Jung Eun Ji, M.A.)
경기대학교 청소년학 박사 수료
현 한국가족치료학회 편집간사
　경기도 학교밖청소년지원센터 꿈드림 강사

〈주요 논문〉
「청소년자살과 해결중심치료: Berg의 사례에 대한 미시적 사례분석」(공동 연구,
　청소년학연구, 2019)

강점기반 해결중심 학교 만들기
대안교육 내 해결중심치료의 활용
Solution Focused Brief Therapy in Alternative Schools

2019년 10월 20일 1판 1쇄 인쇄
2019년 10월 30일 1판 1쇄 발행

지은이 • Cynthia Franklin · Calvin L. Streeter · Linda Webb · Samantha Guz
옮긴이 • 최중진 · 백종환 · 정은지
펴낸이 • 김진환
펴낸곳 • (주)**학지사**
　　　　 04031 서울특별시 마포구 양화로 15길 20 마인드월드빌딩
대표전화 • 02)330-5114　　　　팩스 • 02)324-2345
등록번호 • 제313-2006-000265호

홈페이지 • http://www.hakjisa.co.kr
페이스북 • https://www.facebook.com/hakjisabook

ISBN 978-89-997-1954-7 93370

정가 15,000원

이 도서의 국립중앙도서관 출판시도서목록(CIP)은 서지정보유통지
원시스템 홈페이지(http://seoji.nl.go.kr)와 국가자료공동목록시스템
(http://www.nl.go.kr/kolisnet)에서 이용하실 수 있습니다.
(CIP 제어번호: CIP2019037920)

출판 · 교육 · 미디어기업 **학지사**

간호보건의학출판 **학지사메디컬** www.hakjisamd.co.kr
심리검사연구소 **인싸이트** www.inpsyt.co.kr
학술논문서비스 **뉴논문** www.newnonmun.com
원격교육연수원 **카운피아** www.counpia.com